产教融合·职业创新能力新形态教材

管理学基础

主　审　方小斌

主　编　何海军　齐绍琼

副主编　谈　奕　朱　敏　郑红霞

电子工业出版社
Publishing House of Electronics Industry
北京·BEIJING

内 容 简 介

本教材以培养学生管理技能与满足新时代管理要求为目标,首先从工作场景中的管理入手介绍管理的基础知识,介绍古典与现代的管理思想,然后对计划职能、组织职能、领导职能、控制职能四大基本职能进行系统的介绍。教材共分六个模块,二十个学习任务,并为每个学习任务设计了相应的任务实训等内容。

本教材既可作为普通高职管理学基础及相关课程的教材,也可作为企业中基层管理者的系统培训教材,还可供有提升管理能力需求的人员自学使用。

未经许可,不得以任何方式复制或抄袭本书之部分或全部内容。
版权所有,侵权必究。

图书在版编目(CIP)数据

管理学基础 / 何海军,齐绍琼主编. —北京:电子工业出版社,2023.5
ISBN 978-7-121-45566-7

Ⅰ.①管… Ⅱ.①何… ②齐… Ⅲ.①管理学-高等学校-教材 Ⅳ.①C93

中国国家版本馆 CIP 数据核字(2023)第 080504 号

责任编辑:朱干支
印　　刷:河北鑫兆源印刷有限公司
装　　订:河北鑫兆源印刷有限公司
出版发行:电子工业出版社
　　　　　北京市海淀区万寿路 173 信箱　邮编 100036
开　　本:787×1 092　1/16　印张:14　字数:358.4 千字
版　　次:2023 年 5 月第 1 版
印　　次:2023 年 5 月第 1 次印刷
定　　价:49.00 元

凡所购买电子工业出版社图书有缺损问题,请向购买书店调换。若书店售缺,请与本社发行部联系,联系及邮购电话:(010)88254888,88258888。

质量投诉请发邮件至 zlts@phei.com.cn,盗版侵权举报请发邮件至 dbqq@phei.com.cn。
本书咨询联系方式:(010)88254573,zgz@phei.com.cn。

前　言

本教材结合职业教育的教师、教材、教法"三教"改革的需要，遵循职业教育和人才培养的规律，以培养管理技能为载体，全方位、多角度、多环节引导学生树立正确的价值观、世界观与人生观，实现知识传授与价值引领相结合。同时，将提升学生管理基本技能与课程思政的新要求相结合，立足我国管理实践，培养适应新时代的新人才。

管理学基础是一门理论性较强的课程，作为一本高职管理学基础的课程教材，本教材在维持管理学理论知识系统性的基础上，对教材体例结构、教学理念、教学策略、教学资源应用等方面进行了新的尝试与创新。

本教材共分六个模块，二十个学习任务，每个学习任务包括思维导图、学习指南、任务引入、任务实施、知识拓展与技能实践五个板块。具体说明如下：

"思维导图"将任务的知识点以导图的形式体现，便于学生系统地了解将要学习的知识。

"学习指南"包括"任务清单"和"知识树"两个栏目。"任务清单"将任务描述、学习目标等进行归纳总结，便于学生厘清学习思路；"知识树"将相关理论知识分类呈现，便于学生厘清学习内容。

"任务引入"包括"任务背景"和"任务目标"两个栏目。"任务背景"主要引入与学习任务相关的管理案例或管理评论，增强学生学习的沉浸式体验与学习的代入感。"任务目标"则为本次学习任务指明了主要方向。

"任务实施"包括"知识必备""管理感悟""任务实训""任务评价"四个栏目。"知识必备"中除了必备的基本理论知识，还增加了微视频、阅读材料、案例等呈现相关理论知识；通过微视频与阅读材料解释学生易于混淆的知识，以及与教学内容结合紧密的课程思政素材等；学习任务完成之后，通过"管理感悟"栏目对知识进行思考与总结，引导学生与企业管理情境相结合，提高学生的理解力；"任务实训"主要通过对知识点的检测，检验学生对相关理论知识的掌握程度；"任务评价"通过完成给定的评价内容，参考评价标准检验学习效果。

"知识拓展与技能实践"是对知识必备理论内容的拓展以及知识技能的应用实践。"技能实践"的选材与建议主要来源于企业真实场景或学生易于实现的校园场景与社会场景。

为了便于学生对管理理论知识的总结与回顾，实现学生"厚基础"的目的，在每个模块后面安排了"知识复习与巩固"栏目，包括各种类型的复习题，供有需要的学生使用。

本教材的创新与特色如下：

（一）产教融合，立足实践，将管理理论知识与课程思政相结合

管理是一门源于实践的科学，源于社会与经济生活的方方面面。因此，本教材在编写过程中努力结合企业的具体要求，将理论知识与生产实践相结合，将知识学习与学生的价值观、人生观、世界观的塑造相结合，将专业知识与价值引领相结合，实现管理知识素养与思想政治素养并重。立足管理是一门"实践重于理论"的学问，通过实践追溯理论知识依据，剖析课程思政的基础，从根本上提高学生的职业素养与政治素养，避免简单的说教，在潜移默化中培养学生正确的价值追求与理想信念，立德树人，培养学生的社会主义核心

价值观。

（二）注重应用，兼顾基础，将理论学习与技能实践相结合

本教材在编写过程中注重学生应用能力的培养，将理论学习与技能实践相结合，通过"任务引入"引发思考，通过"知识必备"掌握基本的理论知识，通过"知识拓展与技能实践"引导学生利用各种可能的条件进行管理实践，达到做中学、学中做的教学效果，通过多轮反复，实现理论学习与技能实践的有机结合。在关注学生应用能力的同时，兼顾了筑牢学生的学习基础，模块后面设置的"知识复习与巩固"栏目，能够满足学生的不同需求。

（三）创新结构，优化内容，满足新时代对管理知识的新要求

本教材结合高职教育要求，在内容结构上进行了创新，采用"模块—任务"结构形式进行编写。在教材内容的选取方面，根据企业中基层管理者的工作需要进行理论知识的选取，并结合新技术的出现以及新时代发展要求对内容进行筛选，对企业管理越来越重视的战略管理要求进行了学习知识的安排。

本教材由方小斌担任主审；由何海军、齐绍琼担任主编，负责教材编写大纲与教材体例的规划，以及教材编写与统筹等工作；由谈奕、朱敏、郑红霞担任副主编，负责教材的微视频、课件、题库等教学资源的筹划；由多所高职院校里富有教学经验的老师、企业专家及不同行业的管理人员共同编写。具体编写分工如下：模块一至模块四由何海军编写；模块五由何海军、郑红霞共同编写；模块六中任务一由谈奕编写，任务二由何海军、朱敏共同编写，任务三由齐绍琼编写。全书由何海军统稿，方小斌审稿。

衷心感谢湖南铁道职业技术学院、湖南化工职业技术学院、湖南水利水电职业技术学院、湖南安全职业技术学院、株洲电力机车有限公司、株洲联城集团等对本教材的编写给予的大力支持！衷心感谢在本教材编写过程中，借鉴、参考的国内外的信息与文献资料的作者的理解与支持！

由于时间仓促以及编者水平有限，教材中难免有一些疏漏与不妥之处，恳请广大读者批评指正！

编　者

目　　录

模块一　管理导论 ·· 1
 任务一　明晰工作场所的管理与管理者 ··· 1
  一、认识管理工作 ·· 3
  二、工作中的管理与管理职能 ·· 4
  三、管理者与管理者能力 ··· 6
 任务二　探究管理系统 ·· 11
  一、认识管理系统 ·· 13
  二、管理对象 ·· 14
  三、管理媒介 ·· 14
  四、管理环境 ·· 17
 知识复习与巩固 ··· 20

模块二　管理思想与管理哲学 ·· 24
 任务一　继承早期的管理思想 ·· 24
  一、古典方法 ·· 26
  二、行为方法 ·· 30
 任务二　现代管理思想与方法的发展 ··· 33
  一、现代管理理论的发展 ··· 35
  二、管理理论分散化时期的主要学派 ·· 36
  三、管理理论集中化时期的主要理论 ·· 37
  四、现代管理思想的新发展 ·· 38
 任务三　探究组织文化 ·· 43
  一、组织文化的结构与功能 ·· 45
  二、组织文化对管理的影响 ·· 46
  三、组织文化的建设 ··· 48
 知识复习与巩固 ··· 51

模块三　领会计划职能 ··· 55
 任务一　认识计划职能 ·· 55
  一、计划职能的含义 ··· 57
  二、计划的分类 ··· 58
  三、计划职能的程序 ··· 59
 任务二　分析管理环境与设定目标 ·· 61
  一、外部环境因素 ·· 63
  二、内部环境因素 ·· 63

　　　　三、确定企业竞争战略 64
　　　　四、计划目标的设定 66
　　任务三　界定管理问题与制定方案 70
　　　　一、管理问题的分析与界定 71
　　　　二、管理方案的运筹与制定 73
　　任务四　进行管理决策 77
　　　　一、管理中的创新 78
　　　　二、决策的内涵与分类 81
　　　　三、决策的步骤 83
　　　　四、定性决策与定量决策 83
　　任务五　编制计划书 90
　　　　一、计划书的种类 92
　　　　二、计划书内容的基本结构 92
　　　　三、计划书的编制要领 93
　　　　四、计划文书的构成 94
　　知识复习与巩固 96

模块四　理解组织职能 100
　　任务一　设计组织结构 100
　　　　一、组织结构设计基础 102
　　　　二、设计组织部门与岗位 105
　　　　三、制定制度与规范 109
　　任务二　做好人力资源管理 113
　　　　一、人员配备 115
　　　　二、招聘与培训 116
　　　　三、员工的职业发展 118
　　任务三　构建高效工作团队 124
　　　　一、群体与群体的发展 126
　　　　二、群体向高效团队的转变 128
　　　　三、高效工作团队的组建 130
　　知识复习与巩固 134

模块五　擅用领导职能 138
　　任务一　有效实施指挥 138
　　　　一、领导职能与影响力 140
　　　　二、领导权力的来源与构成 141
　　　　三、指挥能力 145
　　任务二　有效的员工激励 149
　　　　一、管理中的激励过程 150
　　　　二、常用的激励理论 152
　　　　三、实施有效的员工激励 156

任务三　做好沟通管理 ·· 161
　　一、有效沟通的过程 ·· 162
　　二、管理沟通的方式 ·· 166
　　三、如何做好工作协调 ·· 167
　任务四　有效的领导能力 ·· 171
　　一、主要的领导理论 ·· 173
　　二、如何成为有效的领导者 ·· 176
　知识复习与巩固 ·· 178

模块六　实施控制职能 ·· 183
　任务一　运用控制能力 ·· 183
　　一、控制能力的构成 ·· 185
　　二、总体控制能力 ·· 187
　任务二　提高组织绩效 ·· 192
　　一、认识绩效与绩效管理 ·· 194
　　二、组织的绩效考核与评价 ·· 196
　任务三　当代控制应用实务 ·· 200
　　一、常用计划与控制技术 ·· 201
　　二、现代常用控制方法 ·· 206
　知识复习与巩固 ·· 210

参考文献 ··· 214

模块一

管理导论

不管是在学生阶段的兼职，或是将来毕业之后进入工作岗位，你的工作经历都很有可能受管理者的本领和能力影响。当看到自己的领导在管理岗位上应对自如时，你也许会思考几个问题：当今的成功管理者有什么特别之处？他们喜欢什么？他们在处理21世纪的管理问题和挑战时需要什么技能？当今的管理者以及在不远将来的你们，面对的现实都是一个不断变化的世界，管理者又将如何应对？

确实，在各种各样的工作场所，如办公室、商店、实验室、餐厅、工厂以及类似的地方，管理者无时无刻不在面临着各种变化的预期，寻找着管理员工和组织工作的新方法。

任务一 明晰工作场所的管理与管理者

思维导图

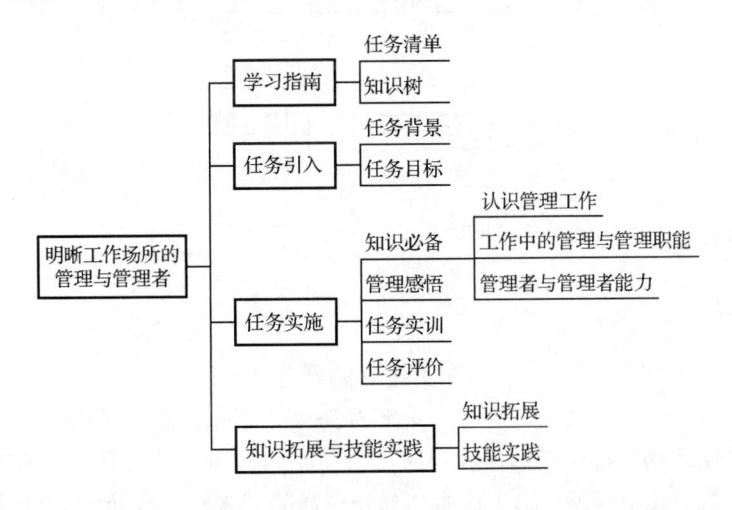

```
                    ┌─ 学习指南 ──┬─ 任务清单
                    │            └─ 知识树
                    │
                    ├─ 任务引入 ──┬─ 任务背景
                    │            └─ 任务目标
                    │
明晰工作场所的       │            ┌─ 认识管理工作
管理与管理者 ───────┤            │
                    ├─ 任务实施 ──┼─ 知识必备 ─── 工作中的管理与管理职能
                    │            │             │
                    │            │             └─ 管理者与管理者能力
                    │            ├─ 管理感悟
                    │            ├─ 任务实训
                    │            └─ 任务评价
                    │
                    └─ 知识拓展与技能实践 ──┬─ 知识拓展
                                          └─ 技能实践
```

学习指南

任务清单

工作任务	明晰工作场所的管理与管理者
建议学时	2 学时
任务描述	本学习任务是通过对管理场所的分析，学会观察与明晰工作场所中的管理活动与管理者的基本要求，并通过学习能够了解管理者改善与提高管理水平与能力的方向，为成为一名合格管理者提供依据与思路。
学习目标	

学习目标		
	知识目标	1. 了解工作场所中的管理活动及特点； 2. 掌握管理的基本内涵； 3. 掌握管理者的素质与技能能力的要求。
	能力目标	1. 具备识别工作场所中管理活动的能力； 2. 具备区分与理解基本的管理职能的能力； 3. 具备培养与改善提高管理者素质的能力。
	素质目标	1. 具备细致观察与思考工作场所管理活动的意识； 2. 具备自我管理与不断改进的意识； 3. 具备大局意识与团队合作意识。
	思政目标	通过对工作场所中的管理与管理者内容的学习，培养学生结合企业实际观察管理行为的习惯，培养学生遵守职业规范的意识，培养学生热爱工作、立足国情、勇于创新的政治素养。
关键词	工作场所；管理；管理者；管理技能	

知识树

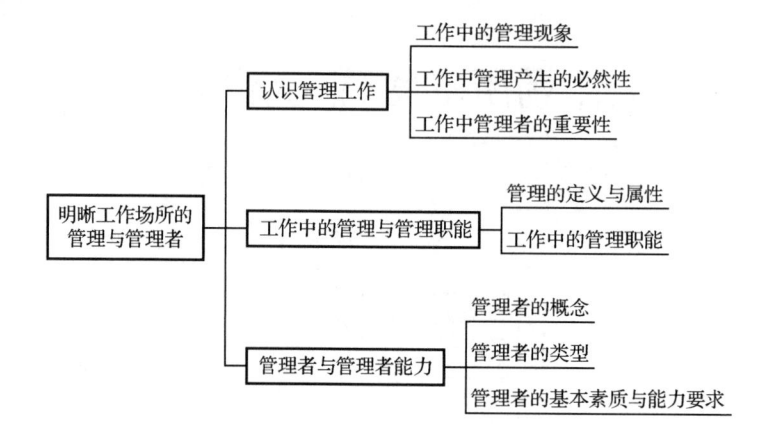

明晰工作场所的管理与管理者
- 认识管理工作
  - 工作中的管理现象
  - 工作中管理产生的必然性
  - 工作中管理者的重要性
- 工作中的管理与管理职能
  - 管理的定义与属性
  - 工作中的管理职能
- 管理者与管理者能力
  - 管理者的概念
  - 管理者的类型
  - 管理者的基本素质与能力要求

任务引入

任务背景

对管理者的疑惑

如果我们进入一个工作场所，例如，来到某个生产企业，或是进到学校里的某个部门，或是到正在核对健康码、行程码的学校门房，当看到不同岗位的人员在有条不紊地工作时，我们是否考虑过以下几个问题：（1）这些工作场所的管理是什么样的？（2）在这些不同的人员中，管理者与普通员工有什么不同？他们在何处工作？（3）那些管理者做什么？（4）在这些已经规范有序的工作场所中，管理者的工作还重要吗？（5）对于初涉职场的人员，怎样才能成为一位有能力的管理者呢？

本任务的学习或许能给你提供答案。

任务目标

1. 什么是管理？管理者的职责是什么？
2. 在工作场所工作的管理者需要满足什么条件？

任务实施

知识必备

一、认识管理工作

（一）工作中的管理现象

在不同的工作场所，我们能看到不同岗位上的人员都在忙碌地工作，那么，哪些人是在从事管理工作呢？事实上，凡是对组织资源或职能活动进行筹划与组织的工作都属于管理工作。或者说，凡是在各级各类组织中管理他人的、管理物品的、管理某项活动的行为都可以看作是广义上的管理工作。例如，在一个企业中，从总经理的领导工作，到会计员的账务处理工作等。

阅读材料：什么是组织

如果我们再仔细观察工作场所，会发现有些岗位从事的管理工作与人的关系非常密切，主要是通过以管理他人为核心的组织与协调的工作，即通过管理他人，进而筹划、组织与协调资源与活动的各项工作。例如，企业中总经理和各部门经理、各作业班组长所从事的工作，我们将这种以组织与协调人员为核心的管理工作称为狭义上的管理工作。

微视频：如何理解管理中的组织

（二）工作中管理产生的必然性

工作中管理的产生有其必然性，这是人类社会共同劳动的必然结果。

第一，管理是社会中共同劳动的产物。在多个人进行集体劳动的条件下，为使劳动有序进行，并更有效地获取劳动成果，就必须进行组织与协调，这本质上就是一种管理工作。因此，管理是共同劳动的客观要求。

阅读材料：管理工作与领导工作

第二，管理在社会化大生产条件下得到了强化和发展。随着生产力的发展、生产社会化程度的提高、企业规模组织的扩大，资源配置越来越复杂，生产各环节的相互依赖性越来越强，这些都要求更高水平和更大强度的管理能力，要求管理工作变得更加专业。因此，管理在社会化大生产条件下迅速得到强化与发展。

第三，管理广泛适用于社会的一切领域。可以说，凡是有人群活动的地方都需要管理。从人类历史的不同阶段发展到现代社会，从工商企业到政府机关、事业单位及其他一切组织，从治国安邦到生产经营、社会生活等的方方面面，各项目标的完成都需要管理，并依赖着管理。因此，管理在社会的一切领域都具有普遍性。

第四，管理已成为现代社会极为重要的社会机能。随着生产力的发展、人类文明的进步以及社会的高度现代化，管理作为不可缺少的社会机能，其作用日益增强。管理在保障社会与经济秩序、合理配置资源、有效协调与指挥社会各类活动、调动人的积极性等方面成为实现社会及各组织目标的关键性手段。甚至可以说，没有现代化管理，就没有现代化社会。

（三）工作中管理者的重要性

在现实的管理工作中，管理者对于组织来说也是重要的。

首先，当组织应对当今的挑战时，组织比以往更加需要管理者的管理本领和能力去面对不确定、复杂甚至混乱的情况。如面对现在不断变化的劳动力、全世界的经济环境、革新的科技、不断深入的经济全球化等，管理者在识别关键问题和巧妙回应上发挥着重要作用。

其次，管理者对于完成工作任务的各阶段发挥着非常重要的作用。他们创造并协调工作场所的环境和工作系统，以使其他人能够执行公司任务。或者，当工作没有完成或者没有达到预期时，他们会找到原因并让任务回到正轨。这些管理者是带领公司走向未来的重要人物。

最后，管理者对于组织的发展至关重要，管理者的能力对组织产生着积极或消极的影响。有调查表明，决定员工生产率和忠诚度的最重要的原因并不全是薪水、福利或工作环境，而更大程度上是员工和直接上级的关系质量。关于组织绩效的研究也发现，管理能力对于创造组织价值非常重要。

二、工作中的管理与管理职能

（一）管理的定义与属性

阅读材料：管理者在日常工作中能给普通员工带来什么

1. 管理的定义

通过上面对工作场所中的管理现象的讨论，我们可以看出管理就是管理者所从事的工作。但是，这种过于简单的陈述没有告诉我们更多的信息。管理学发展到今天，管理的定义也是多种多样的，它反映了人们对管理的多种理解，以及各管理学派的研究重点与特色。但是，我们也应看到，对管理不同的定义，只是观察角度和侧重点不同，而在总体上对管理的实质内容的认识仍然是共通的。

现在普遍采用的管理的定义是美国管理学者斯蒂芬·罗宾斯提出的，他将管理定义为一个协调工作活动的过程，以便能够有效率和有效果地同别人一起或通过别人实现组织的目标。

在斯蒂芬·罗宾斯对管理的定义里，包含几点重要而具体的含义：

（1）定义中的"过程"代表了一系列进行中的有管理者参与的职能或活动。这些职能一般划分为计划、组织、领导和控制四大职能。

（2）定义的第二个部分——协调其他人的工作，区分了管理岗位与非管理岗位，同时，也说明管理工作是围绕人来进行的，或者说是以协调人（既包括管理者本人，也包括其他人）为中心的工作。

（3）管理定义中包含了有效率和有效果地完成组织的工作活动的含义，这同时涉及组织资源的利用以及职能活动，说明了管理的对象与相应要求。

（4）定义中说明了管理的最终目的是有效实现组织目标。这对管理工作的意义来说是极其重要的。

综合以上四点含义以及对管理本质及要素的共同认识,我们可以将管理理解为管理是通过计划、组织、领导和控制等职能活动,协调以人为中心的相关的组织资源及职能活动,以有效地实现组织目标的活动过程。

2. 管理的属性

阅读材料:管理中的效率与效果

管理具有两重属性,即管理的自然属性和管理的社会属性。一方面,管理是人类共同劳动的产物,具有同生产力和社会化大生产相联系的自然属性;另一方面,管理同生产关系、社会制度相联系,具有社会属性。

(1)管理的自然属性,也就是管理的生产力属性或一般性。在管理过程中,为有效实现组织目标,要对人、财、物等资源合理配置,对产供销及其他职能活动进行协调,以实现生产力的科学组织。

(2)管理的社会属性,即管理的生产关系属性或管理的特殊性。在管理的过程中,为维护生产资料所有者利益,需要调整人们之间的利益分配,协调人与人之间的关系。这是一种调整生产关系的管理工作,它反映的是生产关系与社会制度的性质,故称管理的社会属性。

3. 管理既是一门科学,又是一门艺术,是科学与艺术的结合

为什么说管理是一门科学?因为管理像其他科学一样,强调管理有其内在的客观规律,这种规律是具有科学性的。例如,本课程将要学习的计划、组织、领导、控制等职能活动就是管理的一种客观规律,是具有科学性的。

为什么说管理又是一门艺术?因为管理又像其他艺术一样,强调管理的灵活性与创造性,强调经验对管理的重要性。例如,管理者在做决策的时候,经常会根据复杂变化的环境,结合自己的经验判断,迅速而准确地做出某种决策加以应对,这就是一种艺术性。

因此,我们说管理既是一门科学,又是一门艺术。不仅如此,管理的科学性与艺术性在实践中不能分开来对待,因为这种科学性与艺术性在管理的实践中是相互作用的,它们共同发挥管理的功能,促进目标的实现。

(二)工作中的管理职能

所谓管理职能,是指管理者实施管理的功能或程序。即管理者在实施管理行为中所体现出的具体作用及实施程序或过程。从管理概念的定义里,我们已经明确了计划、组织、领导和控制四大管理职能。管理者的管理职能是通过一系列管理工作过程与大量的活动实现的,这些管理工作过程与活动又可以整合成一系列的管理职责任务与实务。

一般管理者,特别是中基层管理者,在实际管理中所从事的工作职责或管理活动,可以归纳如下:

(1)计划职能。计划职能是指管理者为实现组织目标,确定实现目标的战略,并制定方案以整合和协调各种活动的管理行为。从具体的管理行为来看,计划职能包含的主要管理实务如下:

① 设定目标。管理者的首要工作就是设定管理目标。只有目标明确,才能实现有效的管理。因此,如何设定目标是管理者的第一个管理环节。

② 制订方案与计划。确定目标后,管理者必须制订实现目标的科学可行的方案与计划。在组织的管理中,高层管理者注重长期战略方案的制订,而中基层管理者则更注重中短期工

作计划的制订。

（2）组织职能。组织职能是管理者为了实现组织目标而负责安排和设计员工工作的工作过程。具体而言，包括完成什么任务、谁来做这个任务、任务如何分组、谁向谁报告、由谁来做决策等。因此，组织职能包括的主要活动如下：

① 为实现组织目标建立组织结构。管理者建立组织机构，设计组织制度，进行工作设计、推动组织运行，依此实现组织目标。

② 进行人力资源管理。管理者建立组织，通过选拔与配备所需要的人员，并不断加强对人员的培训与考核，提高人员素质，保证组织的高效率运行。

（3）领导职能。领导职能是指管理者指挥、激励下级，解决工作冲突，选择有效的沟通渠道，通过人们的努力以有效实现组织目标的行为。领导职能包括的主要活动如下：

① 指挥。在工作实施的过程中，管理者要部署任务，分派工作，指挥下属有效实现目标与任务。

② 激励。提高劳动生产率的根本源泉在于员工的主动性与积极性。管理者要通过多种方式与手段，调动下属的工作积极性，齐心协力地完成任务。

③ 沟通。在实现目标的过程中，管理者进行上行、平行与下行沟通，统一思想，统一步调，增强凝聚力与责任感，使组织的全体人员团结奋斗。

④ 协调。在工作的运行中出现各种问题与不协调，管理者运用各种手段与措施，协调各种要素、环节之间的关系，实现生产经营的协调运行与发展。

（4）控制职能。控制职能是指管理者为保证实际工作与目标一致，监控、比较和纠正工作绩效的过程。控制职能包括的主要活动如下：

① 监控。为保证工作的实际与计划一致，以更有效实现目标，管理者在工作的全过程对实施状态进行监控，一经发现偏差与问题需要及时纠正。

② 评估。管理的一个周期或阶段结束后，通过对实际绩效与设置的目标进行比较、考核与评价。一方面，肯定成绩，利于今后发扬光大；另一方面，发现问题，及时总结经验教训。

阅读材料：对管理职能的过程的理解

三、管理者与管理者能力

（一）管理者的概念

就一般意义而言，管理者就是指全部或部分从事管理工作的人员，这与我们在工作场所见到的情况是一致的。传统的观点认为管理者是运用职位、权力，对人进行驾驭和指挥的人。这种概念强调的是组织中的正式职位和职权，强调必须拥有下属。

现代普遍认为，管理者是协调和监管其他人的工作，以使组织目标能够实现的人。管理者的工作与个人成就无关，而是关注如何帮助别人完成工作。这意味着管理者可能是协调部门群体的工作，或者监管某个人，还可能涉及协调不同部门人员的工作活动，甚至组织外部人员的活动，如临时工或为组织的供应商服务的个体等。正如美国学者彼得·德鲁克强调的，作为管理者首要的标志是必须对组织的目标负有贡献的责任，而不是权力。

因此，从现代的观点来看，管理者是指履行管理职能，对实现组织目标负有贡献责任的人。

(二) 管理者的类型

对管理者的分类有多种依据，例如，按管理工作的性质与领域分为综合管理者与职能管理者；按职权关系的性质分为直线管理人员与参谋人员。但在日常的管理实务中，对管理者较为常见的分类是按照管理的层次进行分类，即将管理者分为高层管理者、中层管理者和基层管理者。

（1）高层管理者，指一个组织中最高领导层的组成人员。他们对外代表组织，对内拥有最高职位和最高职权，并对组织的总体目标负责。他们侧重组织的长远发展计划、战略目标和重大政策的制定，拥有人事、资金等资源的控制权，以决策为主要职能，故也称决策层。例如，一个工商企业的总经理就属于高层管理者。

（2）中层管理者，指一个组织中中层机构的负责人员。他们是高层管理者决策的执行者，负责制订具体的计划、政策，行使高层授权下的指挥权，并向高层汇报工作，也称执行层。例如，一个工厂的生产处长、一个商场的商品部经理均属于中层管理者。

（3）基层管理者，指在生产经营第一线的管理人员。他们负责将组织的决策在基层落实，制订作业计划，负责现场指挥与现场监督，也称作业层。例如，生产线上的线长、班组长均属于基层管理者。

(三) 管理者的基本素质与能力要求

1. 管理者的基本素质

实施有效管理除受管理者外部客观条件的影响以外，管理者自身的主观条件也是非常重要的一方面，这种主观条件就是管理者的素质与能力。例如，管理者的职业道德怎么样、知识水平如何、能力与身心条件是否能适应管理高强度工作的需要等。而且，管理者的素质通常会在实际管理过程中将管理能力表现出来，并对下属的工作活动产生影响。

具体而言，管理者的基本素质主要包括政治与文化素质、基本业务素质和身心素质三个方面，管理者的基本素质只有与岗位要求相一致，才能胜任管理工作的需要。

（1）政治与文化素质是指管理者的政治思想修养水平和文化基础。例如，政治坚定性、敏感性、事业心、责任感、思想境界与品德情操，人文修养与广博的文化知识等。

（2）基本业务素质是指管理者在所从事工作领域内的知识与能力。例如，一般业务素质和专门业务素质等。一般业务素质是通用的素质需求；专门业务素质是特定岗位的素质要求。

（3）身心素质是指管理者本人的身体状况与心理条件等。例如，健康的身体，坚强的意志，开朗、乐观的性格，广泛而健康的兴趣等。

2. 管理能力的属性与分类

就管理能力的基本属性而言，管理能力是一种心智技能。管理是一种运用权威、利益机制与社会互动来影响他人及其活动，以实现组织预期目标的过程。就管理能力的实质而言，管理能力是管理者对待管理行为的能力，既可以是一种观察力，也可以是一种思维力、运筹力、决断力、执行力等。需要说明的是，管理能力通常只能在实践中习得，并在实践中提高。

管理能力可以划分为管理实务技能和管理核心技能两个部分。

（1）管理实务技能。管理实务技能是指管理者处理各种管理实务的技术与能力，对于中基层管理者而言，在管理职能中列举的主要管理活动的处理能力都是管理者必须要掌握的实务技能。

（2）管理核心技能。管理核心技能是指管理者履行管理职能，处理各种管理实务所需要的共性的、根本性的能力。管理核心技能的高低决定着其各种实务技能水平的高低。这类核心技能是所有管理者处理各类问题必须具备的，对解决管理问题、提高管理绩效、实现组织目标具有决定性的作用。换句话说，管理核心技能水平低的管理者，其管理实务技能一般也不会高。

3. 管理者应具备的核心技能

管理学者罗伯特·李·卡茨提出管理者必须具备三方面技能，即技术技能、人际技能和概念技能。后来，斯蒂芬·罗宾斯又补充了一种政治技能，其是指一种"建立权力基础并维系社会关系方面的能力"，与前三个技能构成了管理者的四个核心技能。

在具体的管理实践中，管理者的管理行为主要涉及人际关系领域、工作事务领域、技术业务领域三大管理领域，分别对应着人际技能、行政技能和技术技能三大核心技能。而概念技能则渗透与贯穿着以上管理领域的三大核心技能。

（1）概念技能，或称构想技能，即指管理者观察、理解和处理各种全局性的复杂关系的抽象能力。概念技能的核心是一种观察力和思维力，这种能力对于组织的战略决策和全局发展具有极为重要的意义，是组织高层管理者所必须具备的，也是最为重要的一种技能。其中，创新是管理者概念技能的核心，具体而言包括以下内容：

① 创新意识。管理者要树立创新观念，要真正认识到创新对组织生存与发展的决定性意义，并在管理实践中，事事、时时、处处坚持创新，要有强烈的创新意识。

② 创新精神。创新精神涉及创新态度和勇气。管理者在工作实践中，不但要想到创新，更要敢于创新。要有勇于突破常规、求新寻异、敢为天下先的大无畏精神。

③ 创新思维。管理者不但要敢于创新，还要善于通过科学的创新思维来完成创新构思。没有创造性思维，不掌握创新思维的方法与技巧，不采用科学可行的创造性技法，是很难实现管理上的突破与创新的。

④ 创新能力。在管理实践中，促使创新完成的能力是由相关的知识、经验、技能与创造性思维综合形成的。

阅读材料：概念技能的核心要求

（2）人际技能。人际技能是指管理者处理人际关系的技能。在以人为本的今天，人际能力对于现代管理者，是一种极其重要的基本功。没有人际技能的管理者是不可能做好管理工作的。人际技能涉及与人交流、与人合作、自我学习等职业核心技能。

人际技能本质上反映的就是管理者的情商。情商与智商相对应，是用来表示人的感知、调控与处理情感能力的尺度或衡量指标。情商主要反映认识、控制与调节自我情感，并影响与协调他人情感的能力与水平。管理情商是对管理者情商的特定概括，不但具有人的一般情商的共性，而且体现管理者对情商的特殊要求，这是现代管理者不可或缺的心理品质。

阅读材料：管理者需要高超的人际技能

（3）行政技能。行政技能是指管理者提高权威、配置资源、协调活动的一种行政性能力。行政技能包括以下内容：构建组织内的权力平衡，加强个人地位，巩固权力基础的能力；依据目标，科学分配组织的人、财、物、时间、信息等资源的能力；巧妙运筹与安排时间与空间要素，协调各种活动与工作过程的能力；等等。这既是管理者最基本的技能，也是在管理实践中应用最普遍的一种管理技能。行政技能涉及解决问题、信息处理、数字应用等职业核心技能。

（4）技术技能。技术技能是指管理者掌握与运用某一专业领域内的知识、技术和方法的能力。技术技能包括专业知识与经验、技术与技巧、程序与方法、操作与工具运用的熟练程度等。这些是管理者对相应专业领域进行有效管理所必备的技能，需要注意的是，不同层次的管理者对技术技能掌握程度的要求是不相同的。

4．不同层次管理者对管理技能的需要

不同层次管理者对管理技能的需要是有差异性的。对于任何管理者来说，上述四种管理技能都是应当具备的。但不同层次的管理者，由于所处的地位、作用和职能不同，对四种管理技能的需要程度则明显不同。

（1）高层管理者尤其需要概念技能，而且所处层次越高，对概念技能的要求也越高。概念技能的高低，成了衡量一个高层管理者素质高低的最重要的标准。当然，高层管理者也需要有较高的行政技能，但高层管理者对技术技能的要求就相对低一些。

（2）中层管理者更注重人际技能，因为他们的管理职能主要表现为执行与协调，对人际交往与沟通能力的要求自然更高。

（3）基层管理者更重视的是技术技能。由于他们的主要职能是现场指挥与监督，所以如果不能掌握熟练的技术技能，就难以胜任基层管理工作。当然，基层管理者对概念技能的要求就不是太高。同时，对基层管理者的行政技能要求也较低。

微视频：不同管理者的技能要求

管理感悟

第一，正确理解各管理职能之间的关系。一方面，在管理实践中，计划、组织、领导和控制职能一般是按顺序履行的，即先要执行计划职能，然后是组织、领导职能，最后是控制职能。但另一方面，上述顺序不是绝对的，在实际管理工作中这四大职能又是相互融合、相互交叉的。

第二，正确处理管理职能的普遍性与差异性。原则上讲，各级各类管理者的管理职能具有共同性，都具备执行计划、组织、领导、控制四大职能，但同时也要注意到，不同层次、不同级别的管理者执行这四大职能时的侧重点与具体内容又是各不相同的。

任务实训

1．在线测试：明晰工作场所中的管理与管理者。
2．举例说明工作场所中管理的特点。
3．阐述怎么提高学习者的管理能力。

在线测试

任务评价

评价类目	评价内容及标准	分值（分）	自己评分	小组评分	教师评分
学习态度	✓ 全勤；（5分） ✓ 遵守课堂纪律。（5分）	10			
学习过程	➤ 能说出本次工作任务的学习目标，上课积极发言，积极回答问题；（5分） ➤ 能够明晰工作场所中的管理活动；（5分） ➤ 能够回答管理者的类别及核心技能；（5分） ➤ 能够解释管理者的素质要求与技能要求。（5分）	20			

续表

评价类目	评价内容及标准	分值（分）	自己评分	小组评分	教师评分
学习结果	◆ 在线测试：明晰工作场所中的管理与管理者；（4分×10=40分） ◆ 举例说明工作场所中管理的特点；（15分） ◆ 阐述怎么提高学习者的管理能力。（15分）	70			
	合　　计	100			
	所占比例	100%	30%	30%	40%
	综合评分				

知识拓展与技能实践

知识拓展

了解不同管理学者对管理的不同定义

管理学者对管理的定义做了大量的研究，并从不同的角度和侧重点，提出了大量的关于管理的定义。

"科学管理之父"弗雷德里克·温斯洛·泰勒（简称泰勒）认为："管理就是确切地知道你要别人干什么，并让他用最好的方法去干。"

诺贝尔奖获得者赫伯特·西蒙对管理的定义："管理就是制定决策。"（《管理决策新科学》）

马克斯·韦伯对管理的定义："管理就是协调活动。"

彼得·德鲁克认为："管理是一种工作，它有自己的技巧、工具和方法；管理是一种器官，是赋予组织以生命的、能动的、动态的器官；管理是一门科学，一种系统化的并到处适用的知识；同时，管理也是一种文化。"（《管理——任务、责任、实践》）

亨利·法约尔（简称法约尔）在其名著中认为："管理是所有的人类组织都有的一种活动，这种活动由五项要素组成：计划、组织、指挥、协调和控制。"（《工业管理与一般管理》）法约尔对管理的看法颇受后人的推崇与肯定，形成了管理过程学派。

斯蒂芬·罗宾斯对管理的定义："所谓管理，是指同别人一起，或者通过别人使活动完成得更有效的过程。"

技能实践

以小组为单位，利用周末或假期访谈不同的管理者，可以是所在学校的管理人员，学生工作处的辅导人员，或者是企业的管理人员等。通过访谈，了解不同岗位对管理者的素质要求与核心技能要求，听取不同管理者对如何做好管理的建议。具体要求如下：

（1）记录访谈过程与内容，并进行整理。

（2）与小组人员讨论不同管理者给予的建议，并写出访谈总结。

（3）结合自身情况，拟定改进与提高管理者素质的策略，制定并改善方案。

任务二　探究管理系统

思维导图

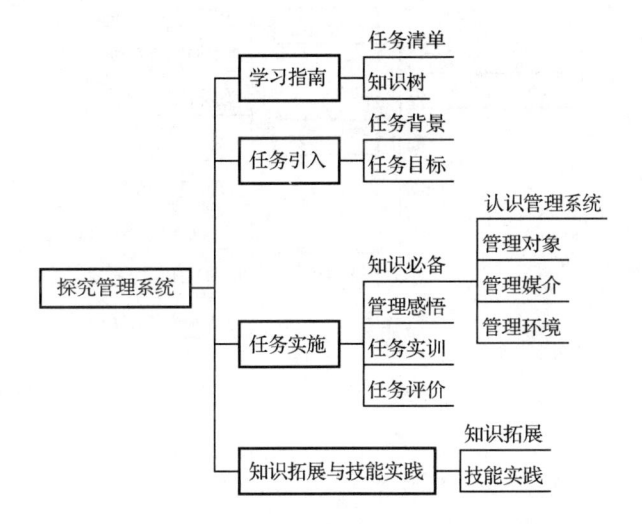

```
                    ┌─ 学习指南 ──┬─ 任务清单
                    │           └─ 知识树
                    │
                    ├─ 任务引入 ──┬─ 任务背景
                    │           └─ 任务目标
                    │
                    │           ┌─ 知识必备 ──┬─ 认识管理系统
                    │           │           ├─ 管理对象
探究管理系统 ────────┤           │           ├─ 管理媒介
                    │           │           └─ 管理环境
                    ├─ 任务实施 ─┼─ 管理感悟
                    │           ├─ 任务实训
                    │           └─ 任务评价
                    │
                    └─ 知识拓展与技能实践 ─┬─ 知识拓展
                                        └─ 技能实践
```

学习指南

任务清单

工作任务	探究管理系统
建议学时	2 学时
任务描述	本次学习任务是通过对管理系统的分析，从系统角度明晰管理系统的构成，在此基础上学习管理对象、管理媒介及管理环境等构成要素，培养学生基本的管理系统分析能力，使学生能够用系统观点进行管理问题的思考。
学习目标	知识目标：1. 掌握管理系统的构成要素及内涵；2. 掌握管理对象的基本内涵；3. 掌握管理媒介与管理环境的分析方法。
	能力目标：1. 具备基本的分析管理系统的能力；2. 具备工作中运用动力机制与约束机制的能力；3. 具备管理环境分析的能力。
	素质目标：1. 具备系统思考管理问题的意识；2. 具备自我管理与不断改进的意识；3. 具备大局意识与团队合作意识。
	思政目标：通过对管理系统相关内容的学习，培养学生对国家政策的认知，培养学生对国内外环境、经济形势等的认知习惯，培养学生热爱工作、富有责任感、勇于创新的精神，使学生具有系统思考的政治意识。
关键词	管理系统；管理对象；管理媒介；管理环境

知识树

```
                          ┌─ 认识管理系统 ─┬─ 管理系统的概念
                          │                └─ 管理系统的构成
                          │
                          │                ┌─ 各类社会组织
                          ├─ 管理对象 ─────┼─ 组织资源或要素
探究管理系统 ─────────────┤                └─ 组织的职能活动
                          │
                          ├─ 管理媒介 ─────┬─ 管理机制
                          │                └─ 管理方法
                          │
                          │                ┌─ 管理环境的分类
                          └─ 管理环境 ─────┼─ 环境对管理的影响
                                           ├─ 管理与环境的关系
                                           └─ 对环境的有效管理
```

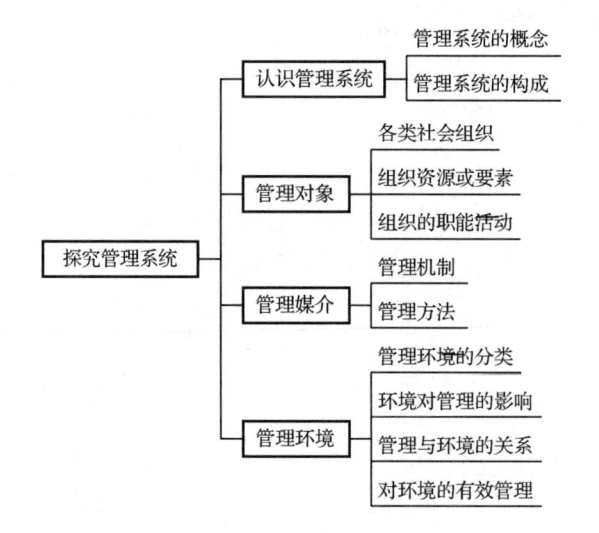

任务引入

任务背景

仅关注人际关系是不够的

杨宏最近比较得意，三十岁不到便被派到公司的新材料事业部担任副总经理，负责公司的生产与研发工作。新材料事业部是一个令人羡慕的部门，而且部门员工的素质也高。最近几年，由于对新材料的需求迅速增长，公司效益成倍增加。

"要人有人，要钱有钱，还有办不成的事？"杨宏心里想。于是，更有了大干一番的劲头。但没过几个月，总经理跟杨宏说道："你到新材料事业部已经快三个月了，但各种信息显示我们公司的产品市场增长已经明显放缓了。"

杨宏心里一惊，心想："怎么会这样？"但他没敢说出来，继续听着总经理的训示。

"作为公司的中高层管理者，不能只盯着员工是否满意，要多了解国际形势的变化，多关注技术的变化，多了解我们的竞争对手，多注意相关劳动法规的要求……"

杨宏一直以为自己工作很努力，而且听从了前任的建议，积极地与员工搞好关系，努力调动人员的积极性，因此，他认为只要员工努力就一定能取得好的成绩，但现在来看显然是不够的。

这让杨宏开始感到担心了。

任务目标

1. 管理者除了管理他人，是不是还有别的内容？
2. 管理系统包含哪些构成要素？这些要素对管理有哪些影响？
3. 管理者应该如何应对管理环境的变化？

任务实施

知识必备

一、认识管理系统

我们已经知道管理者在管理工作中的重要性，但除了管理者，要做好管理工作，实现组织目标是不是还会受到别的因素的影响呢？要回答这个问题，我们就需要将视角换到管理系统上来。

（一）管理系统的概念

从系统论的观点看，管理是一个完整的系统。管理系统，是指由相互联系、相互作用的若干要素或相关的子系统，按照管理的整体功能和目标需要结合而成的有机整体。任何管理，都是一个系统，管理者必须从系统的观念出发，从整体与相互联系的观点来观察、分析和解决管理问题。

关于管理系统的理解：

（1）管理系统是由若干要素构成的，这些要素可以看作是管理系统的子系统，而且这些要素之间是相互联系、相互作用的。

（2）管理系统是一个层次结构，是其内部划分为若干子系统，并组成有序的结构；而对外，任何管理系统又成为更大社会管理系统的子系统。

（3）管理系统是整体的，发挥着整体功能，即其存在的价值在于其管理功效的大小。而任何一个子系统都必须是为实现管理的整体功能和目标服务的。

（二）管理系统的构成

管理系统一般由以下要素构成：

（1）管理目标。管理目标是管理活动与功能的集中体现，所有的管理行为都是为了有效实现目标。管理目标是管理系统建立与运行的出发点和归宿，因此，管理系统必须围绕目标建立与运行。

（2）管理主体。管理主体即管理者，管理主体既表现为单个管理者，又表现为管理者群体及其所构成的管理机构，是管理系统中最核心、最关键的要素。在组织中，如配置资源、组织活动、推动整个系统运行、促进目标实现等，所有这些管理行为都要靠管理者去实施。管理者是整个管理系统的驾驭者，是发挥系统功能、实现系统目标最关键的要素。

（3）管理对象。管理对象既包括不同类型的组织，也包括各组织中的构成要素及职能活动。管理对象是管理者为实现管理目标，通过管理行为作用于其上的客体。管理对象，作为管理行为的受作用一方，对管理成效以及组织目标的实现，具有重要的影响作用。

（4）管理媒介。管理媒介主要指管理机制与管理方法。管理机制在管理系统中具有极为重要的作用，它是决定管理功效最关键、最核心的因素。而管理方法则是管理机制的实现形式，是管理的直接实施手段。管理机制与管理方法是管理主体作用于管理对象过程中的一系列运作原理与实施方式、手段。

（5）管理环境。管理环境是指实施管理过程中，存在于社会组织内部与外部的影响管理实施和管理效果的各种力量、条件和因素的总和。管理行为依一定的环境而存在，并受到管理环境的重要影响。管理环境是管理系统的有机组成部分。

阅读材料：管理是一个开放系统　　　　微视频：管理系统的构成与运作

二、管理对象

管理对象是管理的受作用一方，可以从其内涵与外延来看。

在内涵上，管理对象是指管理者为实现管理目标，通过管理行为作用于其上的客体，一般指的是管理的直接对象，如各种资源与要素等。管理通过对这些资源或要素进行配置、调度、组织，使管理的目标得以实现。所以，这些资源或要素就成为管理的直接对象。

在外延上，管理对象还可包括各类社会组织及其构成要素与职能的活动。组织在实现其功能或目标的过程中开展的一些职能活动，形成一系列工作或活动环节，都属于外延的管理对象。

由此可见，管理对象可以包括各类社会组织、组织资源或要素及组织的职能活动。

（一）各类社会组织

所谓社会组织，是指为实现特定目的，完成特定任务，按照社会规程结合在一起的人们共同活动的集体。如政治组织、经济组织、文化组织、宗教组织、其他社会组织等。以整个社会组织为对象进行管理的人，主要是组织的上级领导或社会组织的最高层管理者。而广大的中基层管理者管理的是各种社会组织（独立法人）内部设置的各种单位或部门。

（二）组织资源或要素

管理者管理的组织资源或要素主要包括人员、资金、物资设备、时间和信息等。

① 人员。人是管理对象中的核心要素，所有管理要素都是以人为中心存在和发挥作用的。
② 资金。资金是任何社会组织，特别是营利性经济组织极为重要的资源。
③ 物资设备。物资设备是社会组织开展职能活动，实现目标的物质条件与保证。
④ 时间。时间是组织的一种流动形态的资源，是稍纵即逝的宝贵要素。
⑤ 信息。在信息社会的今天，信息已成为极为重要的组织资源。

（三）组织的职能活动

管理是使组织的活动效率化、效益化的行为，组织的各项职能活动需要进行规范与引导。因此，社会组织实现基本职能的各种活动构成了管理者最经常、最大量的管理对象。在管理的作用下使各项职能活动更有秩序、更有效率、更有效益。

三、管理媒介

为实现组织目标，管理者需要通过一定的途径或方式使实际管理行为作用于管理对象。管理者所采取的作用于管理对象的方式，涉及其作用的原理和具体的实施形式，这包含管理机制与管理方法两个方面。

（一）管理机制

1．管理机制的含义

管理机制指的是管理系统的结构及其运行机理，是以客观规律为依据，以组织的结构为基础，由若干子机制有机组合而成的。因此，有什么样的组织结构，就会有什么样的管理机制。由于管理机制是客观规律要求的直接反映形式，与管理制度相比更具有客观性。在管理机制下，主观的作用是间接和有限的，因此，通过机制进行管理会更科学、更有效。

2．管理机制的构成

组织结构决定了管理结构与管理机制，管理结构决定了管理者在管理中的地位，管理机制决定了管理者所能采取的行动以及达到的管理效果。因此，管理效果如何归根到底是由管理机制决定的。

一般的管理系统，其管理机制包括运行机制、动力机制和约束机制三个子机制。管理机制的构成及比较如图 1-1 所示。

```
管理机制 ┬ 运行机制：系统的主体机制，保证组织正常运行，为实现组织目标创造条件。
        ├ 动力机制 ┬ 利益驱动
        │        ├ 政令推动
        │        └ 社会心理推动
        │        提供激发动力，提供实现组织目标的效率保证。
        └ 约束机制 ┬ 权力约束
                 ├ 利益约束
                 ├ 责任约束
                 └ 社会心理约束
                 对管理行为或活动进行限制或修正，保证系统正确运行，实现目标。
```

微视频：管理机制的构成与运作

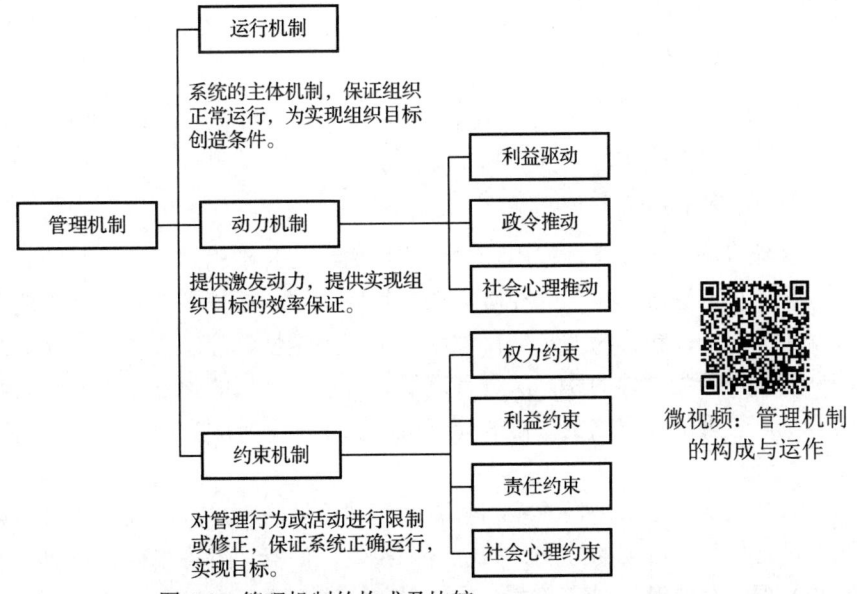

图 1-1　管理机制的构成及比较

（1）运行机制。运行机制主要指组织基本职能的活动方式、系统功能及其运行原理。运行机制是组织运行过程中的主体机制，任何组织的正常运行都是由其运行机制决定的。但每个组织、企业，甚至是国家，其运行机制并不完全相同，都有着适合自己的特定的运行机制。应该说明的是，运行机制虽然保证了组织的正常运行，但对如何激发员工的积极性与工作热情是缺乏的，此时就需要组织的动力机制来支持。

（2）动力机制。动力机制，是指激发管理系统动力的产生与运作的结构与机理。动力机制是为管理系统运行提供驱动力量的机制。

从动力机制来看，主要受三种力量驱动：

① 利益驱动。这是由经济规律决定的。人们会在物质利益的吸引下，主动采取有助于组织功能实现的行动，从而有效推动整个系统的运行。

② 政令推动。这是由社会规律决定的。管理者凭借行政权威，强制性地要求被管理者采取有助于组织功能实现的行动，以此推动整个系统的运行。

③ 社会心理推动。这是由社会与心理规律决定的。管理者利用各种管理手段或措施，对被管理者进行富有成效的教育和激励，以调动其积极性，使其自觉、自愿地努力实现组织目标。

（3）约束机制。为了保证组织运行的结果与管理目标一致，需要一种机制来对偏离管理目标的行为进行限制或约束，这就是约束机制。所谓约束机制，是指对管理系统行为进行限定与修正的功能与机理，其功能是保证管理系统正确运行以实现管理目标。

约束机制主要包括以下四种方式：

① 权力约束，即利用权力对系统运行进行约束。例如，下达保证实现目标的命令，对偏差行为采取有力的处罚措施等。

② 利益约束，是指以物质利益为手段，对运行过程施加影响，奖励有助于目标实现的行为，惩罚偏离目标的行为，以实现对不合规行为的限定与修正。

③ 责任约束，主要指通过明确相关系统及人员的责任，来限定或修正管理系统的行为。

④ 社会心理约束，主要是指运用教育、激励和社会舆论、道德与价值观等手段，对管理者及有关人员的行为进行约束。

（二）管理方法

管理方法，是指管理者为实现组织目标，组织和协调管理要素的工作方式、途径或手段。管理方法是管理机制的实现形式。

1. 管理方法的分类

管理方法形式多样，适用场景与采用的手法各不相同。按不同的分类标志可分为以下几种：按作用的原理，可分为经济方法、行政方法、法律方法和社会心理学方法，这类方法是最常用的方法；按方法的定量化程度，可分为定性管理方法和定量管理方法；按所运用技术的性质，可分为管理的软方法与管理的硬方法，管理的软方法指主要靠管理者主观决断能力的方法，管理的硬方法主要指靠计算机、数学模型等的数理方法。这里我们采用按作用的原理进行分类。

（1）经济方法，是指依靠利益驱动，利用经济手段，通过调节和影响被管理者物质需要而促进管理目标实现的方法。如价格、税收、信贷、经济核算、利润、工资、奖金、罚款、定额管理、经营责任制等形式，其具有利益驱动性、普遍性、持久性等特点。

（2）行政方法，是指依靠行政权威，借助行政手段，直接指挥和协调管理对象的方法。如命令、计划、指挥、监督、检查、协调、仲裁等形式，其具有强制性、直接性、垂直性等特点。

（3）法律方法，是指借助国家法规和组织制度，严格约束管理对象为实现组织目标而工作的一种方法。如国家的法律和法规、组织内部的规章制度、司法和仲裁等，其具有高度强制性、规范性等特点。

（4）社会心理学方法，指借助社会学和心理学原理，运用教育、激励、沟通等手段，通过满足管理对象的社会心理需要的方式来调动其积极性的方法。如宣传教育、思想沟通、各种形式的激励等，其具有自觉自愿性、持久性等特点。

2. 管理方法的完善与有效运用

在运用管理方法时需要注意以下几点：

（1）要使其符合相关客观规律的要求，这样才能更好地体现管理机制的功能作用。

（2）弄清所要应用的管理方法作用的客观依据是什么，管理方法作用于被管理者的哪个方面，是否能产生明显的效果，以及方法本身的特点与局限等，以便正确有效地加以运用。

（3）研究管理者与管理对象两者的性质与特点，使管理方法针对性强、成效显著。

（4）一定要认真了解与掌握环境变量，包括时机的把握，使管理方法与所处环境相协调，从而更有效地发挥其作用。

（5）注意管理方法的综合运用。不同的管理方法，各有长处和局限，各自在不同领域发挥着其优势。因此，需要管理者依目标和实际需要，灵活地选择多种方法，综合地、系统地运用各种管理方法，从而实现管理方法的整体功效。

四、管理环境

（一）管理环境的分类

管理环境是指对组织绩效起着潜在影响的外部机构或力量。管理环境是组织生存发展的物质条件的综合体，是指存在于一个组织内外部的影响组织业绩的各种力量和条件因素的总和。

按存在于社会组织的内外部的范围划分，管理环境可分为内部环境和外部环境。内部环境主要指社会组织履行基本职能所需的各种内部的资源与条件，包括人员的社会心理因素、组织文化等因素；外部环境是指组织外部的各种自然和社会条件与因素。

组织的外部环境还可以进一步划分为一般环境和任务环境。一般环境也称宏观环境，是指各类组织共同面临的整个社会的相关环境因素；任务环境也称产业（行业）环境或中观环境，是指某个或某类社会组织在完成特定职能任务过程中所面临的产业（行业）环境因素。具体的任务环境主要包括产业的资源供应商、合作者、竞争者、顾客、政府产业（行业）政策及社区等。

（二）环境对管理的影响

环境对管理的影响包括以下几个方面：

（1）经济环境对管理的影响。经济环境与管理的关系是最为直接的，对管理的影响也是最大的。经济环境对组织管理的影响主要表现在经济物质资源、国家的经济制度与经济体制、社会的经济规模与发展水平、市场供求与竞争、国民收入与消费水平五个方面。

（2）技术环境对管理的影响。社会组织的技术环境，主要指组织所在国家或地区的技术进步状况，以及相应的技术条件、技术政策和技术发展的动向与潜力等。技术水平、技术条件、技术过程的变化，必然引发管理思想、管理方式与方法的更新。

（3）政治环境对管理的影响。政治环境包括国际、国内及本地区的政治制度、政治形势、政策法规等。政治形势的状况及变动趋势关系到社会的稳定，关系到社会组织的运行与管理；国家的政策关系到资源状况、居民的收入水平、消费与市场需求、企业内部制度与政策以及人员心理等，这些对组织的管理均有重要的影响作用。

（4）社会与心理环境对管理的影响。社会与心理环境主要指组织所在地的人口、教育、生活习俗、风气、道德、价值观念，以及社区成员的各种心理状况等。由于社会组织是由人组成的，而且人既是管理者又是管理对象，这就决定了社会组织及其管理离不开人与人之间的关系，离不开人们的社会心理因素。

（三）管理与环境的关系

环境对管理产生着重要的影响，但同时管理活动与所处的环境（特别是外部环境）之间又存在着对应关系、交换关系与影响关系，这三种关系之间相互依存、相互影响，共同决定组织面临的管理环境质量。

1．对应关系

任何一个组织与其所处的环境之间都存在着对应关系。以企业为例，社会上的环境可以分为经济、技术和社会三大环境，那么，企业内部的管理行为就与之相对应，存在着经营、作业和人际关系三大管理领域。

2．交换关系

组织与环境之间不断地进行着物质、能量和信息的交换。例如，一家生产企业，从市场上搜集情报信息并购进原材料，再将加工完成的产品送到市场上销售，通过广告等形式向社会广泛传递有关产品的信息，而组织、协调和控制这些活动的管理行为也必然同环境之间存在交换关系。

3．影响关系

任何一个组织其本身就是社会环境中的一部分，组织的管理受外部环境的决定与制约。但同时，组织的管理也会反作用于外部环境。例如，某些行业中的龙头企业所需的政策条件往往是政府部门在制定产业政策时重点考虑的因素等。可见，管理与环境之间存在着极为密切的决定、影响和制约关系。

（四）对环境的有效管理

由于环境对组织的生存发展以及对管理绩效具有重要作用，因此，管理者必须抓好环境管理，能动地适应环境，谋求内部管理与外部环境的动态平衡。

1．了解与认识环境

管理者要能动地适应环境，首先要了解、认识环境，这是对环境进行有效管理的基础。管理者要通过各种渠道搜集有关环境的信息，掌握关于环境的各种因素与变量，把握环境发展变化的趋势与规律，并划分与确定环境因素的类型，确定环境对组织与管理影响的领域、性质及程度的大小，发现机会，正视威胁。

2．主动适应一般环境

在对环境科学分析与评估的基础上，要主动适应一般环境，以保证本组织目标的实现。一般环境是组织不可控制的，只能主动适应。管理者要从组织环境既定条件与因素出发，千方百计地利用环境的有利条件，因势利导地寻求组织与环境的平衡，以获得组织的发展。

3．积极干预、主动影响任务环境

任务环境是本组织直接面临、影响巨大的环境，同时也是本组织可以在一定程度上施加影响的环境。管理者需要积极干预，创造条件，影响环境朝向有利于本组织的方向发展。

4．及时调整组织战略，灵活适应各种环境

环境的变化是不可避免的，因此组织需要对各种环境变量始终保持动态监控，整体把握，

并根据环境的变化，灵活应对。

管理感悟

第一，工作中的管理活动并不是孤立的，它受到系统性因素的影响，也就是管理系统的作用。不同的管理者、管理对象、管理媒介及管理环境在管理实践中都会影响到组织的管理活动，甚至影响到管理目标是否能够实现。因此，在管理实践中，认真审视管理系统中的各要素对实现管理目标非常重要。

第二，在管理活动中，管理者、管理对象是通过管理媒介（管理机制或管理方法）来产生作用的，同时，管理环境会对管理媒介产生直接的影响，如劳动法规会影响企业的用工制度，包括工作条件、劳动报酬等一系列的行为；经营环境的变化会影响管理者修正管理目标等。

任务实训

1. 在线测试：探究管理系统。
2. 举例说明工作场所中的管理系统要素。
3. 阐述管理系统中各要素之间是如何相互作用的。

在线测试

任务评价

评价类目	评价内容及标准	分值（分）	自己评分	小组评分	教师评分
学习态度	✓ 全勤；（5分） ✓ 遵守课堂纪律。（5分）	10			
学习过程	➢ 能说出本次工作任务的学习目标，上课积极发言，积极回答问题；（5分） ➢ 能够明晰管理系统的构成要素；（5分） ➢ 能够列举管理对象中的组织资源与要素；（5分） ➢ 能够列举动力机制的驱动力量。（5分）	20			
学习结果	◆ 在线测试：探究管理系统；（4分×10=40分） ◆ 举例说明工作场所中的管理系统要素；（15分） ◆ 阐述管理系统中各要素之间是如何相互作用的。（15分）	70			
合　　计		100			
所占比例		100%	30%	30%	40%
综合评分					

知识拓展与技能实践

知识拓展

培养管理者的人际技能

研究发现人们在人际技能方面的表现是不同的。富有人际技能的人在运用影响力策略时更为有效。尤其在风险较高的事情上，人际技能的作用往往更加突出。熟练掌握人际技能的人能够在别人没有察觉的情况下发挥他们的影响力，这对于技能的有效性是很重要的。一个人的人际技能由他的社交能力、人际影响力、社交敏锐性和外显真诚决定。

（1）培养你的社交能力。一个好的社交网络（圈子）是很有用的工具。社交网络的构建可以从结识你工作区域和组织中的重要人物、与领导者培养联系开始。主动参与管理层的服务或是给那些能够被高层管理者注意到的项目提供帮助，参与重要的组织活动，这样你会被认为是组员并且关心组织的成功。为你遇到过的人建立名片整理文件，哪怕只是短暂地相处过。当你在工作上需要建议时，可以运用你在组织中的联系和社交网络。

（2）致力于提高人际影响力。当人们在你身边感到舒服自在时，他们就会愿意聆听你。提高你的沟通技巧，使你能够很容易与别人进行有效的沟通。努力与各个领域和组织中各层次的人培养良好与和睦的关系。做到开放、友好并且愿意投入其中。人们对你的喜爱程度会影响你的人际影响力。

（3）培养社交敏锐性。一些人拥有与生俱来的理解别人的能力，能够感知别人的想法。如果你没有这种能力，你需要做一些事情来培养你的社交敏锐性。例如，在合适的时间说合适的话，密切注意人们的面部表情，尽量确定别人是否别有用心。

（4）真诚待人。让别人愿意和你交往，真诚是很重要的。对你所言所行都保持诚实，并且对别人和他们所处的情况保持真诚的关心。

技能实践

选择上述四种人际技能中的一种，用一周或若干周的时间去实践，并用一系列简短的笔记描述你的经历（不论好坏），总结并分析以下几个问题：

（1）你能否做到在组织中构建起自己的社交圈子？

（2）你能否通过识别和解读人们的面部表情和表情背后的意思来培养自己的社交敏锐性？

（3）你可以做些什么来培养自己的人际技能？

一旦你开始认识到人际技能与什么有关，你就会发现你的人脉更广，对管理者的人际技能越来越内行。

知识复习与巩固

一、填空题

1. 管理的必然性。管理是_____的产物；管理在_____条件下得到强化和发展。

2. 管理的定义。管理就是通过_____、_____、_____和_____，协调以_____为中心的组织资源与职能活动，以有效实现目标的社会活动。

3. 管理既是科学又是艺术。（1）管理是对_____的抽象反映——管理是科学；（2）管理是因地制宜、灵活多变的_____活动——管理是艺术。

4. 管理的基本职能：（1）_____职能。管理者为实现组织目标对工作所进行的筹划工作。（2）_____职能。为实现组织目标而建立与协调组织的工作过程。（3）_____职能。管理者指挥、激励下属，以有效实现组织目标的过程。（4）_____职能。为保证实际工作与目标一致而进行的工作。

5. 管理者的分类：（1）按管理层次可分为_____、_____和_____。_____更侧重计划职能；_____更侧重领导职能。

6. 管理者的素质包括基本素质和管理技能。（1）基本素质包括_____、_____、_____。（2）管理技能：_____技能，指管理在观察、理解和处理各种全局性的复杂关系的抽象能力；_____技能，指管理者掌握与运用某一专业领域内的知识、技术和方法的能力；_____技能，指管理者处理人事关系的能力；_____技能，这是指管理者提高权威，组织资源，协调活动的一种行政性能力。

7. 现代管理者素质的核心是_____。

8. 不同层次管理者对管理技能需要的差异性：高层管理者尤其需要_____技能；基层管理者更重视_____技能。

9. 管理系统的构成：（1）_____；（2）_____；（3）_____；（4）_____；（5）_____。

10. 管理对象包括各类社会组织及其构成要素与职能活动。组织的资源与要素包括：（1）_____；（2）_____；（3）_____；（4）_____；（5）_____。

11. 管理环境的分为_____环境与_____环境；外部环境分为_____环境与_____环境。

12. 管理与环境的关系：（1）_____关系；（2）_____关系；（3）_____关系。

13. 环境管理：（1）_____环境；（2）_____环境；（3）_____环境。

14. 管理机制主要包括_____机制、_____机制和_____机制。

15. 动力机制是指管理系统动力的产生与作用的机制，由_____、_____、_____三方面构成。

16. 约束机制是指对管理系统行为进行限定与修正的功能与机理。包括_____约束、_____约束、_____约束、_____约束。

二、多项选择题

1. 管理定义包括以下哪些内容。（　　）
   A．管理的目的是有效实现目标
   B．管理的职能是计划、组织、领导和控制
   C．管理的本质是协调
   D．管理的对象是以人为中心的资源与职能活动
   E．管理的性质是一种社会活动

2. 管理系统的构成要素包括（　　）。
   A．管理目标　　　　B．管理主体　　　　C．管理环境
   D．管理对象　　　　E．管理媒介

3. 管理者的管理职能包括（　　）。
   A．管理者的权力　　B．管理者的基本职责　C．管理者的义务
   D．管理者的素质　　E．执行管理者基本职责的程序或过程

4. 按照管理的层次划分，管理者可以分为（　　）。
   A．综合管理者　　　B．高层管理者　　　C．职能管理者
   D．中层管理者　　　E．基层管理者

5. 按照管理工作的性质与领域划分，管理者可以分为（　　）。
   A．基层管理者　　　B．中层管理者　　　C．综合管理者
   D．职能管理者　　　E．高层管理者

6. 按职权关系的性质划分,管理者可以分为（　　）。
   A．直线管理者　　　　B．基层管理者　　　　C．参谋人员
   D．中层管理者　　　　E．高层管理者
7. 管理者的基本素质主要包括（　　）。
   A．政治与文化素质　　B．人际素质　　　　　C．基本业务素质
   D．技能素质　　　　　E．身心素质
8. 管理者必须具备的技能包括（　　）。
   A．业务技能　　　　　B．技术技能　　　　　C．行政技能
   D．人际技能　　　　　E．概念技能
9. 管理者的创新素质主要表现包括（　　）。
   A．创新意识　　　　　B．创新实践　　　　　C．创新思维
   D．创新精神　　　　　E．创新能力
10. 被普遍接受的观点认为,管理要素主要包括（　　）。
    A．人员　　　　　　　B．资金　　　　　　　C．物质设备
    D．时间　　　　　　　E．信息
11. 管理与所处的环境存在着相互影响、相互依存的关系,主要表现为（　　）。
    A．对应关系　　　　　B．正比例关系　　　　C．交换关系
    D．反比例关系　　　　E．影响关系
12. 一个组织的管理结构主要包括（　　）。
    A．组织功能与目标　　B．组织的设计　　　　C．组织的基本构成方式
    D．组织结构　　　　　E．环境结构
13. 管理机制主要包括（　　）。
    A．监督机制　　　　　B．运行机制　　　　　C．控制机制
    D．动力机制　　　　　E．约束机制
14. 动力机制主要由以下哪几个部分构成。（　　）
    A．利益驱动　　　　　B．法制推动　　　　　C．政令推动
    D．自觉驱动　　　　　E．社会心理推动
15. 约束机制主要包括以下哪几个方面的约束因素。（　　）
    A．监督约束　　　　　B．权力约束　　　　　C．社会心理约束
    D．利益约束　　　　　E．责任约束
16. 管理中的经济方法是指依靠利益驱动,利用经济手段,通过调节和影响被管理者物质需要而促进管理目标实现的方法,其特点主要表现为（　　）。
    A．利益驱动性　　　　B．强制性　　　　　　C．直接性
    D．普遍性　　　　　　E．持久性
17. 管理中的行政方法是指依靠行政权威,借助行政手段,直接指挥和协调管理对象的方法,其特点主要表现为（　　）。
    A．强制性　　　　　　B．直接性　　　　　　C．普遍性
    D．垂直性　　　　　　E．无偿性
18. 管理中的法律方法是指借助国家法规和组织制度,严格约束管理对象,为实现组织目标而工作的一种方法,其特点主要表现为（　　）。

A．直接性 B．垂直性 C．高度强制性
D．持久性 E．规范性

三、简答题

1．简述不同层次管理者对管理技能需要的差异性。
2．简述管理者应具备哪些管理技能。
3．试述管理系统的构成。
4．简述组织管理与环境的关系。
5．简述如何加强对环境的有效管理。
6．简述管理机制的类型。
7．简述管理方法的类型。

四、情境应用题

1．在公司机关工作多年的张××，最近被公司提拔，出任公司所属独立核算的配件厂厂长。这让他既兴奋又担心，因为他对这个工厂的情况并不了解，更没有独立掌管一个工厂的任何经验。为了尽快适应工作，他现在最紧迫的任务就是尽快了解情况，明确开展工作的思路。假如你是张××，你打算怎么做？

提示：
（1）这是一个全面了解工厂的情境，因此，可依据管理系统架构分析该厂各方面的情况；
（2）根据四大管理职能，拟定开展工作的思路。

2．请根据管理机制的内容分析以下问题：
（1）分析所涉及的运行机制背后起作用的客观规律是什么。
（2）分析我国分配制度的动力机制。

模块二

管理思想与管理哲学

　　管理实践在人们活动中已经存在了很久，古埃及的金字塔，我国的万里长城、都江堰……这些都已经证明当时人们的管理水平足以完成工程巨大、人数众多的活动，这同时也表明相应的管理职能在当时的历史水平下发展到了一个相当高的水平。进入工业革命之后，机器动力生产大量取代人工动力，使得管理工作开始变得复杂。但是，对管理学正式的研究却是从20世纪初才开始的，随后产生了古典方法、行为方法、定量方法及当代方法等一系列成就，管理思想与管理哲学开始在全球范围内广泛传播起来。

任务一　继承早期的管理思想

思维导图

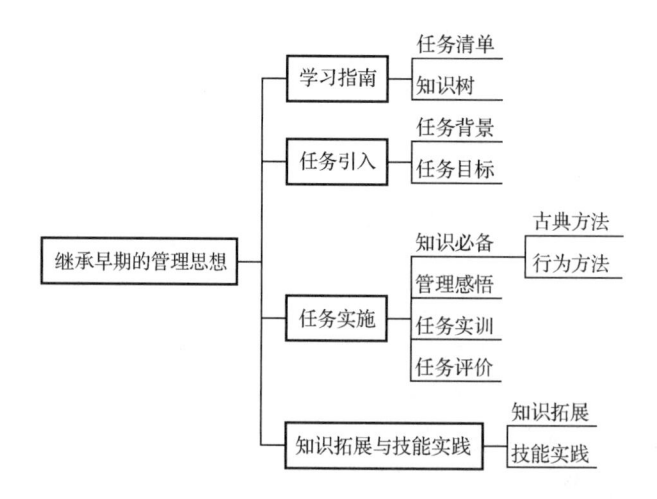

继承早期的管理思想
- 学习指南
  - 任务清单
  - 知识树
- 任务引入
  - 任务背景
  - 任务目标
- 任务实施
  - 知识必备
    - 古典方法
    - 行为方法
  - 管理感悟
  - 任务实训
  - 任务评价
- 知识拓展与技能实践
  - 知识拓展
  - 技能实践

模块二　管理思想与管理哲学

学习指南

任务清单

工作任务	继承早期的管理思想
建议学时	2 学时
任务描述	本学习任务是通过对早期的管理理论与管理思想的学习，熟悉管理理论的发展历程与管理思想的发展脉络，能思考不同时期管理思想对现在管理的影响，能够在实践中正确看待与使用相应的管理方法并指导工作。
学习目标	知识目标：1. 熟悉早期管理理论与管理思想的发展历程； 2. 理解早期管理思想的发展脉络； 3. 掌握管理的古典方法与行为方法的区别与联系。
	能力目标：1. 具备识别管理实践中古典方法与行为方法的能力； 2. 具备在管理实践中运用古典方法或行为方法的能力； 3. 具备综合运用古典方法与行为方法解释管理活动的能力。
	素质目标：1. 具备客观看待管理发展历程的意识； 2. 具备结合时代背景分析管理问题或现象的意识； 3. 具备大局意识与客观分析问题的意识。
	思政目标：通过对早期管理理论与管理思想的发展过程的学习，树立正确的发展观，培养与时俱进的时代精神，培养求真务实的精神。
关键词	古典方法；行为方法

知识树

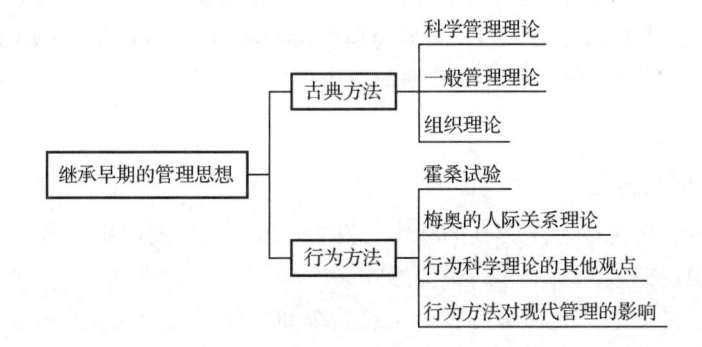

继承早期的管理思想
- 古典方法
  - 科学管理理论
  - 一般管理理论
  - 组织理论
- 行为方法
  - 霍桑试验
  - 梅奥的人际关系理论
  - 行为科学理论的其他观点
  - 行为方法对现代管理的影响

任务引入

任务背景

令人意外的管理见闻

小张兴致勃勃地来到叔叔所在的工厂里做暑假工，他终于可以见识一下现代化大工厂的管理了。叔叔是当地一家颇有名气的电子产品工厂的现场主管，该工厂每年都会招收部分暑假工。

进入了工厂，小张兴奋地寻找大学里学到的那些现代管理方法。可没过多久，他开始疑惑了。尽管到处都是带有科技感的处于工作状态的设备，但他还是发现了一些信息里传递的仍然是传统的管理信息，例如，生产进度的显示，虽然显示屏上不停地变换着，但他细细分析之后竟然发现这些信息是来自传统的甘特图的思想；他的报酬也是按计件工资支付的……这些不都是古老的管理方法吗？小张心里颇有些失望，甚至产生了退出暑假实习的想法。

小张一心想着学现代管理知识，于是他找到了叔叔，问道："这都是一些用了上百年的古老的管理方法，这能学到什么知识？"

"你说的是你们学校里学的那些古典方法与行为方法之类的知识吧？"叔叔说。

小张点了点头。

叔叔笑了笑，说道："管理中的古典方法与行为方法虽然诞生于近一百年前，但在我们工厂不也运作得很好吗？想知道为什么，那就先干好这个暑假再来评论吧。"

看到叔叔不想做太多解释，小张只得作罢，但他心里却更好奇了。

任务目标

1. 管理理论中古典方法与行为方法的区别体现在哪些方面？
2. 古典方法与行为方法在现代管理中是如何发挥作用的？

任务实施

知识必备

一、古典方法

古典方法是管理学中的第一种研究方法，其强调理性的重要性，使组织和工人尽可能提高工作效率。古典方法主要包含两大学说：科学管理理论和一般管理理论。科学管理理论的重要贡献者是泰勒和吉尔布雷斯夫妇。一般管理理论的两位重要贡献者是法约尔和马克斯·韦伯（简称韦伯）。下面我们来了解这些管理学历史中的著名人物及其相关贡献。

（一）科学管理理论

1. 科学管理理论的诞生

科学管理理论的诞生标志是泰勒的著作《科学管理原理》的出版，书中阐释了科学管理，即用科学的方法确定完成一项工作的最佳方式。

泰勒从工厂学徒干起，先后被提拔为工长、车间主任，直至总工程师。他结合工厂的实践，致力于研究如何提高劳动效率。在宾夕法尼亚州的米德维尔钢铁厂和伯利恒钢铁公司工作期间，他发现从事同样工作的工人采用完全不同的方法，而且工人经常以非常散漫的态度对待工作。泰勒认为工人的产出只是他们能力的三分之一，但当时几乎没有工作标准的存在，也没有人关心工人的能力与他们所在岗位的要求是否匹配。

为了改变这种状况，泰勒开始着手在车间实施科学管理方法。他花费了20多年的时间孜孜不倦地寻求完成这些工作的最佳方法。

在米德维尔钢铁厂的经历使泰勒明确了提高生产效率的指导原理，他将这些原理总结为以下四点：

（1）对每个工人的工作因素进行科学研究，取代传统的经验方法。

（2）科学地选拔工人，并对他们进行训练、教导和培养。

（3）与工人一起工作以确保所有的工作严格按照设计好的科学原理进行。

（4）将工作和责任尽可能平均地委派给管理者和工人，管理者做所有相较于工人而言更适合他们做的工作。他认为这些原理能够同时有益于工人和管理者。

鉴于泰勒将科学原理用于工人工作的开创性研究，因此被称为"科学管理之父"，其著作还有《计件工资制》和《车间管理》。随着他的思想在欧美国家流传开来，鼓舞了其他人研究和发展科学管理方法。其最著名的追随者是吉尔布雷斯夫妇。

阅读材料：泰勒的生铁试验

作为一名建筑承包商，弗兰克·吉尔布雷斯聆听了泰勒在专家会议上的一次演讲后放弃了自己原来的事业。弗兰克·吉尔布雷斯和他的心理学家妻子莉莲·吉尔布雷斯探究了怎样减少那些无效率的手部和身体动作。吉尔布雷斯夫妇也对合适工具和设备的设计与运用进行了试验，以获得最佳的工作绩效。

弗兰克·吉尔布雷斯进行了一次非常有名的砌砖试验。他通过仔细分析砌砖工人的工作，将砌外墙砖的动作数量由18个减少到5个，砌内墙砖的动作数量由18个减少到2个。运用吉尔布雷斯的技术，砌墙工人更加高产，工作结束时的疲劳程度也减轻了。同时，吉尔布雷斯夫妇发明了一种精密的计时装置以记录工人的动作和在每一个动作上花费的时间。这样，肉眼看不到的无效率动作就可以被观测到，并予以剔除，以提高工作效率。

2. 泰勒的科学管理的主要思想与贡献

泰勒的科学管理的主要思想与贡献体现在以下几个方面：

（1）科学制定工作定额。泰勒提出要用科学的观测分析方法对工人的劳动过程进行分析和研究，从中归纳出标准的操作方法，并在此基础上制定出工人的"合理日工作量"。

（2）合理用人。泰勒认为，为了提高劳动生产率，必须为工作挑选"第一流的工人"，并使工人的能力同工作相配合。主张对工人进行培训，教会他们科学的工作方法，激发他们的劳动热情。

（3）推行标准化管理。泰勒主张用科学的方法对工人的操作方法、使用的工具、劳动和休息的时间，以及机器设备的安排和作业环境的布置进行分析，消除各种不合理的因素，将最好的因素结合起来，形成标准化的方法，在工作中加以推广。

（4）实行有差别的计件工资制，即按照工人是否完成其定额而采取不同的工资率。完成或超额完成定额就按高工资率付酬，未完成定额的则按低工资率付酬，从而激励工人的劳动积极性。

（5）管理职能和作业职能的分离。泰勒主张设立专门的管理部门，其职责是研究、计划、调查、训练、控制和指导操作者的工作。同时，管理人员也要进行专业分工，每个管理者只承担一两种管理职能。

（6）实行"例外原则"。他强调高层管理者应把例行的一般日常事务授权给下级管理者去处理，自己只保留对重要事项的决定权和监督权。这种思想对后来的分权管理体制有着积极的影响。

3. 科学管理理论对现代管理的意义

当今的管理者应该如何运用科学管理理论？事实上，泰勒和吉尔布雷斯夫妇设计的许多用以提高产出效率的指导原理和技术在今天的组织中仍有采用并取得了理想的效果。当管理者分析那些必须完成的基础工作任务时，他们运用时间与动作研究来剔除无意义的动作，招聘资格最符合的员工，或是设计与产出相关的激励系统，这些都是在运用科学管理原理。

（二）一般管理理论

1．一般管理理论的产生

与科学管理理论关注产出效率不同，一般管理理论更关注管理者做什么以及是什么造就了好的管理。一般管理理论的代表人物是法约尔。

法约尔曾长期在企业中担任高级管理职务。1916 年，法约尔编写了《工业管理和一般管理》一书，提出了他的一般管理理论，首次提出了管理活动的五项职能：计划、组织、指挥、协调和控制。

法约尔与泰勒在同一时期著书，但两人关注的视角各有不同。泰勒关注一线管理者和科学方法，而法约尔的注意力指向了所有管理者的活动。法约尔从自己担任一家法国大型煤矿公司总经理的经历写起，他将管理行为描述为与会计、金融、生产、分销及其他典型的企业职能不同的事物。他认为，管理是所有企业、政府甚至家庭共同努力的活动，这促使他总结出 14 条管理原则。

法约尔总结的 14 条管理原则如下：

（1）劳动分工。分工通过使员工效率更高而增加产量。

（2）职权。管理者必须能够发出指令，而职权则给予了他们此项权力。

（3）纪律。员工必须服从和尊重组织治理的规则。

（4）统一指挥。每位员工应该从同一位上级处接受指令。

（5）统一领导。组织应该只有一份引导管理者和员工的行动计划。

（6）个人利益服从整体利益。任何员工或员工群体的利益不能超越组织整体的利益。

（7）报酬。员工必须得到公平的酬劳。

（8）集中。指下属参与决策的程度。

（9）等级制度。指从管理的最高层级到最低层级的权力链。

（10）秩序。人员和材料必须在正确的时间到达正确的位置。

（11）公平。管理者必须对下属宽容并公平。

（12）人员稳定。管理必须提供有序的人员计划，确保补充职位空缺。

（13）首创精神。被允许首创和施行计划的员工会投入很大努力。

（14）团队精神。提升团队精神会在组织中创建和谐与统一。

法约尔对管理理论的突出贡献：从理论上概括出了一般管理的职能、要素和原则，把管理科学提到一个新的高度，使管理科学不仅在工商业界受到重视，而且对其他领域也产生了重要影响。

2．法约尔主要的管理思想

（1）企业的经营活动。法约尔通过对企业经营活动的长期观察和总结，提出了企业所从事的一切活动可以归纳为六类，即技术活动、商业活动、财务活动、安全活动、会计活动及管理活动，并将其称为六大经营职能。因此，法约尔也被称为"经营管理之父"。

（2）管理的基本职能。法约尔在对管理活动进行详细分析的基础上，提出了管理的五要素，即计划、组织、指挥、协调和控制，这也是现代管理中普遍接受的五项基本管理职能。

（3）管理的一般原则。即法约尔总结的 14 条管理原则。

（4）管理者的素质与训练。法约尔认为对管理者素质的要求，在身体方面应包括健康、精力、风度；在智力方面应包括理解与学习的能力、判断力、思想活跃、适应能力；在精神方面应包括干劲、坚定、乐于负责、首创精神、忠诚、机智、庄严；在教育方面应包括对不属于职责范围内的事情的一般了解。此外，还包括经验等内容。

3．一般管理理论对现代管理的影响

现代管理的一些管理理念和行为可以直接追溯到一般管理理论的贡献。例如，管理者工作的职能观来自法约尔。同时，他的14条原则是现在很多管理概念的参考框架，例如，管理权威、集中决策、只向一人报告等观点都是从法约尔的14条原则演化来的。

（三）组织理论

1．组织理论的产生

组织理论是由德国的社会学家马克斯·韦伯提出来的。韦伯对社会学、宗教学、经济学和政治学都有不小的成就。韦伯在其著作《社会和经济理论》中提出了理想行政组织体系理论，成为当今大型组织的结构设计基础，由此他被人们称为"组织理论之父"。

韦伯提出了权力结构理论及基于理想组织类型的关系，并称这种理想组织类型为官僚行政组织——以劳动分工、清晰界定的等级、详细的规章制度以及非人际关系为特征的组织形式。韦伯认为，这种"理想的官僚行政组织"在现实中并不存在，但韦伯将其作为探讨大型群体中如何完成工作的理论基础。

韦伯指出，任何组织都必须有某种形式的权力作为基础才能实现目标。只有理性、合法的权力才宜于作为理想组织体系的基础。他在管理学上的主要贡献是提出了理想的行政组织体系模式。

2．韦伯的管理思想

（1）权力与权威是一切社会组织形成的基础。韦伯认为组织中存在三种纯粹形式的权力与权威：一是法定的权力与权威，它是依靠组织内部各级领导职位所具有的正式权力而建立的；二是传统的权力，是由于古老传统的不可侵犯性和执行这种权力的人的地位的正统性形成的；三是超凡的权力，是凭借对管理者个人的特殊的、神圣英雄主义或模范品德的崇拜而形成的。在这三者之中，韦伯最强调的是组织必须以法定的权力与权威作为行政组织体系的基础。

（2）理想的行政组织体系的特点。韦伯的理想行政组织体系具有以下特点：

① 组织的成员之间有明确的任务分工，权利和义务有明确的规定；

② 组织内各职位，按照登记原则进行法定安排，形成自上而下的等级系统；

③ 组织是按照明文规定的法规、规章组成的；

④ 组织中人员的任用，要根据职务的要求，通过正式的教育培训，考核合格后任命，严格掌握标准；

⑤ 管理与资本经营分离，管理者应成为职业工作者，而不是所有者；

⑥ 组织内人员之间的关系是工作与职位关系，不受个人感情影响。

3．组织理论对现代管理的影响

正如韦伯所描述的，官僚行政组织在理念上很像科学管理。它们都强调理性、可预见性、非人格性、技术能力以及权力主义。虽然韦伯的想法不如泰勒的想法实际，但是他的"理想类型"仍然描述了很多当代组织，这个事实证明了其理论的重要性。

虽然韦伯的官僚行政组织的很多特点在大型组织中仍然存在，但是他的模型今天远不如在 20 世纪那样流行。很多管理者认为，官僚行政组织的结构阻碍了员工个人的创造性，限制了组织对越来越动态变化的环境的快速响应能力。然而，即使在拥有创造性专业人员的灵活组织中，官僚机制对确保高效使用资源仍然是必要的。

二、行为方法

在古典管理理论中，无论是科学管理理论、一般管理理论还是组织理论都是试图研究提高劳动效率而来的。但正如我们所知，管理者通过与别人一起工作完成任务。因此，一些学者选择通过研究组织内的工作中的人的行为，这一领域被称为组织行为学。当今对管理者在"管理人时采取了什么行为"的研究大多来自组织行为学，如激励、领导、建立信任、团队工作、管理冲突等。对组织行为学领域研究的最大贡献来自霍桑实验。

（一）霍桑实验

通常来说，我们提到霍桑实验指的是在美国的伊利诺伊州西塞罗市西方电气公司的工厂进行的一系列研究。霍桑实验的两个阶段如下：

（1）霍桑实验的第一阶段：1924 年至 1927 年。霍桑实验研究从 1924 年开始，最初是西方电气公司的工业工程师们设计的科学管理试验，他们试验的目的是想要检验各种照明强度对工人生产率的影响。像任何好的科学试验一样，他们设置了控制组和试验组，试验组被暴露在各种照明强度下工作，控制组则在恒定的照明强度下工作。如果你是负责这次试验的工厂工程师，你期望会发生什么？符合逻辑的想法是试验组的个人产出会与照明强度直接关联。然而，他们发现随着试验组的照明强度水平提高，两个组的产出都增加了。更令工程师们感到吃惊的是，随着试验组的照明强度减弱，两个组的产出还在增加。事实上，只有当试验组的照明强度被降低至如夜晚月色的程度时，试验组的生产力才出现了降低。如何解释这些超出预料的试验结果？工程师们对此不确定，但是他们得出结论认为照明强度与群体生产力没有直接关系，是其他因素导致了这些结果，不过他们无法说明"其他因素"是什么。

（2）霍桑实验第二阶段：1927 年至 1932 年。1927 年，西方电气的工程师们请哈佛大学的心理学教授埃尔顿·梅奥和他的同事作为咨询师加入，继续进行有关科学管理的试验研究。梅奥参与这种研究关系一直持续到了 1932 年，包括工作的重新设计、每天和每周工作时长的改变、休息时间的引入以及个人与群体薪酬计划的无数试验，获得了一系列新的发现。例如，一项试验被设计来评估群体计件工资激励体系对群体生产率的影响。结果表明激励计划对工人生产率的影响小于群体压力、认同度和安全感。研究者总结认为，社会规范或团体标准是个人工作行为的关键决定因素。

学者们普遍认为霍桑实验改变了以往管理学对于人在组织中扮演的角色的认知。梅奥认为，人们的行为和态度有紧密联系，群体因素明显影响个人行为，群体标准确立了每个工人的产出，金钱对产出的影响要弱于群体标准、群体态度和安全感。这些结论第一次强调了组织管理中人的行为因素。

霍桑实验历时八年的结果表明，生产率提高的原因不在于工作条件的变化，而在于人的因素；生产不仅受物理、生理因素的影响，而且受社会环境、社会心理因素的影响。在梅奥的代表作《工业文明的人类问题》中，他总结了亲身参与并指导的霍桑实验及其他几个试验的成果，

微视频：霍桑实验的过程与管理启示

并阐述了他的人际关系理论的主要思想，从而为提高生产效率开辟了新途径。

（二）梅奥的人际关系理论

霍桑实验真正揭开了作为组织中的人的行为研究的序幕，梅奥作为其代表人物创立了人际关系理论，其主要观点如下：

（1）否定了古典管理理论对人的假设，提出工人是"社会人"而不是"经济人"。工人不是被动的、孤立的个体，他们的行为并不单纯出自追求金钱的动机，即人的社会属性。

（2）提高工人满意度是提高劳动生产率的首要条件，高满意度来源于物质和精神两种需求。梅奥认为，在决定劳动生产率的诸因素中，置于首位的因素是工人的满意度，而生产条件、工资薪酬只是第二位的。工人的满意度越高，其士气就越高，从而其生产效率就越高。其中，员工的"士气"是调动人积极性的关键因素。

（3）重视"非正式组织"的存在和作用。梅奥认为企业中除了存在为了实现企业目标而明确规定各成员相互关系和职责范围的正式组织，还存在着人们在共同劳动中形成的非正式团体，他们有着自己的规范、感情和倾向，并且左右着团体内每个成员的行为。因此，管理者必须重视非正式组织的作用，注意在正式组织效率逻辑与非正式组织的感情逻辑之间保持平衡，以便管理者与工人之间能够充分协作。

（三）行为科学理论的其他观点

除了梅奥，组织行为学方法的早期倡导者罗伯特·欧文、雨果·芒斯特伯格、玛丽·帕克·福莱特及切斯特·巴纳德等，他们都相信人是组织中最重要的资产，应该相应地进行管理。他们的想法为诸如员工选聘程序、激励计划和工作团队等管理实践提供了基石。现代行为科学主要代表人物有美国的马斯洛、赫兹伯格、麦格雷戈等。

行为科学理论的主要观点如下：

（1）重视人在组织中的关键作用，注重探索人类行为的规律，提倡善于用人，进行人力资源的开发。

（2）强调个人目标和组织目标的一致性。主张调动积极性必须从个人因素和组织因素两方面着手，要使组织目标包含更多的个人目标。要改进工作设计，把员工满意于其所从事的工作作为最有效的激励因素。

（3）主张打破传统组织结构和关系造成的紧张气氛，在组织中恢复人的尊严，实行民主参与管理，使上下级之间的关系由命令服从变为支持帮助，由监督变为引导。使员工自我控制，自主管理。

（四）行为方法对现代管理的影响

行为方法在很大程度上形成了如今的组织管理。从管理者如何设计岗位，到他们如何与员工团队开展工作，再到他们如何交流与沟通，我们都可以看到行为方法的内容。组织行为学方法的早期倡导者提出的大部分内容以及从霍桑实验中得出的结论，为我们今天的激励、领导力、群体行为和发展，以及大量其他的行为方法的应用与研究奠定了基础。

管理感悟

第一，虽然一百多年来管理理论不断发展，新的科技不断赋能管理实践，但并不一定意味着先期的管理理论不适用。如古典方法对企业提高生产效率的指导作用明显，行为方法重视人际关系与激发员工士气。这些思想为我们今天更好地解决管理问题提供了重要的思路。

第二，霍桑实验在管理研究中是一次具有典型借鉴意义的探索，其前后通过长达八年的观察研究探索出人际关系学说，这对现代的管理者如何研究管理问题、查找问题根源，并从根本上制定解决措施，仍然具有重要的参考价值与指导意义。

任务实训

1. 在线测试：继承早期的管理思想。
2. 举例说明一种管理理论的现代应用场景。
3. 举例说明人际关系在现实学习或工作的表现。

在线测试

任务评价

评价类目	评价内容及标准	分值（分）	自己评分	小组评分	教师评分
学习态度	✓ 全勤；（5分） ✓ 遵守课堂纪律。（5分）	10			
学习过程	➢ 能说出本次工作任务的学习目标，上课积极发言，积极回答问题；（5分） ➢ 能够介绍早期管理理论发展脉络；（5分） ➢ 能够说出不同理论的主要思想；（5分） ➢ 能够简单介绍早期理论对当前管理实践的影响。（5分）	20			
学习结果	◆ 在线测试：继承早期的管理思想；（4分×10=40分） ◆ 举例说明一种管理理论的现代应用场景；（15分） ◆ 举例说明人际关系在现实学习或工作的表现。（15分）	70			
合　计		100			
所占比例		100%	30%	30%	40%
综合评分					

知识拓展与技能实践

知识拓展

铁锹试验

铁锹试验是被称为"科学管理之父"的泰勒所进行研究的三大试验之一，也称铁砂和煤炭的挖掘实验。它是指系统地研究铲上负载后，研究各种材料能够达到标准负载的锹的形状、规格及各种原料装锹的最好方法的问题。

早先工厂里工人干活自己带铲子，铲子的大小也就各不相同，而且铲不同的原料时用的都是相同的工具，那么在铲煤沙时重量如果合适的话，在铲铁砂时就过重了。泰勒研究发现每个工人的平均负荷是21磅，后来他就不让工人自己带工具了，而是准备了一些不同的铲子，每种铲子只适合铲特定的物料，这不仅使工人的每铲负荷都达到了21磅，也是为了让不同的铲子适合不同的情况。为此他还建立了一间大库房，里面存放各种工具，每个的负重都是21

磅。同时他还设计了一种有两种标号的卡片，一张说明工人在工具房所领到的工具和该在什么地方干活，另一张说明他前一天的工作情况，上面记载着干活的收入。工人取得白色纸卡片时，说明工作良好，取得黄色纸卡片时就意味着要加油了，否则的话就要被调离。将不同的工具分给不同的工人，需要进行事先的计划，有人对这项工作专门负责，需要增加管理人员，但是尽管这样，工厂也是受益很大的，据说这一项变革可为工厂每年节约8万美元。

泰勒还对每一套动作的精确时间进行了研究，从而得出了一个"一流工人"每天应该完成的工作量。这一研究的结果是非常杰出的，堆料场的劳动力从400～600人减少为140人，平均每人每天的操作量从16吨提高到59吨，每个工人的日工资从1.15美元提高到1.88美元。

泰勒因这项实验提出了新的构想：将实验的手段引进经营管理领域，计划和执行分离，实行标准化管理。人尽其才，物尽其用，这是提高效率的最好办法。

铁锹试验为泰勒的科学管理思想奠定了坚实的基础，这对以后管理学理论的成熟和发展起到了非常大的推动作用。

■ 技能实践

观察一个工作（实训）过程，既可以是学校里进行实训的过程，也可以是企业生产过程或建筑工地的劳动过程，甚至是电视节目（如美食节目）中较完整的劳动过程，从以下几个方面讨论这一劳动过程中可以如何提高劳动效率。

（1）时间安排是否合理？有什么改进措施？
（2）工作（实训）过程中使用的设备或工具是否合理？有什么改进建议？
（3）劳动分工是否合理？有什么更好的分工方法？

将讨论过程记录下来，并将内容整理成文本。

任务二　现代管理思想与方法的发展

思维导图

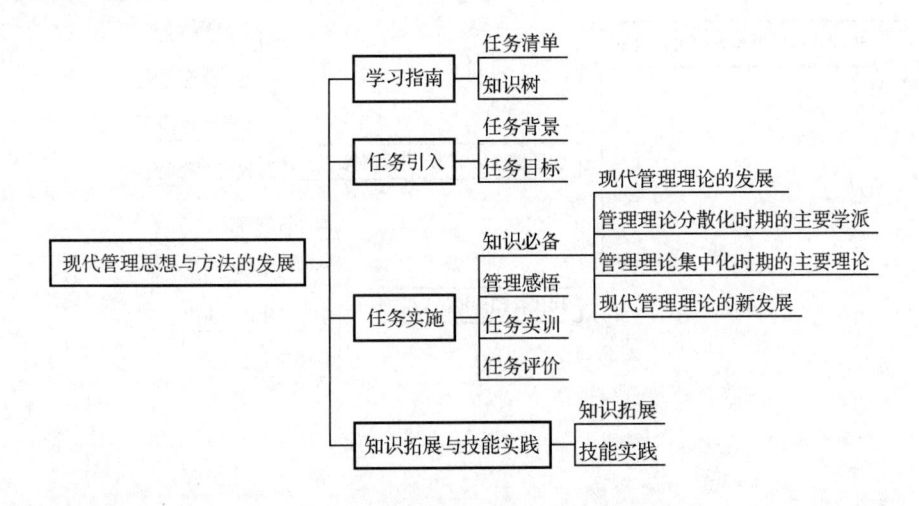

现代管理思想与方法的发展
- 学习指南
  - 任务清单
  - 知识树
- 任务引入
  - 任务背景
  - 任务目标
- 任务实施
  - 知识必备
    - 现代管理理论的发展
    - 管理理论分散化时期的主要学派
    - 管理理论集中化时期的主要理论
    - 现代管理理论的新发展
  - 管理感悟
  - 任务实训
  - 任务评价
- 知识拓展与技能实践
  - 知识拓展
  - 技能实践

学习指南

任务清单

工作任务	现代管理思想与方法的发展
建议学时	2学时
任务描述	本任务通过对现代与当代的管理理论与管理思想的学习，熟悉现代管理的基本趋势与特点，领会管理思想的变迁过程，树立战略管理观，能在管理活动中正确看待与使用相应的管理方法指导工作。
学习目标	知识目标	1. 了解现代与当代主要的管理理论与思想的内容； 2. 熟悉当代主流的管理理论的特点； 3. 掌握战略管理的基本思想与含义。
	能力目标	1. 具备分析现代与当代管理理论与思想的基本能力； 2. 具备管理"软"实力分析的能力； 3. 具备基本的企业战略管理分析的能力。
	素质目标	1. 具备客观看待管理理论不断发展，勇于创新的意识； 2. 具备结合时代背景分析管理问题或现象的意识； 3. 具备大局意识、学习意识与团队意识。
	思政目标	通过对现代与当代管理理论与管理思想的学习，培养正确的管理理论发展观，具备国家战略发展理念，树立不断探索、勇于创新、与时俱进的意识，培养求真务实的时代精神。
关键词	发展脉络；系统管理理论；权变理论；新趋势

知识树

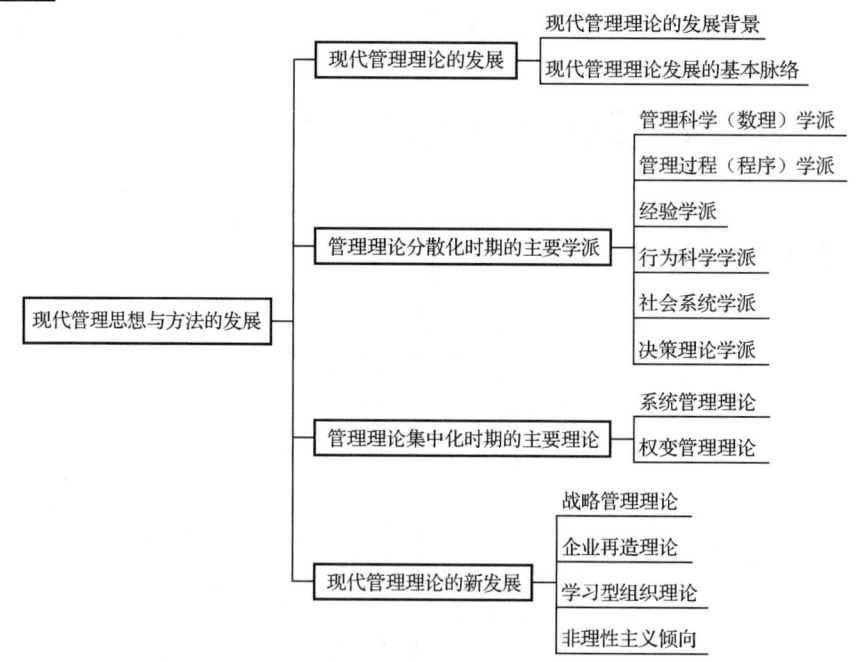

现代管理思想与方法的发展
- 现代管理理论的发展
  - 现代管理理论的发展背景
  - 现代管理理论发展的基本脉络
- 管理理论分散化时期的主要学派
  - 管理科学（数理）学派
  - 管理过程（程序）学派
  - 经验学派
  - 行为科学学派
  - 社会系统学派
  - 决策理论学派
- 管理理论集中化时期的主要理论
  - 系统管理理论
  - 权变管理理论
- 现代管理理论的新发展
  - 战略管理理论
  - 企业再造理论
  - 学习型组织理论
  - 非理性主义倾向

任务引入

任务背景

管理理论的"热带丛林"

从人际关系理论诞生之后,管理学界对行为的研究迅速传播开来,现代管理理论进入了产生与发展的时期,特别是第二次世界大战之后,现代管理理论进入了显著发展时期。这一阶段,或是自然科学与技术科学的学者,或是研究管理者行为的学者,或是系统学者、社会学者等纷纷涉足管理理论研究,并催化了大量的研究成果,现代管理理论进入了繁荣时期。正因如此,习惯上把 20 世纪 50 年代至 60 年代的成果称为管理理论的"热带丛林"。

进入 20 世纪 80 年代之后,现代管理理论研究迎来又一次发展,战略管理、流程再造、非理论主义、学习型组织等理论开始进入了人们的视野。

任务目标

1. 如何看待现代管理理论的"热带丛林"现象?
2. 根据具体的管理实践分析现代管理理论的应用实例。

任务实施

知识必备

一、现代管理理论的发展

(一)现代管理理论的发展背景

随着人际关系理论的诞生,管理理论进入了一个快速发展的阶段,特别是随着第二次世界大战的结束,现代管理理论的研究有了更好的条件。

其一,随着生产力的发展,导致了企业生产过程的自动化、连续化,以及生产社会化程度的空前提高;随着企业规模急剧扩大,出现了一些大的跨国公司,市场竞争激烈,市场环境变化多端。这些都对企业管理提出了更高的要求,管理工作日趋复杂。

其二,科学技术以前所未有的速度迅猛发展,既对管理提出了新的要求,又为管理提供了全新的技术支持,科技成果被广泛采用。

其三,随着社会的进步,工作中的人在生产经营中的作用越来越突出,也越来越重要,发挥人的积极性与创造性已成为现代管理的核心问题。

正是在这样的背景下,一大批全新的管理思想与理论被应用于管理实践并得到迅速发展。

(二)现代管理理论发展的基本脉络

现代管理理论发展到 20 世纪 50 年代至 60 年代时,产生与发展了两条基本脉络。

(1)管理理论的分散化。进入 20 世纪 50 年代以后,不同学科的学者纷纷参与管理问题的研究,并产生了一系列成果,管理理论出现了一种分散化的趋势,形成了诸多的学派,被称为管理理论的"热带的丛林"。

(2)管理理论的集中化趋势。进入 20 世纪 60 年代后,管理理论的研究又出现一种集中化的趋势，学者们先提出系统管理理论，力求建立统一的管理理论；后来又提出了更加灵活的适应环境变化的权变管理理论。

二、管理理论分散化时期的主要学派

进入 20 世纪 50 年代，现代管理思想的发展异常活跃，众多的学者，从不同方向、不同角度，采用不同方法研究管理问题，各树一帜，建立了许多管理理论学派，形成了管理理论研究的分散化。美国管理学者孔茨和奥唐奈将这种现象称为"热带丛林"。管理理论的"热带丛林"主要包括以下六个学派。

（一）管理科学（数理）学派

代表人物：美国的布莱柯特、埃尔伍德·斯潘、塞·伯法等。

基本思想：把现代自然科学和技术科学的最新成果广泛地应用到管理中来，建立一系列新的组织管理方法和现代管理技术的管理理论体系。

主要观点：它强调运用运筹学、系统工程、电子技术等科学技术手段解决管理问题，着重于定量研究，力图利用科学技术工具，为管理决策寻得一个有效的数量解。

（二）管理过程（程序）学派

代表人物：美国的哈罗德·孔茨、西里尔·奥唐奈等。

基本思想：主要研究管理者的管理过程及其功能，并以管理职能作为其理论的概念结构。

主要观点：认为管理是一种普遍而实际的过程，都在履行计划、组织、人事、领导和控制职能；他们深入分析每一项管理职能，总结出管理的原理、原则、方法、技术，以指导管理实践；设计出一个按照管理者实际工作过程的管理职能来建立管理理论的思想构架，把一些新的管理原则与技术容纳在计划、组织、指挥、协调及控制等职能框架之中。

（三）经验学派

代表人物：彼得·德鲁克、欧内斯特·戴尔等。

基本思想：最关注管理者的实际管理经验，认为成功的组织管理者的经验是最值得借鉴的。

主要观点：主张通过对实际经验的研究来概括管理理论；在对实际经验研究的基础上，归纳出经理的管理职责；提出目标管理等现代管理方法与技术。

（四）行为科学学派

代表人物：美国的马斯洛、赫兹伯格、麦戈雷戈等。

基本思想：运用多学科知识研究人类行为产生、发展、变化的规律，引导和控制人的行为，以调动人的积极性的科学。

主要观点：重视人在组织中的关键作用，注重探索人类行为的规律，积极推进人力资源的开发；强调个人目标和组织目标的一致性，把员工满意于其所从事的工作作为最有效的激励因素；主张打破传统组织结构和关系造成的紧张气氛，实行民主参与管理，使员工自我控制，自主管理。

（五）社会系统学派

代表人物：美国的切斯特·巴纳德。

基本思想：把组织看成是一个社会系统，是一个人们之间相互联系的体系；它是受社会环境的各个方面所制约的。

主要观点：认为组织是一个协作系统；组织无论规模大小、层次高低，都存在共同的目标、协作意愿和信息沟通三个基本要素；组织效力与组织效率是组织发展的两项重要原则；管理者的权威来自下级的认可；经理人职能是通过信息沟通来协调组织成员的协作活动，以保证组织的协调与目标的实现。

（六）决策理论学派

代表人物：美国的赫伯特·西蒙。

基本思想：管理的关键在于决策，管理必须采用一套制定决策的科学方法及合理的决策程序。

主要观点：认为"管理就是决策"；对于决策的程序、准则、类型及其决策技术等做了科学的分析，提出在决策中应用"令人满意"的准则代替"最佳化"准则；强调不但要注意在决策中应用定量方法、计算技术等新的科学方法，而且要重视心理因素、人际关系等社会因素在决策中的作用。

三、管理理论集中化时期的主要理论

（一）系统管理理论

系统管理学派盛行于 20 世纪 60 年代。代表人物为美国管理学者卡斯特、罗森茨韦克和约翰逊。卡斯特的代表作为《系统理论和管理》。

（1）系统管理学说的基础是普通系统论。系统论的主要思想包括：

① 系统是由相互联系的要素构成的。系统的各个组成部分既是独立存在的，又是相互关联的、相互依存的。

② 系统的整体性。系统的各个组成部分不是可以分离的简单集聚，而是按一定规律、一定方式组成的整体。

③ 系统的等级性。每一个系统都归属于一个更大的系统，而每个系统内部又存在着组成这一系统的分系统。

（2）卡斯特等人的系统学说。在普通系统理论的基础上，又包括系统哲学、系统管理和系统分析三个方面的内容。

① 系统哲学。这是一种基于系统观念的思想方法，强调系统是一种有组织的或综合的整体，强调各个组成部分之间的关系。

② 系统管理。这是一种以系统论为指导的管理方式。认为组织本身是一个以人为主体的人造系统。因此，要把企业作为一个系统进行设计与经营，使企业的各个部分、各种资源，按照系统的要求进行组织的运行。

③ 系统分析。这是一种按系统论思想解决问题或决策的方法和技术。主要包括对一个问题的认识、确定有关变量、分析和综合各种因素、确定最有效的解决方法和行动计划。

（二）权变管理理论

权变管理理论是由卢桑斯1973 年发表的《权变管理理论：走出丛林的道路》中提出来的，他提出一个观念性的结构，这一结构由环境、管理观念与技术、它们两者之间的权变关系三部分组成，并用矩阵图来加以表示。

（1）环境。环境通常为这个观念结构中的自变量。管理者总是要依据外部环境的特点与变化采取相应的管理手段的。这里所说的环境变量，既包括组织的外部环境，也包括组织的内部环境。

（2）管理观念与技术。这也是观念结构中的自变量。卢桑斯把过去的所有管理理论划分为四种学说：过程学说、计量学说、行为学说和系统学说。他主张把这四种学说结合起来，根据不同的环境加以灵活运用。

（3）权变关系。权变关系是指两个或两个以上的变量之间的函数关系，也就是环境变量与管理变量之间存在的函数关系。也就是说，如果环境条件一定，那么就必须采用与之相适应的管理原理、方法和技术，以有效实现企业目标。

权变管理理论的基本思路是：先确定有关的环境条件，然后根据权变关系的理论，求得与之相应的管理观念和技术，以最有效地实现管理目标。

阅读材料：具体问题具体分析的权变方法

四、现代管理思想的新发展

进入 20 世纪 80 年代以后，管理理论与思想出现了深刻的变化与全新的格局，呈现了一些全新的发展趋势。

（一）战略管理理论

1. 战略管理的含义

一个组织的战略是关于组织将如何经营、如何在竞争中获得成功，以及如何吸引和满足顾客需要以实现组织目标的各种方案。战略管理是管理者为制定本组织的战略而做的工作。这是一项重要的任务，涉及所有的基础管理职能——计划、组织、领导和控制。

战略管理的重要性体现在三个方面：

第一，它在组织如何取得卓越的绩效表现上发挥了重要作用。为什么一些企业成功了，而其他一些企业却失败了，即使它们面临着同样的环境条件？研究发现，战略计划和绩效之间大体上存在一种正相关关系。换句话说，能正确运用战略管理的组织可以取得更高的绩效水平。

第二，任何类型和企业规模的组织管理者都面临着不断变化的局面。他们通过运用战略管理过程来考察相关的因素并决定所采取的措施，从而应对这种不确定性。

第三，战略管理之所以很重要是由于组织的复杂性和多元性。组织的各个部分都应该齐心协力以达成组织目标，而战略管理有助于实现这一局面。

2. 战略管理理论的产生与发展

20 世纪 70 年代前后，世界进入科技、信息、经济全面飞速发展时期，同时竞争加剧，风险日增。企业所处的技术、市场、社会政治、经济环境都发生了翻天覆地的变化。管理学界开始重视充满危机和动荡的外部环境的变化，谋求企业的长期生存发展，注重构建竞争优势，形成了较为系统的战略管理理论。1965 年，安索夫的《公司战略》一书问世，开创了战略规划的先河。战略管理与以往经营管理的不同之处，在于面向未来动态地、连续地完成从决策到实现的过程，即战略管理注重的是动态的管理，是决策与实施并重的管理。

1980 年，美国哈佛大学商学院教授迈克尔·波特的著作《竞争战略》问世，并随后出版了《竞争优势》与《国家竞争优势》，合称"竞争三部曲"，把战略管理的理论推向了新的高度。

"竞争三部曲"的重要贡献：

（1）提出了对产业结构和竞争对手进行分析的一般模型，即五种竞争力（新进入者的威胁、替代品威胁、买方议价能力、供方议价能力和现有竞争对手的竞争）分析模型。

（2）提出了企业构建竞争优势的三种基本战略。即寻求降低成本的成本领先战略、使产品区别竞争对手的差异化战略、集中优势占领少量市场的集中化战略。

（3）价值链的分析。波特认为企业的生产是一个创造价值的过程，企业的价值链就是企业所从事的各种活动——内部物流、生产、市场销售、外部物流、服务等基本活动以及包括采购、技术开发、人力资源管理和企业基础设施等辅助活动的集合体。价值链既能为顾客生产价值，同时也能为企业创造利润。

（4）提出了国家间竞争的"钻石模型"。

（二）企业再造理论

1. 企业再造理论产生的背景与基本含义

微视频："竞争三部曲"的应用范围与领域

进入20世纪70、80年代，市场竞争日趋激烈，企业面临严峻的挑战，知识经济的到来与信息革命使企业原有组织模式受到巨大冲击。面对这些挑战与压力，企业只有在更高层次上进行根本性的改革与创新，才能真正增强企业自身的竞争力，走出低谷。1993年，企业再造理论的创始人原美国麻省理工学院教授迈克尔·哈默博士与詹姆斯·昌佩合著了《再造企业——管理革命的宣言书》一书，正式提出了企业再造理论。企业再造，按照哈默与昌佩所下的定义，是指"为了飞越性地改善成本、质量、服务、速度等重大的现代企业的运营基准，对工作流程进行根本的重新思考与彻底翻新"。这也就是为适应新的世界竞争环境，企业必须抛弃已成惯例的运营模式和工作方法，以工作流程为中心，重新设计企业的经营、管理及运营方式。

2. 企业再造流程的过程

企业再造流程的过程大致分为四个阶段：

（1）诊断原有流程。可以通过画流程图等手段找出原有流程存在的问题。

（2）选择需要再造的流程。一般应按照紧迫性、重要性、可行性的原则进行选择。

（3）了解准备再造的流程。

（4）重新设计企业流程。要抛弃现有流程的一切框框，利用头脑风暴法、逆向思维等方法，充分发挥想象力，将科学的思维和艺术创造相结合，以创造出更加合理、科学的全新流程。

（三）学习型组织理论

1. 学习型组织理论产生的背景

学习型组织理论是美国管理学家彼得·圣吉于1990年在其著作《第五项修炼：学习型组织的艺术实践》中提出来的。彼得·圣吉认为传统的组织类型已经越来越不适应现代环境发展的要求，现代企业是一个系统，这个系统可以通过不断学习来提高生存和发展的能力。这一理论的提出，受到了全世界管理学界的高度重视，许多现代组织纷纷采用这一理论，努力建成"学习型企业""学习型城市"等。

2. 学习型组织的基本思想

在《第五项修炼：学习型组织的艺术实践》中，彼得·圣吉认为，"未来真正出色的企业，将是能够设法使各阶层人员全心投入，并有能力不断学习的组织"。学习型组织正是人们从工作中获得生命意义、实现共同愿望和获取竞争优势的组织蓝图。这种组织由一些学习团队组成,有崇高而正确的核心价值、信心和使命,具有强韧的生命力与实现共同目标的动力,不断创新,持续蜕变,从而保持长久的竞争优势。

3. 组织成员修炼的五项技能

(1) 学习型组织的五项技能。彼得·圣吉提出,在学习型组织中,有五项新的技能,即"五项修炼"。

① 追求自我超越。自我超越的修炼是学习型组织的精神基础,它是学习不断看清并加深个人的真正愿望,集中精力,培养耐心,并客观地观察现实,以期不断实现内心深处的愿望。

② 改善心智模式。所谓心智模式,指那些深深固结于人们心中,影响人们认识周围世界,以及采取行动的许多假设、成见和印象,是思想定式的反映。新的想法无法付诸实施,常常是因为它和人们对于周围世界如何运作的看法和行为相抵触。因此,学习如何将人们的心智模式打开,并加以检视和改善,有助于改变人们心中对于周围世界如何运作的既有认知。这对于建立学习型组织来说是一项重大的突破。心智模式的修炼,是自我超越和共同愿景的基石。

③ 建立共同愿景目标。共同愿景是指一个组织所形成的共有目标、共同价值观和使命感。进行这一项修炼的目的是强调把企业建设成为一个生命共同体,使全体成员为之共同奋斗。

④ 开展团队学习。团队学习是建立在自我超越和共同愿景之上的,是发展团队成员整体搭配与实现共同目标能力的过程。其目的是使组织成员学会集体思考,以激发群体的智慧,发挥综合效率。该模式倡导其成员要经常运用"深度会谈"和"讨论"两种不同的团队交流方式。

⑤ 锻炼系统思考能力。系统思考是一项关于整体架构的修炼,能让人们看见互相关联的事件,以及渐渐变化的形态。这是整个五项修炼的基石。

(2) 系统思考是五项修炼的核心。

① 在修炼的过程中,系统思考与自我超越相结合,形成一个更宽阔的愿景,达到更高层次的"自我超越"。不具备系统思考的自我超越,常常是以自我为中心,只重视自己的追求,忽视外部力量对自身行动的影响;而拥有系统思考的自我超越,能融合理性与直觉,看清周围的世界,对整体有使命感。

② 系统思考能有效确立、改善心智模式。在心智模式中,加入系统思考,不仅能改善人们的心智模式,还能改变人们的思考方式,使人们的心智模式更加完善和健全。

③ 系统思考让建立共同愿景被科学合理地描述。如果缺少了系统思考,人们的愿景只能被称为幻景,而不能被科学合理地描述,这样的愿景缺乏吸引力,不能把员工凝聚起来。

④ 系统思考的观点对团队学习更为重要。系统思考的相关工具,为团队学习和克服工作中复杂的、动态的问题提供了有效的语言工具。

(四) 非理性主义倾向

1. 非理性主义倾向的产生

"非理性"是相对"理性"而言,是指主观精神世界中与理性相对的范畴,是理性思维所不能理解的、逻辑概念所不能表达的内容,主要包括意志、本能、直觉、无意识的力量。人际间的摩擦、碰撞、调节、竞争、合作等,很多也属于非理性问题。

20世纪80年代以来,全球经济、政治、文化发生了深刻的变化,人们的生产方式、生活方式、交往方式和思维方式也在更新,为管理理论的创新提供了强大的动力。以"理性主义"为基石的科学管理理论已经不能适应现代管理的要求,必须进行一场"管理革命",非理性主义应运而生。

随着社会的发展，人变得越来越有"主见"，越来越有"个性"，"自我实现"的倾向正在迅速扩展，因而也越来越难控制。理性的管理只能解决"不可这样做"，而不能解决"如何做得更好"的问题。

非理性主义理论认为，管理不仅仅是一个物质技术过程或制度安排，而是和社会文化、人的精神密切相关的；管理的根本因素是人，因此应当以人为核心。

2．非理性主义倾向的主要观点

（1）批判传统管理中的纯理性主义。认为纯理性主义过分注重结构、组织和量化方法的管理模式已经过时，主张应以人为核心，注意人的感情，强调灵活多变与创新，要"返回到基点"，即回到那些简单明了的平常道理上去。

（2）倡导对管理实务的研究。他们批判传统的管理理论过分注重理论体系的完善性，把管理原理与方法绝对化。主张要注重研究企业的管理实务，采用松散的体系，总结生动、实用的管理"经验之谈"。

（3）重视对企业成功经验的总结，在总结中提出以"软管理"为中心的管理模式。用带有感情色彩的管理模式来取代传统的纯理性模式；在管理手段和方法上，应当重视对情感、宗旨、信念、价值标准、行为标准等"软"因素的长期培育，从而提高凝聚力和竞争力。

（4）高度重视企业文化。非理性主义倾向最核心的内容就是强调企业文化，以重视和倡导企业文化为其主要特征。

因此，非理论主义倾向认为在改革中充满尊重、理解、沟通、信任等人文精神，营造团结、和谐、奉献、进取的工作氛围，建立宽松、高洁、清新、有人情味的文化，让管理具有浓重的文化气息，积淀深厚的文化底蕴，这是非理性管理的最高层次。

管理感悟

第一，现代管理理论的发展吸引了众多学科的学者参与，并且诞生了丰富的理论成果。不同的学者通过不同的视角研究管理，其成果也必然各有侧重。因此，不同学科背景的管理者对待管理问题也就有了不同的态度。例如，有些企业习惯优先考虑提拔技术背景的管理者，而有些企业习惯于聘用职业经理人。

第二，战略管理思想注重于企业的使命、愿景及长期发展目标的实现，谋求企业的长期发展，其注重企业内外部环境的分析，与管理学中的计划职能制定程序有着极大的相似性。但战略管理注重的是企业的使命、愿景及长期发展目标的实现，而计划职能注重的更多的是企业某一时期的目标的实现，两者既有联系，又有区别。

任务实训

1. 在线测试：现代管理思想与方法的发展。
2. 举例说明一种管理理论的现代应用场景。
3. 举例说明企业战略管理对企业发展的影响。

在线测试

任务评价

评价类目	评价内容及标准	分值（分）	自己评分	小组评分	教师评分
学习态度	✓ 全勤；（5分）	10			
	✓ 遵守课堂纪律。（5分）				

续表

评价类目	评价内容及标准	分值（分）	自己评分	小组评分	教师评分
学习过程	➢ 能说出本次工作任务的学习目标，上课积极发言，积极回答问题；（5分） ➢ 能够介绍现代管理理论发展脉络；（5分） ➢ 能够说出现代不同管理理论的主要思想；（5分） ➢ 能够简单介绍现代管理理论在管理实践中的影响。（5分）	20			
学习结果	◆ 在线测试现代管理思想与方法的发展；（4分×10=40分） ◆ 举例说明一种管理理论的现代应用场景；（15分） ◆ 举例说明企业战略管理对企业发展的影响。（15分）	70			
合　　计		100			
所占比例		100%	30%	30%	40%
综合评分					

知识拓展与技能实践

知识拓展

了解战略管理过程

战略管理过程包含六个步骤，涵盖了战略的计划、实施和评估。尽管前四个步骤描述的是必须进行的计划工作，但是实施和评估工作也同样重要。如果管理层没有对战略进行实施和正确评估，即使是最好的战略也可能失败。

步骤1：确定组织当前的使命、目标和战略。

每一个组织都需要有一个使命——对组织目的的一种陈述。使命的定义迫使管理者对企业的业务进行界定。

步骤2：进行外部分析。

我们将外部环境描述为管理者行动的一种重要约束。对外部环境的分析是战略管理过程中至关重要的一个步骤。管理者通过进行外部环境分析，了解竞争对手正在做什么，即将通过的法案可能会对组织造成什么影响，以及在公司经营区域内劳动力供应情况如何等。在外部环境分析中，管理者应该考察经济、人口、政治/法律、社会文化、技术及全球化等因素，以发现某些趋势和变化。

一旦进行了外部环境分析，管理者应该准确地找出组织可能利用的机遇以及组织必须抵制或阻止的威胁。机遇是外部环境中的积极趋势；威胁则是消极趋势。

步骤3：进行内部分析。

内部环境分析，它提供了关于组织所具备的资源与能力这一重要信息。一方面，一个组织的资源就是组织用来开发、制造以及向顾客提供产品的各种资产——金融资产、有形资产、人力资本和无形资产；另一方面，组织的能力是指用来从事一切必要活动的技能和才智——组织是"如何"开展工作的。组织最主要的价值创造能力被称核心竞争力。资源和核心竞争力两者决定了一个组织的竞争武器。

在完成内部分析之后，管理者应该能够确定组织的优势和劣势。优势是组织擅长的行动或者拥有的独特资源；劣势则是组织不擅长的行动或者需要但缺乏的资源。

外部和内部环境的结合分析称 SWOT 分析，这是对组织的优势、劣势、机遇和威胁的分析。在完成 SWOT 分析之后，管理者应该准备制定合适的战略，包括利用组织的优势和外部机遇、阻止或避免组织的外部威胁、弥补关键劣势的战略。

步骤 4：制定战略。

当管理者制定战略时，他们应该考虑外部环境的实际情况以及他们可获得的资源和能力，以设计出有助于组织实现目标的战略。管理者制定的战略包括三种主要类型：企业战略、竞争战略和职能战略。

步骤 5：实施战略。

一旦制定了战略，就必须实施战略。无论一个组织如何有效地进行了战略规划，只要战略没有正确实施，绩效表现就将受到严重影响。

步骤 6：评估结果。

战略管理过程的最后一步是评估结果。例如，在帮助组织实现目标的过程中，战略发挥了怎样的作用？需要进行什么样的调整？

技能实践

我国的上市公司由于其经营报告是需要公开的，这便于我们在分析企业经营环境时更容易获得相关的资料。因此，可以小组商议确定将某家上市公司作为实践对象，分析该上市公司所面临的外部环境（内部环境分析的技能实践，将在后面的任务学习中完成）。在确定了具体的某家上市公司之后，完成以下实践内容：

（1）该公司所处行业的发展前景如何？行业技术水平处于什么水平？
（2）该公司经营的业务受到哪些政策或法律的制约？
（3）该公司在行业中所处的地位如何？市场占有率如何？
（4）该公司的技术水平在行业中处于什么行列？

将这四部分内容归纳起来，讨论并分析这些内容中哪些属于该上市公司的机会，哪些属于该公司的威胁，并将分析结果制作成文档。

任务三　探究组织文化

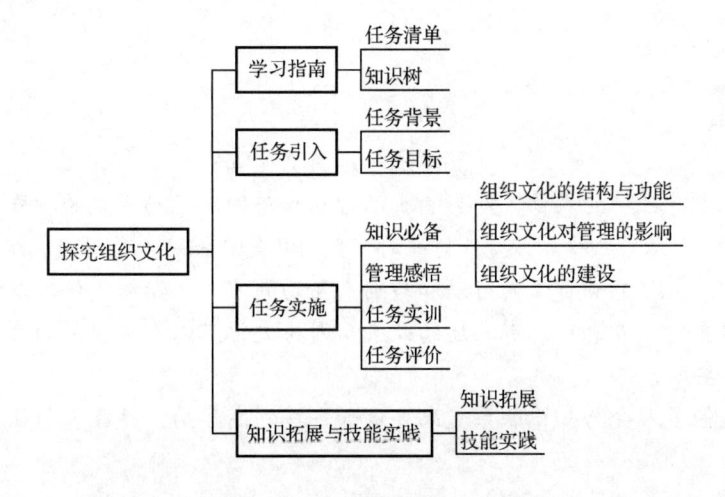

思维导图

探究组织文化
- 学习指南
  - 任务清单
  - 知识树
- 任务引入
  - 任务背景
  - 任务目标
- 任务实施
  - 知识必备
    - 组织文化的结构与功能
    - 组织文化对管理的影响
    - 组织文化的建设
  - 管理感悟
  - 任务实训
  - 任务评价
- 知识拓展与技能实践
  - 知识拓展
  - 技能实践

学习指南

任务清单

工作任务	探究组织文化
建议学时	2学时
任务描述	本任务主要是学习组织文化的基本内涵与功能，结合管理实践理解组织文化对管理的影响，学会根据组织文化的不同建设阶段采取相应措施，并掌握组织文化建设的基本方法。
学习目标 知识目标	1. 掌握组织文化的基本内涵及功能； 2. 理解组织文化对管理的影响，组织文化的建设阶段等； 3. 掌握组织文化建设的基本方法。
能力目标	1. 具备识别与分析组织文化构成的基本能力； 2. 具备分析组织文化对管理决策的影响的能力； 3. 具备学习与建设基本的组织文化的能力。
素质目标	1. 具备尊重与包容不同企业的组织文化的意识； 2. 具备主动融入企业文化，遵守企业制度与规章的意识； 3. 具备大局意识、学习意识与团队意识。
思政目标	通过对组织文化的学习，培养正确的文化观，正确看待企业发展，树立遵纪、守纪、爱国、爱企的意识，树立文化自信，培养对他人包容、宽仁的态度以及宽严相济的管理意识。
关键词	组织文化；强文化；文化建设

知识树

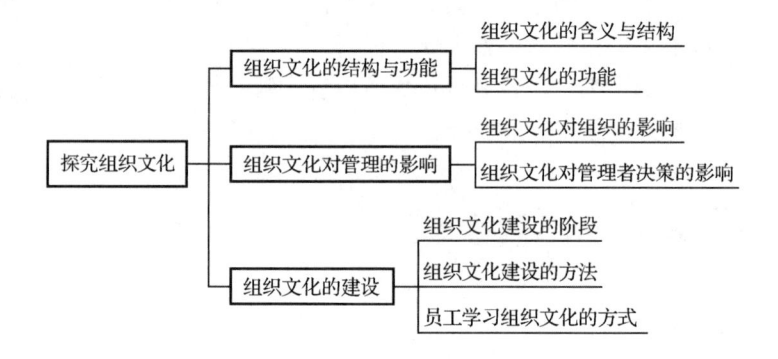

探究组织文化
- 组织文化的结构与功能
  - 组织文化的含义与结构
  - 组织文化的功能
- 组织文化对管理的影响
  - 组织文化对组织的影响
  - 组织文化对管理者决策的影响
- 组织文化的建设
  - 组织文化建设的阶段
  - 组织文化建设的方法
  - 员工学习组织文化的方式

任务引入

任务背景

高学历一定有文化吗？

我们每个人都有独特的人格，即影响我们行动和与别人互动方式的品质和特点。当我们描述某人很热情、开放、放松、害羞或好斗时，我们就是在描述人格特质。组织也有"人格"，我们称之为文化。文化影响员工的行动和与别人互动的方式。组织文化可以使员工感觉被包容、被允许和被支持，或者可以有相反的效果。因为文化可以有很强大的力量，所以管理者关注它是非常重要的。

说到文化，很多人会与知识联系起来。例如，提到高学历，往往容易让人们将其与高文化素质联系在一起，那么，高学历一定就等于很有文化吗？

任务目标

1. 应该如何描述文化或企业文化？
2. 组织文化对企业的管理会产生怎样的影响？

任务实施

知识必备

一、组织文化的结构与功能

（一）组织文化的含义与结构

1. 组织文化的含义

从广义上说，组织文化是指组织在社会实践过程中所创造的物质财富和精神财富的总和；从狭义上说，组织文化是指在一定的社会政治、经济、文化背景条件下，组织在社会实践过程中所创造并逐步形成的独具特色的共同思想、作风、价值观念和行为准则。它主要体现为组织在活动中所创造的精神财富。

组织文化被描述为影响组织成员行动、将不同组织区分开的共享价值观、原则、传统和行事方式。在大多数组织中，这些共享价值观和惯例经过长时间的演变，在某种程度上决定了"这里的事情应该如何完成"。

我们对文化的定义包含了三个方面的内容：第一，文化是一种感知，它不是可以被实际触摸或看见的物体，但是员工基于自己在组织中的经历可感知到它；第二，组织文化是描述性的，它与成员如何感知文化和描述文化有关，而与他们是否喜欢文化无关；第三，即使个人可能有不同背景或在组织的不同层级工作，他们趋向于用相似的词语描述组织文化，这是文化中共享的层面。

2. 组织文化的结构

组织文化作为一个整体系统，其结构与内容由以精神文化层为核心的三个层次构成，分别为精神文化层、制度文化层和物质（行为）文化层，这三个层次之间的关系如图2-1所示。

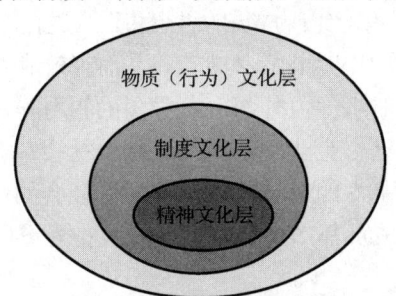

图2-1 组织文化的结构示意图

（1）精神文化层。这是组织文化的核心层，主要由作为组织指导思想与灵魂的各种价值观与企业精神组成。

（2）制度文化层。这属于组织文化的中间层，具有将精神文化转化为物质文化的功能，主要由显制度和隐制度两种类型的制度文化构成。显制度也称硬制度，如各种管理体制、组织准则、规章制度等组织的正式制度；隐制度也称软制度，如传统习惯、生活习俗、行为方式、传播网络等非正式的隐性规则。

（3）物质（行为）文化层。这是组织文化的表层，具有表达精神文化的功能，主要由动态的行为文化和静态的物质文化构成。前者是指组织成员的行为和生产与工作的各种活动，如生产过程、管理行为、向顾客提供的各种服务；后者是指反映这些行为与活动的各种物化形态，如产品、厂容厂貌、企业标识等。

3．组织文化三个层次之间的关系

在组织文化的三个层次之间，精神文化层决定制度文化层，制度文化层又决定了物质（行为）文化层。因此，精神文化层决定了制度文化层和物质（行为）文化层；制度文化层是精神文化层与物质（行为）文化层的中介；物质（行为）文化层和制度文化层是精神文化层的体现。这三者密不可分，相互影响，相互作用，共同了构成组织文化的完整体系。

微视频：组织文化三个层次之间的关系　　　　阅读材料：亮剑精神

（二）组织文化的功能

在管理实践中，组织文化对企业的正常经营能产生显著的影响，既能影响企业内部的管理，还会产生相应的社会影响。组织文化的功能具体表现在以下几个方面。

（1）导向功能。组织文化有助于把组织成员的思想、行为引导到实现组织所确定的目标上来。健康的组织文化，可以引导企业的成员采取企业所期望的行动，自觉地实现企业目标；而落后的组织文化，则会将企业的成员引向歧途。

（2）凝聚功能。组织文化有着把组织成员紧密团结起来，形成一个统一体的凝聚力量。企业的文化，可以使其成员形成共同的思想、共同的价值观念，产生对本企业的认同感、归属感和向心力，从而使企业成为紧密团结的整体。

（3）激励功能。组织文化有助于激励组织成员培养自觉为组织发展而积极工作的精神。健康向上的组织文化，使每个成员都受到尊重，个人价值获得充分实现，在工作中受到极大激励，从而提高全体成员的积极性。

（4）约束功能。组织文化具有对组织成员的思想和行为进行约束和规范的作用。组织文化包含多方面的准则与规范，形成效力很大的群体规范，从而有效地约束企业成员的思想和行为。

（5）辐射功能。组织文化对组织内外都有着强烈的辐射作用。企业的文化，不但对企业内部有着重要的影响作用，而且对企业外部，乃至整个社会都会产生巨大的辐射作用。由于企业的生产经营活动是社会最基本的经济活动，支撑着社会的运行与发展，从而使组织文化对整个社会的所有领域、每个成员都产生潜移默化而且极为重要的影响。

二、组织文化对管理的影响

（一）组织文化对组织的影响

所有组织都有文化，但并非所有文化对员工行为的影响同等。有的企业，员工受企业文化的影响偏弱，这种企业文化是一种弱文化；有的企业，员工受企业文化的影响深远，这是一种强文化。强文化与弱文化对企业的影响比较如表 2-1 所示。

表 2-1　强文化与弱文化对企业的影响比较

比较项目	强文化	弱文化
价值观	价值观广泛共享	价值观局限于小部分人——通常是高层管理者
文化传递	传达了对于什么是重要的一致的信息	传达了对于什么是重要的矛盾的信息
历史影响	大多数员工可以讲述关于公司历史或英雄人物的故事	员工对公司历史或英雄人物知之甚少
文化认同	员工强烈认同文化	员工对文化的认同程度低
价值观与行为一致性	共享价值观和行为之间存在强连接	共享价值观和行为之间不存在什么联系

具体来说，与弱文化相比，强文化是一种核心价值观被广泛和深度共享的文化，因此，强文化对员工有更大的影响力。如果越多员工接受组织的关键价值观，那么他们对那些价值观的承诺也越高，文化就越强。对大多数组织来说，他们都有中等偏强的文化，即对于什么重要、什么是"好的"员工行为、组织需要什么等都有较高的认同。文化变得越强，对管理者计划、组织、领导和控制的影响也越大。

（二）组织文化对管理者决策的影响

组织文化除对普通员工产生影响外，管理者的决策同样受到其所处文化的影响。组织文化，尤其是强文化，影响和限制着管理者计划、组织、领导和控制的方式。受到文化影响的管理决策类型如表 2-2 所示。

表 2-2　受到文化影响的管理决策类型

管理决策类型	组织文化对其影响
计划	计划应该包含的风险程度； 计划是否应该由个人或团队开发； 管理参与环境扫描的程度
组织	员工的工作中应加入多少自主性； 任务是否应该由员工或团队完成； 部门管理者之间互动的程度
领导	管理者对员工工作满意度提升的关心程度； 何种领导风格合适； 是否所有异议（即使是建设性的）都应该被消除
控制	是否施加外部控制或允许员工控制他们自己的行为； 在员工绩效评估中应该强调文化什么标准； 超出预算会产生什么影响

对企业来说，拥有强文化是非常重要的。一方面，强文化的组织比弱文化的组织拥有更加忠诚的员工；另一方面，强文化与良好的组织绩效呈现显著的正相关关系，这种相关性很容易理解，因为如果价值观清晰并且被广泛地接受，员工知道他们应该做什么以及组织对他们有什么期待，员工就可以快速地处理问题。

当然，强文化也有缺陷，具体体现在强文化有可能阻止员工尝试新的方法，造成创新能力受限，尤其当情况迅速变化时，员工容易感到无所适从。

阅读材料：文化自信的重要性

三、组织文化的建设

（一）组织文化建设的阶段

在组织文化建设的过程中，可以大体上分为以下几个阶段：

（1）识别与规划阶段。要在对组织现有文化正确分析识别的基础上，根据企业的宗旨与总目标确定本组织文化建设的目标，特别是要选择与设计富有特色的组织精神与本组织文化建设的主要内容，并制定建设规划。

（2）培育与强化阶段。要按照建设规划，通过各种有效渠道与手段，分步骤、全方位地进行组织文化的培育与强化。这是文化建设的主体阶段，是一个长期的过程。

（3）确立与巩固阶段。经过不断的调整、充实与培育，特别是长时间的实践，对本企业的组织文化加以确立，并不断巩固完善。

（4）变革与发展阶段。组织文化不会是绝对完美的，不是一成不变的。因此，随着组织目标与自身目标的变化，要适时地进行变革，不断发展与完善。

（二）组织文化建设的方法

（1）正面灌输法。这是指借助各种教育、宣传、组织学习、开会传达等形式，对组织文化的目标与内容进行正面灌输的方法。通过正面灌输等方法，教育企业全体成员树立正确的思想与价值观。

（2）规范法。这是指通过制定体现预期文化要求的一整套制度规范体系来促进与保证组织文化建设的途径与方式。如制定反映组织文化要求的组织制度、管理规范、员工的行为规范等。

（3）激励法。这是指运用各种激励手段，激发员工动机，以营造良好氛围、塑造组织精神的各种途径与方法。例如，通过表扬、工作激励、关心和满足员工需要，增强组织凝聚力，培育热爱本职工作、敢于拼搏与勤奋努力的精神。

（4）示范法。这是指通过组织领导人的率先垂范和先进人物的榜样作用促进与影响组织的文化建设的方式与方法。组织要充分发挥领导和模范人物的示范作用，引导与带动组织的成员，培育组织精神，树立良好的组织风气。

（5）感染法。这是指通过各种人员交往，共同生活，形成互动，相互感染，以建设组织文化的途径与方式。例如，经过人员互动与感染，培养企业成员崇高的思想境界与健康的人格。

（6）暗示法。这是指组织或管理者通过暗示的方式将意愿传递给员工，示意或诱导员工认同组织的价值观，并以实际行动为实现组织的目标而努力。

（7）实践法。这是指在生产与工作实践的过程中培育组织文化的途径与方式。这是长期积淀的过程。例如，通过各种生产经营实践，培养既敢于创新又从实际出发的科学精神。

（三）员工学习组织文化的方式

员工学习组织文化有多种方式，最常见的是故事、仪式、物质象征和语言等。

（1）故事。组织的故事人物，诸如组织创始人、规则破坏者对以往错误的反思等。为了帮助员工了解文化，组织故事以过去作为现在的精神支柱，为如今的所作所为提供解释和合理性说明，举例说明什么对组织是重要的，并且为组织目标绘制了引人入胜的图景。

（2）仪式。公司仪式是表达与强化重要价值观和组织目标的一系列重复活动。仪式在建立期望的激励水平和行为期望方面发挥了重要作用，最终满足了管理者对组织文化的期待。

（3）物质象征。当你进入不同类型的企业，你会对工作环境产生不同的认知——正式的、随意的、有趣的、严肃的等。这些认知证明了物质象征在创造组织个性方面的作用。组织中设施的陈设、员工的穿着、高级管理者配备的车辆类型的可用性等都是物质象征的例子。物质象征向员工传达了谁是重要的以及被期望和赞赏的行为类型（如承受风险的、保守的、专制的、参与性的和个人主义的行为等）。

（4）语言。很多组织和组织中的单元，将语言作为识别和团结成员的方法。通过学习这种语言，成员们可以证明他们对组织文化的接受程度和他们维护组织文化的意愿。随着时间的推移，组织往往会出现一些专用术语来描述设备、主要工作人员、供应商、顾客、流程或与企业有关的产品。新员工往往会对这些缩略语和行话感到不知所措，但是一段时间后，这些也成了他们语言的一部分。一旦被习得，这种语言就会成为连接成员们的共同点。

管理感悟

第一，组织文化对组织的影响非常深远。具有强文化的组织往往具有更好的绩效，这与企业员工拥有共同的价值观与共同的行为方式，容易形成管理上的默契有很大的关系。但组织文化的形成不可能一蹴而就，往往需要经过长时间的有意识的培养，为了保持这种长期性，企业高层领导的态度往往变得非常重要。

第二，组织文化的培养需要典型榜样或事例的宣扬。因此，在管理实践中，每个企业对宣扬典型事例都非常重视。

第三，我们国家提倡文化自信，这需要长期的积淀与有意识地努力。通过在全国上下建立一种强文化与文化优越感，有利于我国的经济建设与民族复兴伟业的实现。

任务实训

1. 在线测试：探究组织文化。
2. 举例说明管理实践中培养组织文化的应用场景。
3. 结合案例说明强文化对企业管理的影响。

在线测试

任务评价

评价类目	评价内容及标准	分值（分）	自己评分	小组评分	教师评分
学习态度	✓ 全勤；(5分) ✓ 遵守课堂纪律。(5分)	10			
学习过程	➢ 能说出本次工作任务的学习目标，上课积极发言，积极回答问题；(5分) ➢ 能够介绍组织文化的结构；(5分) ➢ 能够说出组织文化的功能；(5分) ➢ 了解简单培养组织文化的若干方法。(5分)	20			
学习结果	◆ 在线测试探究组织文化；(4分×10=40分) ◆ 举例说明管理实践中培养组织文化的应用场景；(15分) ◆ 结合案例说明强文化对企业管理的影响。(15分)	70			
合计		100			
所占比例		100%	30%	30%	40%
综合评分					

知识拓展与技能实践

知识拓展

了解组织文化的负面作用

尽管组织文化存在前文提到的种种正功能,但在组织的管理过程中,如果处理不好,组织文化也会对组织产生潜在的负面作用。

1. 变革的障碍

如果组织的共同价值观与进一步提高组织效率的要求不相符合,它就成了组织的束缚。这是在组织环境处于动态变化的情况下,最有可能出现的情况。当组织环境正在经历迅速的变革时,根深蒂固的组织文化可能就不合时宜了。因此,当组织面对稳定的环境时,行为的一致性对组织而言很有价值。但组织文化作为一种与制度相对的软约束,更加深入人心,极易形成思维定式。这样,组织有可能难以应付变化莫测的环境。当问题积累到一定程度,这种障碍可能会变成组织的致命打击。

2. 多样化的障碍

由于性别、价值观、道德信仰等差异的存在,新聘员工与组织中大多数成员很有可能在这些方面都不一样,这就产生了矛盾。管理人员希望新成员能够接受组织的核心价值观,否则,这些新成员就难以适应或被组织接受。但是,组织决策需要成员思维和方案的多样化,一个强势文化的组织要求成员和组织的价值观一致,这就必然导致决策的单调性,抹杀了多样化带来的优势,在这个方面组织文化成为组织多样化、成员一致化的障碍。

3. 兼并和收购的障碍

以前,管理人员在进行兼并或收购决策时所考虑的关键因素是融资优势或产品协同性。但近些年,除了考虑融资方面的因素和产品线的协同性,更多的则是考虑文化方面的兼容性。如果两个组织无法成功整合,那么组织将出现大量的冲突、矛盾乃至对抗。所以,在决定兼并和收购时,很多管理者往往会分析双方文化的相容性,如果差异极大,为了降低风险,宁可放弃兼并和收购行动。

技能实践

在我们的校园中有很多组织(校园)文化的特征与内容,有些是可见的物质文化内容,有些是行为内容,有些是制度内容,有些是属于道德规范的内容……这些内容是如何体现出校园的精神文化的呢?其实,我们可以从制度层与物质(文化)层所观察到的内容来分析。因此,可以通过我们的学习小组分工完成以下内容,并分析所在学校的校园文化。具体可从以下几个方面入手:

(1)寻找校园里的物质文化标志,访谈并查找其来历,将得到的结果列出来。

(2)观察一段时间内(如一周)老师及同学们的日常典型行为,不论好的或坏的,都记录下来。

(3)查找学校《学生守则》中的制度,确定三至五个日常规范的守则,根据守则中的条款分析老师或同学的日常典型行为是否与守则要求一致,并记录各自的次数。

(4)讨论并分析学校师生遵守或不遵守规范的原因。

将讨论与分析结果制作成文档,拟出解决措施,并跟有经验的老师或管理人员进一步探讨,条件成熟时给学校提出改进校园文化的相关建议。

知识复习与巩固

一、填空题

1. 泰勒的科学管理，其主要内容包括：（1）中心问题是_____；（2）_____；（3）_____；（4）_____；（5）_____职能与_____职能分离；（6）实行_____；（7）强调科学管理的核心是_____。

2. 法约尔的一般管理理论，其一般管理理论的主要内容包括：（1）重点研究_____；（2）企业的_____；（3）管理的_____；（4）管理的_____；（5）管理者的_____。

3. 梅奥创立了_____学说。其主要贡献包括：梅奥认为企业中的人首先是"_____"；生产效率主要取决于职工的_____和人们的_____；重视"_____"的存在和作用。

4. 进入 50 年代以后，管理理论出现了一种分散化的趋势：_____，形成了诸多的学派。

5. 进入 60 年代后，管理理论的研究又出现一种集中化的趋势，先后提出_____理论和_____理论。

6. 现代管理学派的主要特点：
（1）_____学派（利用计算机与数学工具，进行量化决策）；
（2）_____学派或称管理程序学派（主要研究管理者的管理过程及其功能）；
（3）_____学派（关注的是管理者的实际管理经验）；
（4）_____学派（研究人类行为产生、发展、变化规律）；
（5）_____学派（认为管理的关键在于决策）；
（6）_____学派（力求对所有管理理论兼容并蓄）；
（7）_____学派（依据环境变化灵活管理）。

7. 最新管理理论的发展及特点：
（1）_____理论（谋求企业的长期生存发展）；
（2）_____理论（以工作流程为中心，重新设计运营方式）；
（3）_____理论（各阶层人员全心投入，并有能力不断学习）；
（4）_____理论（高度重视企业文化）。

8. 组织文化的结构：（1）_____文化层（表层）；（2）_____文化层（中间层），其中又包括_____和_____两种类型；（3）_____文化层（核心层）。

9. 组织文化的功能：（1）_____功能；（2）_____功能；（3）_____功能；（4）_____功能；（5）_____功能。

10. 一方面，强文化的组织比弱文化的组织拥有更加_____员工；另一方面，强文化与良好的组织绩效呈现显著的_____关系。

11. 组织文化建设的阶段：（1）_____阶段；（2）_____阶段；（3）_____阶段；（4）_____阶段。

12. 组织文化建设的方法：_____法、_____法、_____法、_____法、_____法、_____法、_____法。

二、多选题

1. 管理理论产生与形成时期的基本脉络包括（　　）。
   A．管理理论主要沿着两个方向发展　　B．注重管理科学化
   C．强调人的作用　　　　　　　　　　D．注重管理的现代化
   E．强调劳动生产率

2. 古典管理理论的代表人物及其理论主要有（　　）。
   A．泰勒的科学管理　　B．梅奥的人际管理理论　　C．法约尔的一般管理理论
   D．弗鲁姆的期望理论　E．韦伯的行政组织论

3. 法约尔在对管理活动进行分析研究的基础上，提出了管理的诸要素，主要包括（　　）。
   A．计划　　　　　　B．组织　　　　　　C．指挥
   D．协调　　　　　　E．控制

4. 泰勒的科学管理的主要思想与贡献包括（　　）。
   A．工时研究与劳动方法标准化　　　　B．系统总结管理的一般原则
   C．实行差别计件工资制　　　　　　　D．管理职能与作业职能分离
   E．科学挑选和培训工人

5. 梅奥人际关系论的主要观点包括（　　）。
   A．认为企业的人首先是"社会人"　　B．人的士气是调动人积极性的关键因素
   C．人的自我实现需要是最高需要　　　D．要重视"非正式组织"的存在与作用
   E．生产率提高的原因在于工作条件的变化

6. 现代管理理论的发展脉络为（　　）。
   A．20世纪30年代出现的"社会人"假设的研究
   B．20世纪50年代出现的分散化趋势
   C．20世纪60年代出现的集中化趋势
   D．20世纪70年代出现的多角化趋势
   E．20世纪80、90年代出现的管理理论最新发展趋势

7. 管理科学的特点表现为（　　）。
   A．管理科学化　　　　　　　　　　　B．管理精确化
   C．管理科学的核心就是寻求决策的科学化　D．注重定量分析
   E．广泛使用电子计算机

8. 管理理论的"热带丛林"包括的学派有（　　）。
   A．组织技术学派　　B．管理过程学派　　C．行为科学学派
   D．决策理论学派　　E．战略管理学派

9. 卡斯特等人的系统管理学说是以普通系统理论为基础的，主要包括（　　）。
   A．系统思想　　　　B．系统哲学　　　　C．系统管理
   D．系统分析　　　　E．系统观点

10. 卢桑斯的权变管理学说提出的观念性结构组成部分包括（　　）。
    A．管理者　　　　　B．管理对象　　　　C．环境

D. 管理观念与技术　　　　E. 权变关系

11. 非理性主义倾向的主要观点（　　）。
A. 批判传统管理中的纯理性主义　　B. 倡导对管理实务的研究
C. 提出以"软管理"为中心的管理模式　　D. 强调自我实现需要的满足
E. 高度重视企业文化

12. 彼得·圣吉提出的五项修炼主要包括（　　）。
A. 追求自我超越　　B. 改善心智模式　　C. 建立共同愿景目标
D. 开展团队学习　　E. 锻炼系统思考能力

13. 组织文化的结构主要由以下层次构成（　　）。
A. 精神文化层　　B. 制度文化层　　C. 物质（行为）文化层
D. 本质文化层　　E. 表象文化层

14. 组织的精神文化建设主要包括（　　）。
A. 建立组织机构
B. 形成组织全体成员共同信奉与追求的价值观
C. 培育组织精神
D. 营造健康向上的团体氛围
E. 提倡制度建设

15. 组织的制度文化建设主要包括（　　）。
A. 按照现代组织要求推进组织基本制度的改革与建设
B. 形成组织全体成员共同信奉与追求的价值观
C. 营造健康向上的团体氛围
D. 建设体现现代管理要求的组织结构与体系
E. 建立健全各项规章制度

三、简答题

1. 简述泰勒的科学管理理论的主要贡献。
2. 简述法约尔的一般管理理论的主要贡献。
3. 简述梅奥的人际关系理论的主要观点。
4. 简述进入 50 年代以后管理理论的分散化趋势。
5. 简述进入 60 年代以后管理理论的集中化趋势。
6. 简述进入 20 世纪 70、80 年代管理的最新发展趋势。
7. 简述组织文化的功能。
8. 精神文化建设主要包括哪些内容。
9. 组织的制度文化建设主要包括哪些内容。
10. 物质（行为）文化建设主要包括哪些内容。
11. 组织文化建设的阶段有哪些。

四、情境与应用题

1. 李成应聘担任某高科技公司的总经理助理后，为适应公司的发展，总经理交给李成异常重要的任务，让他尽快拟定一份如何将本公司建设成"学习型组织"的初步构想或建议。假设小李请你帮助设计，请从以下两方面提出建议。

（1）"学习型组织"理论的基本思想是什么？

（2）怎样结合该公司实际进行"五项修炼"？

2．公司正在召开研究如何加强企业文化建设的会议，尽管大家都认为企业文化建设非常重要，希望企业能形成强文化，但是对究竟什么是企业文化大家并不太清楚，对怎样建设企业文化就更是无从下手。这时，主持人请你从以下两方面谈谈看法。

（1）请你结合企业实际，说明企业文化都包括哪些内容。

（2）在公司工作中可以运用哪些企业文化建设的方法？

模块三

领会计划职能

也许有人会认为"计划"只和一些大公司有关,现在与你没什么关系。事实上,计划无处不在,例如,当你对下学期的课程学习进行规划,或者为了按时完成一项课程项目而决定必须做什么的时候,你就在计划。计划是所有管理者都需要做的事情,尽管不同的管理者计划的内容和方式可能会有所不同,但重要的是他们确实在实施计划。在本模块中,我们将学习关于计划的一些基本问题,包括计划的本质是什么、管理者为什么要进行计划,以及他们如何进行计划等。

任务一 认识计划职能

思维导图

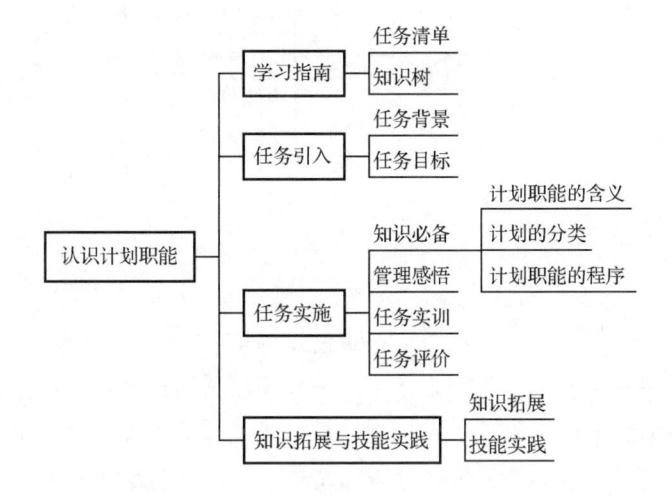

```
                          ┌─ 学习指南 ─┬─ 任务清单
                          │           └─ 知识树
                          │
                          ├─ 任务引入 ─┬─ 任务背景
                          │           └─ 任务目标
                          │
                          │           ┌─ 知识必备 ─┬─ 计划职能的含义
认识计划职能 ─┼─ 任务实施 ─┤           ├─ 计划的分类
                          │           │           └─ 计划职能的程序
                          │           ├─ 管理感悟
                          │           ├─ 任务实训
                          │           └─ 任务评价
                          │
                          └─ 知识拓展与技能实践 ─┬─ 知识拓展
                                              └─ 技能实践
```

学习指南

任务清单

工作任务	认识计划职能
建议学时	2学时
任务描述	本学习任务主要是学习计划职能的基本概念与含义，掌握计划职能的基本程序，并通过对管理案例的学习，学会分析计划职能在实现过程中的不足，通过比较学会正确处理计划职能的基本作业流程。
学习目标	知识目标：1. 掌握计划职能的基本含义；2. 熟悉计划职能的分类；3. 掌握计划职能的基本程序。 能力目标：1. 具备区分计划职能与计划书之间差异的能力；2. 具备正确实现计划职能程序的能力。 素质目标：1. 具备规范履行管理工作中计划职能程序的意识；2. 具备自我管理与修正工作误差的意识；3. 具备大局意识与团队合作意识。 思政目标：通过对案例分析以及对计划职能的作业程序的学习，认识按程序办事的好处，能从大局角度理解国家经济政策与发展规划的思路，培养遵守职业规范的大局意识与政治素养。
关键词	计划职能；含义；程序

知识树

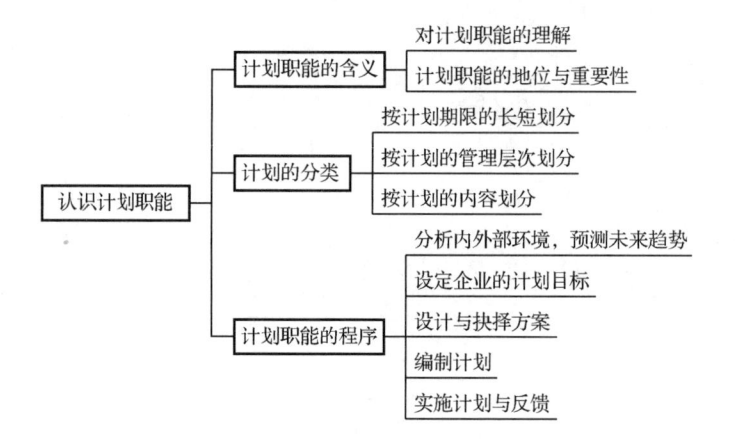

认识计划职能
- 计划职能的含义
  - 对计划职能的理解
  - 计划职能的地位与重要性
- 计划的分类
  - 按计划期限的长短划分
  - 按计划的管理层次划分
  - 按计划的内容划分
- 计划职能的程序
  - 分析内外部环境，预测未来趋势
  - 设定企业的计划目标
  - 设计与抉择方案
  - 编制计划
  - 实施计划与反馈

任务引入

任务背景

小李的销售有计划吗？

小李在学校求学期间思维活跃，往往能提前捕捉信息为同学们倒腾些物品，并获得了不小的收益。毕业后小李选择了自主创业，专门为某几家房地产企业提供水电材料，生意做得风生水起。前些年，新一轮的房地产调控开始实施，有朋友提醒小李要注意风险防范，但年轻气盛的小李不以为然，心想："根据前几次房地产调控的经验，调控过后都会有一波反弹行情，倒不如趁着现在调控，材料供应商大力打折的机会多备些货，等到行情恢复之后，自然可获得更高的收益。"

于是，小李开始以较平常低得多的价格加大了备货量。但随着时间慢慢过去，房地产市场并没有出现他期待的反弹，看着仓库里满满当当的水电材料，小李的资金积压也越来越严重，他心里开始慌了。面对积压在家的这些材料，小李家人开始抱怨他办事没有计划，小李心里极不服气，但面对事实他又感到极为无奈。

任务目标

1. 你认为小李的销售业务有计划吗？
2. 如果处在小李的位置，让你重新制订销售计划，你打算按怎样的程序来开展计划工作？

任务实施

知识必备

一、计划职能的含义

（一）对计划职能的理解

计划的重要工作就是设定目标，确定实现这些目标的战略，并且制定方案以整合和协调组织中的各种资源和活动。因此，计划既关注结果，即是什么；也关注手段，即怎么做。

在具体的工作中，当我们使用"计划"一词时，一般指的是正式计划。正式计划中，规定了在确切时间段内的具体目标。这些目标以书面形式记录下来供组织中的成员共享，从而降低目标的模糊性并对所需完成的工作任务达成共识。同时，为实现这些目标设定具体的计划方案。

对计划职能的理解，可以分为广义的计划职能与狭义的计划职能。

（1）广义的计划职能是指管理者制订计划、执行计划和检查计划执行情况并反馈结果的全过程。

（2）狭义的计划职能是指管理者事先对未来应采取的行动所做的谋划和安排。

可见，广义的计划职能包含的内容是比较宽泛的，并且与其他管理职能交织在一起。为了更好地理解计划职能的特征，通常我们在提到计划职能的时候，更多的是从狭义的计划职能来理解。

（二）计划职能的地位与重要性

计划职能对管理工作的地位与重要性体现在以下几个方面：

（1）计划是实施管理活动的依据。为实现组织目标而实施的管理活动，首先必须进行科学的筹划与周密的安排，制订计划，并以此为依据组织实施。

计划职能在管理的各项职能中的地位集中体现在首位性上。计划职能的首位性一方面是指计划职能在时间顺序上是处于计划、组织、领导和控制四大管理职能的始发或第一职能位置上；另一方面是指计划职能对整个管理活动过程及其结果施加影响具有首要意义。

（2）计划有利于在明确的目标下统一员工的思想行动，为管理者和非管理者提供指导。当员工了解他们的组织或工作单位正在努力实现的目标是什么，以及他们必须做出什么贡献以实现目标时，他们才能够协调自身工作，彼此相互合作，并从事一些实现目标的必要工作。

如果没有计划，部门和个人的工作可能会在不同的目的下背道而驰，从而阻碍组织高效地实现目标。

（3）计划可增强管理工作的可预见性，有利于规避风险，减少损失。计划职能要求管理者展望未来、预测变化、考虑变化的影响以及制定恰当的应对措施，这样有利于降低未来的不确定性。尽管计划并不能消除不确定性，但管理者通过计划可以及时做出有效应对。

（4）计划有助于最小化浪费和冗余。通过计划工作，有利于合理配置资源，提高效率，获取最佳效益。当工作活动处在计划的协调下，低效率的活动就会一览无余，从而得以修正或取消。

（5）此外，计划确定了控制所采用的目标或标准。当管理者实施计划时，他们会设定目标和方案；当他们实施控制时，会考察计划是否已经执行以及目标是否已经实现。如果没有计划，就没有目标来衡量工作努力的程度。

二、计划的分类

计划分类的依据有很多，常见的有按期限的长短、管理层次以及计划的内容等为依据划分。

（一）按计划期限的长短划分

根据计划期限的长短，一般可分为长期计划、中期计划与短期计划。

长期计划：亦称"战略计划"，其是组织在较长时期（通常为 5 年以上）的发展方向和方针。长期计划规定了组织的各个部门在较长时期内从事某种活动应达到的目标和要求，绘制了组织长期发展的蓝图。

中期计划：1 年以上 5 年以下的计划。

短期计划：通常为 1 年以内的计划。具体地规定了组织的各个部门在较短的时期阶段应该从事何种活动，从事该种活动应达到何种要求，因而为各组织成员的行动提供了依据。

需要注意的是，在管理实践中，长期、中期、短期计划的划分并不是绝对的，计划的期限与行业、产业及外界环境变化的速度等密切相关。

（二）按计划的管理层次划分

在企业中，按计划的管理层次可分为战略计划、生产经营计划及作业计划等。

（1）战略计划。战略计划也称战略规划，决定的是企业在未来长时期的工作目标和发展战略，一般由企业的高层管理人员制定。其具有以下特点：一是长期性，战略计划一般涉及企业未来 3 至 5 年、10 至 15 年甚至更长的时间；二是综合性，是指战略计划涉及面广、相关因素多；三是权威性，战略计划是一种宏观指导性计划，对企业的所有其他计划具有指导、约束作用。

（2）生产经营计划。企业的生产经营计划是指在战略指导下根据企业的经营目标、方针、政策等制订的计划。生产经营计划一般包括利润计划、销售计划、生产计划、成本计划、物资供应计划等。生产经营计划通常为年度计划。

（3）作业计划。它是企业生产经营计划的实施计划，是企业的短期计划。作业计划一般由基层管理人员或企业负责计划工作的人员制定。相对生产经营计划而言，作业计划中指标更具体，任务更明确。此外，作业计划的形式也更多样化。例如，学校里老师上课用的授课计划也属于一种作业计划。

（三）按计划的内容划分

按计划的内容可分为专项（专题）计划与综合计划。

（1）专项（专题）计划。专项（专题）计划是人们为完成某种特定的任务或目标而制订的行为规划。其具有较强的目的性、专业性和针对性，常由专业人士来完成。如由公司的业务主管、行政工作人员或科研学者主持制订。

（2）综合计划。综合计划是根据企业所拥有的生产能力和需求预测对企业未来较长一段时间内的产出内容、产出量、劳动力水平、库存投资等问题所做的大致性描述。

此外，还可按企业职能划分的各种企业职能计划等。

阅读材料：计划职能不等于计划书

三、计划职能的程序

（一）分析内外部环境，预测未来趋势

在执行计划职能时，管理者首先要考虑企业的各种环境因素，这既包括企业的内部环境，也包括企业的外部环境；既要考虑企业的现实环境，也要考虑企业的未来环境。通过对外部环境，特别是未来环境的分析和预测，为确定可行性目标提供依据。

（二）设定企业的计划目标

通过分析企业内外部环境、预测未来发展趋势，科学地设定企业目标。目标通常是指组织预期在一定期间内达到的数量和质量指标。目标是计划的灵魂，也是企业行动的方向。当企业的计划目标确定之后，接下来将围绕如何实现目标而拟定不同的方案。

（三）设计与抉择方案

为了能拟定有效的方案以实现所设定的目标，首先需要确定方案要解决的问题，即要求方案制定者准确界定管理问题，根据界定的管理问题合理配置人、财、物等诸种资源，构思并选择正确的实施途径与方法，从而设计并制定出科学系统的计划方案。在制定方案时通常需要制定出若干套方案供分析与评价，企业的管理者将通过决策从中选择最合适的方案。

（四）编制计划

当最优方案确定之后，依据计划目标与所确定的最优方案，按照计划要素与工作要求，编制出可供各部门具体执行与实现的计划书。

（五）实施计划与反馈

计划付诸实施，管理的计划职能并未结束。为了保证计划的有效执行，要对计划进行跟踪反馈，及时检查计划执行情况，分析计划执行中存在的问题，并对计划执行结果进行总结，必要时做出相应的调整。

微视频：计划职能的执行程序与注意事项

管理感悟

第一，就本任务的"任务引入"中的案例而言：从管理学上来说，个体户小李是有"计划"的。因为，小李对这次业务活动进行了谋划，了解近来的行情，并估计好卖，也就是做了预测，并在促销和代销中对资源进行了组织。但是，小李的"计划"并没有科学的调研与

预测，没有系统的计划方案，属于一种不完善的计划。

第二，在计划职能的基本程序中，设计与抉择方案步骤通常会根据最终选定的方案再做若干修改。在修改的过程中，通常会参考那些未被选中的方案中的某些较好的措施对选定的方案进行完善，以保证最终确定的方案为最佳。

任务实训

1. 在线测试：认识计划职能。
2. 举例说明计划的分类。
3. 阐述开展计划职能活动的程序。

在线测试

任务评价

评价类目	评价内容及标准	分值（分）	自己评分	小组评分	教师评分
学习态度	✓ 全勤；（5分） ✓ 遵守课堂纪律。（5分）	10			
学习过程	➢ 能说出本次工作任务的学习目标，上课积极发言，积极回答问题；（5分） ➢ 能够回答计划的含义；（5分） ➢ 能够按不同依据进行计划分类；（5分） ➢ 能够设计计划职能的基本程序。（5分）	20			
学习结果	◆ 在线测试认识计划职能；（4分×10=40分） ◆ 举例说明计划的分类；（3分×5=15分） ◆ 阐述开展计划职能活动的程序。（15分）	70			
合　　计		100			
所占比例		100%	30%	30%	40%
综合评分					

知识拓展与技能实践

知识拓展

你是一个称职的计划人员吗

提示：对下列每一个问题只需回答是与否。

1. 我的个人目标能以文字的形式清楚地说明。（　　）
2. 多数情况下我整天都是乱哄哄的和杂乱无章的。（　　）
3. 我很少仓促地做出决策，总是仔细研究了问题之后再行动。（　　）
4. 我利用"速办"或"缓办"卷宗对要办的事情进行分类。（　　）
5. 我习惯于对所有的计划设定开始日期和结束日期。（　　）
6. 我经常征求别人的意见和建议。（　　）
7. 我想所有的问题都应当立刻得到解决。（　　）

根据问卷设计者的观点，优秀的计划人员可能的答案：第二项答案为"否"，其余为"是"。

技能实践

以小组为单位搜集一份国家"十四五"发展规划(或者企业的长期发展计划、年度计划)、一份企业的月度计划(或者老师的学期授课计划)、一份工作现场的上墙的进度计划。讨论并分析以下问题:

(1) 三份计划在形式或结构上有什么不同?
(2) 三份计划在内容上有什么不同?三者各自的关注点是什么?
(3) 讨论三者在内容与结构上的不同有什么好处?

将讨论内容进行归纳整理,形成对三种形式的计划的基本结论。

任务二 分析管理环境与设定目标

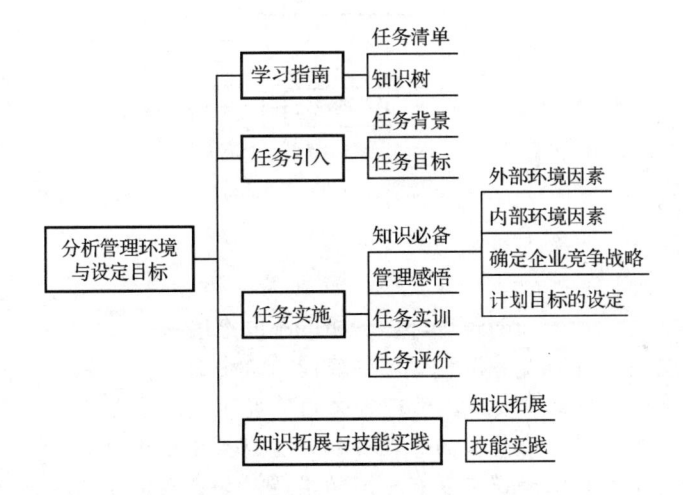

思维导图

```
                    ┌── 学习指南 ──┬── 任务清单
                    │              └── 知识树
                    │
                    ├── 任务引入 ──┬── 任务背景
                    │              └── 任务目标
                    │                        ┌── 外部环境因素
分析管理环境 ──────┤              ┌── 知识必备 ──┤── 内部环境因素
与设定目标          │              │          ├── 确定企业竞争战略
                    │              │          └── 计划目标的设定
                    ├── 任务实施 ──┤── 管理感悟
                    │              ├── 任务实训
                    │              └── 任务评价
                    │
                    └── 知识拓展与技能实践 ──┬── 知识拓展
                                             └── 技能实践
```

学习指南

任务清单

工作任务	分析管理环境与设定目标	
建议学时	2学时	
任务描述	本任务要求通过对管理环境分析相关知识的学习,在履行具体案例中计划职能时能识别企业所处的环境,分析企业的竞争优劣情况,并依此设定企业的计划目标,为企业制定计划方案指明思路或方向。	
学习目标	知识目标	1. 掌握企业外部环境分析的基本内容; 2. 掌握企业内部环境分析的基本内容; 3. 掌握计划目标设定的基本流程。
	能力目标	1. 具备区分企业内外部环境的能力; 2. 具备基本的企业内外部环境分析与战略选择能力; 3. 具备根据竞争态势设定企业计划目标的能力。

续表

学习目标	素质目标	1. 具备规范分析管理问题的意识； 2. 具备自我管理与修正的意识； 3. 具备大局意识与团队合作意识。
	思政目标	通过对管理环境分析，理解我国国情以及根据国情确定企业管理目标，能准确把握国家政策的方向，培养遵守职业规范的制度意识与观察社会的整体观。
关键词		外部环境；内部环境；目标；目标体系

知识树

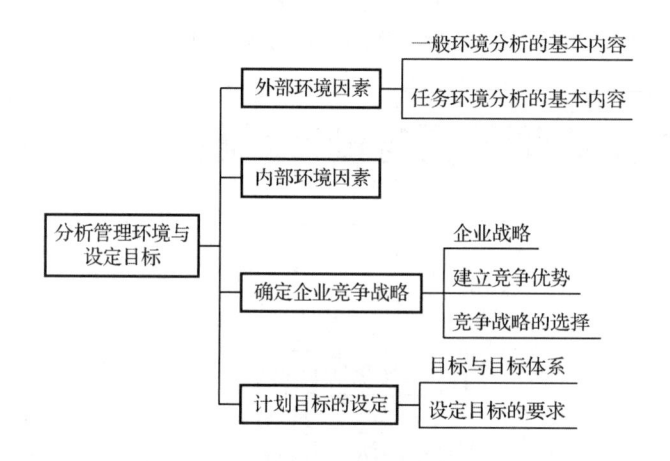

分析管理环境与设定目标
- 外部环境因素
  - 一般环境分析的基本内容
  - 任务环境分析的基本内容
- 内部环境因素
- 确定企业竞争战略
  - 企业战略
  - 建立竞争优势
  - 竞争战略的选择
- 计划目标的设定
  - 目标与目标体系
  - 设定目标的要求

任务引入

任务背景

对管理环境分析的不同态度

管理者的一项重要工作就是弄清楚管理环境能够给企业提供机会或造成威胁的因素。要分析管理环境中机会和威胁的重要性，管理者必须掌握环境的复杂程度和环境变化的速度。

例如，比较一家地方性的小餐馆的管理者和大型连锁快餐店的高层管理者：作为一家地方性的小餐馆，管理者要操心的是有没有充足的供应，如食品供应能不能跟上，服务人手够不够等；大型连锁快餐店的高层管理者正好相反，他们考虑的是如何最有效地把食品分发到各分店去，怎样做才能确保公司不会对雇员有性别歧视或年龄歧视，面对竞争对手的竞争如何应对等。显而易见，管理者应对的因素越多，管理环境越复杂。

组织规模越大，管理者应付的各种环境就越复杂。只有掌握正确的分析方法，管理者才能妥当地制订计划，选择最有效的目标和行事方式。

任务目标

1. 针对不同的企业，在实现计划职能的过程中该如何进行环境分析。
2. 面对企业面临的各种问题，该如何设定企业的管理目标。

任务实施

知识必备

当执行管理中的计划职能时，我们首先需要了解企业经营的具体情况，因此，首先需要进行企业经营环境的分析。

企业经营环境分析，包括外部环境分析与内部环境分析两大部分。外部环境分析包括对一般环境的分析和任务环境的分析。通过对外部环境的分析，找出并抓住企业经营的机会。同时，要发现威胁，主动回避经营风险。企业内部环境的分析，主要包括对营运范畴、企业的管理体制、企业文化进行分析。通过对内部环境的分析，发现并努力消除企业面临的劣势，同时要找出优势并发扬，或者通过努力实现劣势向优势转化，建立起企业在经营上的竞争优势。

一、外部环境因素

外部环境分析可分为对一般环境的分析和对任务环境的分析。

（一）一般环境分析的基本内容

企业外部经营环境中的一般环境也称宏观环境，是指经济活动中所有企业共同面对的环境，其对任何一个企业的经营活动都产生直接或间接的影响，而且这种影响对企业发展是极为重要的。对企业经营影响较大的一般环境主要包括经济环境、技术环境、政治与法律环境、社会与心理环境等。

（二）任务环境分析的基本内容

任务环境也称产业/行业环境，是指某一个或某一类产业的企业开展经营活动所直接面临的环境。与一般环境相比，任务环境对企业的经营活动的影响更为直接，直接决定了企业面临的产业/行业发展条件是否有利。在任务环境中最直接、最明显影响企业经营的是市场。

任务环境主要包括产品市场、顾客、竞争者、供应商、金融机构与融资渠道、产业相关的法律与法规、政府主管部门等。在现实中，我们常用竞争中的五种力量，即供应商的议价能力、购买者的议价能力、潜在进入者的威胁、替代品的威胁、现有竞争者的竞争等来分析产业环境。

在分析企业经营任务环境的过程中，还应注意本企业在整个行业的竞争中所处的地位。对于在行业中影响力大的企业，其可能通过各种方式对产业环境产生影响，有利于企业的发展。

阅读材料：了解我国三次产业的划分

外部环境分析的关键是要找出企业发展的机会与面临的威胁，这样有利于企业在抓住机会的同时有效地规避风险或提前采取应对措施。当然，发现并抓住的机会，是指企业有能力把握的、能为企业经营带来运作空间与发展潜力的商业机会。发现并规避威胁，是指企业所面临的经营环境可能给企业带来不利或危害的因素。企业应及早发现，千方百计地加以规避。

微视频：企业外部环境分析

二、内部环境因素

企业内部经营环境是企业开展经营活动的基础，对企业的战略决策及经营绩效具有重要意义。通过对内部环境的分析，要发现隐忧，并努力加以铲除；同时要找出企业的优势，并促成优势的成长，使其转化为企业在经营上的竞争优势。

企业内部经营环境分析的基本内容如下：

（1）经营的各种营运范畴。企业的经营活动是由一系列具有特定功能的营运活动或领域构成的。通过对这些营运功能的分析,可以挖掘出本企业的竞争优势,并发现隐忧。企业的营运范畴主要包括市场营销、研发管理、生产与作业管理、财务与会计管理、人力资源管理等。

(2)企业制度与组织结构。企业制度、组织结构、领导方式等因素是影响企业经营成果的重要因素。科学有效的组织结构与体制本身,就是企业的一种竞争优势;同样的道理,组织结构与体制的僵化与落后,就是企业的最大隐忧。

(3)企业的文化因素。企业文化是一个企业区别于其他企业的重要特质之一,对于经营活动具有很强的影响作用。其主要包括企业精神、士气、人际关系、凝聚力与向心力等。需要注意的是,管理者的决策受到其所处文化的影响。组织文化,尤其是强文化,影响和限制了管理者计划、组织、领导和控制的方式。对计划职能而言,组织文化影响着计划应该包含的风险程度,决定着计划是由个人或是由团队开发,影响着管理者参与环境分析的程度等。

微视频:企业内部环境分析

在对企业内部环境进行分析时,一般都是在通过对上述三方面因素分析的基础上,找出企业竞争的优势与劣势的。

三、确定企业竞争战略

(一)企业战略

在企业竞争中,组织通常采用三种类型的战略:企业战略、竞争战略和职能战略,不同的管理层对战略的关注是不同的。一般来说,高层管理者负责企业战略,中层管理者负责竞争战略,而基层理者负责职能战略。

1. 企业战略的概念

企业战略就是决定公司从事或想从事什么业务以及如何从事这些业务的战略。一方面,它是基于组织的使命和目标,以及组织中每一个业务部门所充当的角色而做出的选择;另一方面,它是高层管理者决定如何开展业务的依据。例如,促进业务成长,保持业务稳定,或是实施业务更新。

2. 企业战略的类型

企业战略的三种主要类型:成长战略、稳定战略和更新战略。

成长战略是组织通过现有业务或新业务来增加市场份额或市场数量,或者向市场增加提供产品数量的策略。随着成长战略的实施,组织可能会实现收入、员工数量或者市场份额的增长。组织通过集中化、纵向一体化、横向一体化或者多元化来实现成长。

稳定战略指的是使组织继续从事当前各种业务的企业战略。这种战略的实施包括通过继续提供同样的产品或服务以满足同样的顾客,维持市场份额,以及维持组织当前的业务运营。这些措施使组织并不会成长,但也不会衰退。

更新战略的两种主要类型是紧缩战略和转向战略。紧缩战略是一种用以解决轻微绩效问题的短期更新战略,这种战略有助于组织稳定业务经营,使组织资源和能力得以恢复,并为再次竞争做好准备;当组织面临更为严重的问题时,需要采取更为激进的行动措施——转向战略。当应用两种更新战略时,管理者应该做好两件事情:削减成本和重组组织运营。

(二)建立竞争优势

竞争优势是使本组织区别于其他组织的特征,即与众不同的优势或特征。这种与众不同的优势可以来自组织的核心竞争力,即通过做一些其他组织无法做的事情,或者在某些事情上比其他组织做得更好。通过企业环境的分析,找出符合企业实际情况的发展目标,是确保企业发展过程中竞争优势的重要一环。

传统上,竞争优势来源于四个方面:

(1) 质量。生产经营适应顾客需要的高质量产品,是形成企业竞争优势重要的基础。

(2) 效率。通过经济地使用资源,降低产品的成本,从而形成竞争优势。

(3) 创新。通过创新不断地提高企业的产品竞争力或保持组织的活力。

(4) 顾客。通过向顾客提供满意的产品,与顾客保持密切而稳定的联系,真正获得顾客的认可与惠顾,建立稳定和强有力的竞争优势。

除了以上四个方面,在设计思维与社交媒体中的表现也开始成为企业竞争优势中的一部分。设计思维能力不仅是针对产品或流程,也包括组织可能出现的任何工作问题,成为一种强大的竞争力工具;在社交媒体中的表现成为竞争优势,一方面是其有助于人们实现与组织内部和外部的联系,另一方面可降低成本或提高收入能力,或两者兼而有之。

(三) 竞争战略的选择

1. 企业的竞争优势策略

企业的竞争优势是企业竞争制胜的根本力量。波特提出构建企业竞争优势的策略主要有以下三个:

(1) 成本领先策略,即通过先进的技术与管理,显著地提高生产效率,大幅度地降低成本,使本企业的成本明显低于竞争对手,从而获得竞争优势。

(2) 产品差异化策略,即通过需求调研与产品开发,向市场提供适应顾客需求、具有特殊功能或鲜明特色的优质产品,使得本企业的产品与竞争对手的产品区别开来,从而形成竞争优势。

阅读材料:波特的五力模型

(3) 专一化策略,即主攻某个特殊的顾客群或某个细分市场,以求在狭窄的市场面构建起企业经营的竞争优势。

2. 消除企业的竞争劣势

(1) 企业竞争劣势的表现。导致企业失败的隐患与劣势主要包括以下方面:

➢ 企业经营环境情况不明,缺乏清晰的战略;
➢ 技术落后,没有优势的产品结构与品牌;
➢ 营销乏力,不能有效地占领市场;
➢ 组织结构与管理机制僵化,管理观念与管理方式落后;
➢ 企业惯性思维严重,缺乏创新与活力。

微视频:企业竞争战略的选择

(2) 企业劣势的消除。消除企业的竞争劣势,需要做好以下几个方面的工作:

➢ 深刻认识企业隐忧的严重危害,树立危机意识;
➢ 深入分析企业内部环境,找出并正视企业存在的劣势;
➢ 通过改革、重组、调整、加强等多种手段,堵塞漏洞,消除隐忧;
➢ 建立完善的结构与机制,从根本上消除隐忧的再次发生。

四、计划目标的设定

目标是计划的核心要素。简单地理解，计划就是确立目标，并筹划如何实现目标的过程。因此，要科学地编制计划，首先就必须正确地设定目标。

（一）目标与目标体系

1．目标的含义

目标指的是所期望的结果或对象，其指导着管理决策，并形成了衡量工作结果的标准，管理者只有知道所期望的结果或对象，才能制定方案并实现目标。因此，管理者开始计划工作时，既要设定目标，也要制定方案。

目标是体现某种目的要求的具有数量或质量特征的具体化形式。目标是组织及其成员所有行为的出发点与归宿，在组织的管理工作中处于十分重要的地位。完整的目标概念应包括以下含义：

（1）目标既要有目标项目，又要有达到的标准。例如，我们说我们的目标是将成本降低5%，那么在这个目标里，降低成本是目标项目，降低5%则是达到的标准。

（2）目标是质与量的统一。完整的目标，既有质的规定性，又有量的界限。

（3）目标是有时间维度的。也就是说，目标的实现一定要有明确的完成时限。

2．目标体系

任何管理组织内都不会只有单一的目标，总是同时存在若干目标，并构成组织的目标体系。

（1）组织体系纵向上的目标结构。在组织体系的纵向上，存在着组织不同管理层次之间的目标衔接问题，包括组织的总目标、中层目标和基层目标。下级目标成为完成上级目标的手段。在这些目标之中，由上至下是层层分解关系；由下至上是层层保证或综合关系，并构成了一个"目标—手段链"。

（2）组织体系横向上的目标结构。从组织体系的横向上看，在同一管理层次各个部门之间，也有个目标协调与组合问题。但需要注意，各职能部门的工作角度与利益不同，它们之间的目标可能产生冲突，必须进行很好的协调与衔接，以形成合力。

（3）目标多元化与目标次序。无论是组织纵向上还是组织横向上的目标（其实也包括一个部门本身的不同目标），都是一种目标多元化状态，这就产生了目标优先次序问题。即在多个目标，特别是平行目标之间，如何根据目标的重要程度排列出优先次序。因此，在进行目标设定时必须根据组织的总目标结合各目标之间的内在联系，区分轻重缓急，科学合理地加以排列。

（二）设定目标的要求

1．设定目标的原则

（1）明确性原则。目标的内容必须清楚明确，不能含糊不清。

（2）先进性原则。目标标准的水平必须先进，具有激励性，能保证企业的发展节奏。

（3）可行性原则。设立的目标，不但标准是可以达到的，而且目标的数目也不宜过多，并充分考虑主客观条件的限制，具有很强的可操作性。

（4）可度量性原则。可度量性原则是指表示目标的各种指标或标准要尽可能定量化，便于测量。对于一些不容易直接量化的，尽可能采用一些方法或技术转化为量化指标。

２．设定目标的依据

（１）从本组织的宗旨出发，结合组织内外部环境进行目标的设定。这是制定组织目标的最基本依据，也就是结合企业的战略来设定目标。

（２）可根据前一阶段未实现的目标或标准的问题点，以及出现的新问题来确定目标。

（３）根据市场竞争的需要设定目标。

（４）根据上级部门提出的要求、部署或社会的形势要求设定目标。

（５）根据与国内外先进水平比较的差距设定目标，即"标杆管理"。

阅读材料：标杆管理
——向榜样学习

３．设定目标的步骤

在设定目标时，管理者应该遵循以下五个步骤：

（１）回顾组织的使命或目的。在设定目标之前，管理者应该对使命进行回顾，并让使命在目标中有所体现。使命是对组织目的的宽泛陈述，对组织成员认为什么是重要事项提供一种总体指导。

（２）评估可获得的资源。虽然目标应该具有挑战性，但也应该是现实的。如果企业所拥有的资源不足以支撑实现目标，就不应该设定这样的目标。

（３）独立或在他人参与下确定目标。目标反映了期望的成果，并且应该与该组织的使命以及组织其他领域的目标相一致。他人的参与有利于统一企业内部的思想。

（４）写下目标并传达给所有相关的人员。写下并传达这些目标会促使人们对此进行透彻的思考。这些书面化的目标也成为明显的证据，彰显了努力实现某些事情具有重要意义。

（５）评估结果并判断目标是否已经实现。如果目标没有实现，必要时可以改变目标。一旦设定了目标，写下并传达目标，管理者就应该准备好制定方案以追求目标的实现。

在实践中，我们设定目标的基本程序可以分为"由上而下""由下而上"及"上下结合"等几种。

一般业务较为简单的小企业或中基层单位采用"由上而下"的程序，即先由企业上层或部门直接主管提出总目标，再层层下达；而业务复杂的大企业则必须先由各部门设定目标，然后再综合为企业的总目标。但大多数情况下都是采取上下结合、多次重复的程序进行。

在设定目标的过程中获得员工对目标的认同是非常重要的。目标既是鼓舞员工奋斗的武器，又是需要靠员工的努力来实现的，因此，企业或部门订立的目标，必须最大限度地获得员工的理解、认可与支持。要获得员工的认可，订立目标就要充分考虑员工的需求，制定程序要尽可能让员工参与，发布目标要为员工所广泛知晓与理解，目标实现过程要尽可能实现员工的自主管理与自我控制。

４．设定目标应注意的问题

企业在设定计划目标时需要注意以下几个问题：

（１）目标应具有长期性与持续性。在制定企业发展目标时，一定要从长远考虑，着眼于大方向。应考虑企业发展的整个历程，进行全程考虑。

（２）目标应具有挑战性。目标应具有挑战性，对企业而言要有阶段性成果；而对员工来说要能起到激励作用，使员工完成目标时能产生成就感。

（3）目标应具有清晰性。计划目标清晰、明确，有利于制定实现目标的步骤以及各种任务的具体安排。

（4）目标应具有可行性。各阶段执行路线的选择与措施安排必须具体可行，在设定目标时既要考虑挑战性，也要考虑可行性，不可行的目标不利于凝聚组织力量。

（5）目标应具有可衡量性。计划目标应该是可以衡量的，例如，能通过数据，如数量、质量、时间等具体测量手段来衡量目标的完成情况，而应该尽量避免主观判断目标的完成情况。

（6）目标应具有时限性。目标应该在特定时间内完成。

（7）目标应具有弹性。目标的弹性是指在一定范围内允许目标进行一定的调整，能适应不同的环境变化，能随环境的变化而进行调整。

管理感悟

第一，在进行企业的管理环境分析时，虽然将其分为了外部环境与内部环境，但外部环境中不论是一般环境还是任务环境，对于普通的企业来说都难以对外部环境产生大的影响，因此，企业能做的是区分外部环境中的机会与威胁，利用好机会，回避威胁。

第二，企业在决定发展方向时，更多的是从内部环境中找出自己的优势，同时想办法将劣势转化为优势，这为界定管理问题提供了重要的参考方向。

第三，企业的目标一般来说并不是单一的，而是以目标体系的形式存在的，并且随着企业层级从上到下层层分解。因此，在现实管理中，基层管理者需要完成的目标并不是单一的，如生产单位除了有产量目标，还会有成本目标、质量目标、安全目标、劳动生产率指标等。

任务实训

1．在线测试：分析管理环境与设定目标。
2．阐述企业战略与业务竞争策略的区别。
3．举例说明设立目标的原则。

在线测试

任务评价

评价类目	评价内容及标准	分值（分）	自己评分	小组评分	教师评分
学习态度	✓ 全勤；（5分） ✓ 遵守课堂纪律。（5分）	10			
学习过程	▶ 能说出本次工作任务的学习目标，上课积极发言，积极回答问题；（5分） ▶ 能够区分企业的内外部环境；（5分） ▶ 能够区分竞争优势的三种基本竞争策略；（5分） ▶ 能够设计设立目标的五个步骤。（5分）	20			
学习结果	◆ 在线测试分析管理环境与设计目标；（4分×10=40分） ◆ 阐述企业战略与业务竞争策略的区别；（15分） ◆ 举例说明设立目标的原则。（15分）	70			
合　计		100			
所占比例		100%	30%	30%	40%
综合评分					

知识拓展与技能实践

知识拓展

SWOT 矩阵分析法

所谓 SWOT 分析，即基于内外部竞争环境和竞争条件下的态势分析，就是将与研究对象密切相关的各种主要的内部优势、劣势和外部的机会和威胁等，通过调查列举出来，并依照矩阵形式排列，然后用系统分析的思想，把各种因素相互匹配加以分析，从中得出一系列相应的结论，而结论通常带有一定的决策性。

运用这种方法，可以对研究对象所处的情景进行全面、系统、准确的研究，从而根据研究结果确定相应的发展战略、计划及对策等。

S（Strengths）是优势、W（Weaknesses）是劣势、O（Opportunities）是机会、T（Threats）是威胁。按照企业竞争战略的完整概念，战略应是一个企业"能够做的"（即组织的强项和弱项）和"可能做的"（即环境的机会和威胁）之间的有机组合。

由于企业是一个整体，并且由于竞争优势来源的广泛性，所以，在做优劣势分析时必须从整个价值链的每个环节上，将企业与竞争对手做详细的对比。如产品是否新颖，制造工艺是否复杂，销售渠道是否畅通，以及价格是否具有竞争性等。如果一个企业在某一方面或几个方面的优势正是该行业企业应具备的关键成功要素，那么，该企业的综合竞争优势也就强一些。需要指出的是，衡量一个企业及其产品是否具有竞争优势，只能站在现有潜在用户角度上，而不是站在企业本身的角度上。

从整体上看，SWOT 可以分为两部分：第一部分为 S、W，主要用来分析内部条件；第二部分为 O、T，主要用来分析外部条件。利用这种方法可以从中找出对自己有利的、值得发扬的因素，以及对自己不利的、要避开的因素，发现存在的问题，找出解决办法，并明确以后的发展方向。根据这个分析，可以将问题按轻重缓急分类，明确哪些是急需解决的问题，哪些是可以稍微拖后的事情，哪些属于战略目标上的障碍，哪些属于战术上的问题，并将这些研究对象列举出来，依照矩阵形式排列，然后用系统分析的思想，把各种因素相互匹配加以分析，从中得出一系列相应的结论。而结论通常带有一定的决策性，有利于领导者和管理者做出正确的决策和规划。

技能实践

在前面的技能实践中，我们分析了某上市公司的外部环境，在本次技能实践中继续分析上次选定的上市公司的内部环境。要求以小组为单位完成以下任务：

（1）完善与补充之前做的外部环境分析；

（2）根据上市公司发布的报表与报告分析公司的内部经营情况，有条件的小组可找业内人士进行相应的访谈，获取第一手资料；

（3）分析公司的优势与劣势；

（4）构建公司的 SWOT 矩阵，分析公司资源克服经营劣势的可能措施；

（5）根据目标设定的原则，确定公司的目标。

小组对任务一中技能实践的资料与本次实践分析的资料与结果进行归类整理，按商业文档进行排版。

任务三　界定管理问题与制定方案

思维导图

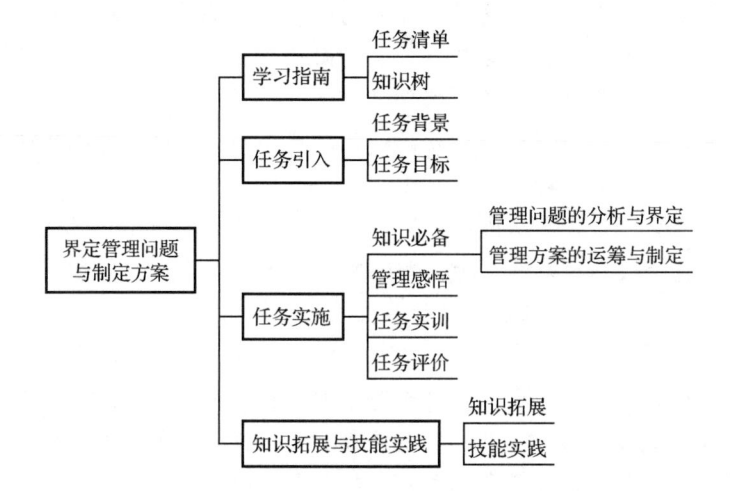

界定管理问题与制定方案
- 学习指南
  - 任务清单
  - 知识树
- 任务引入
  - 任务背景
  - 任务目标
- 任务实施
  - 知识必备
    - 管理问题的分析与界定
    - 管理方案的运筹与制定
  - 管理感悟
  - 任务实训
  - 任务评价
- 知识拓展与技能实践
  - 知识拓展
  - 技能实践

学习指南

任务清单

工作任务	界定管理问题与制定方案
建议学时	2 学时
任务描述	本任务要求在已经设定目标及目标体系的情况下，为了制定切实可行的管理方案，能界定需要解决制定方案过程中的关键管理问题，并找出解决方法，领会并掌握管理方案制定的基本作业流程，指导制定管理方案。
学习目标	知识目标：1. 理解并掌握界定管理问题的基本程序；2. 熟悉并掌握界定管理问题的基本方法；3. 理解并掌握制定管理方案的基本程序。
	能力目标：1. 具备分析企业中管理问题的基本能力；2. 具备管理问题界定的技巧与能力；3. 具备根据目标制定基本的管理方案的能力。
	素质目标：1. 具备规范分析管理问题的意识；2. 具备自我管理与修正错误的意识；3. 具备大局意识与团队合作意识。
	思政目标：通过对任务引入分析以及对目标设定与管理方案制定的作业程序的学习，培养工作中抓主要矛盾、透过现象看本质的哲学思维，培养关心国家政策与国家发展、遵守职业规范、爱企敬业的意识。
关键词	管理问题；界定；管理方案

📒 知识树

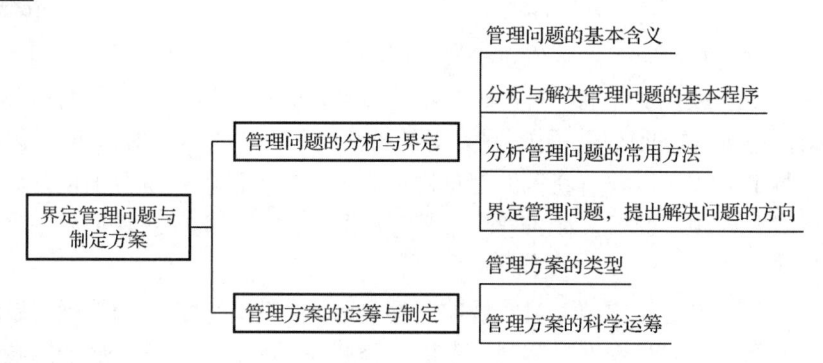

```
                                            管理问题的基本含义
                         ┌─ 管理问题的分析与界定 ─┬─ 分析与解决管理问题的基本程序
                         │                    ├─ 分析管理问题的常用方法
界定管理问题与             │                    └─ 界定管理问题，提出解决问题的方向
制定方案           ───────┤
                         │                    ┌─ 管理方案的类型
                         └─ 管理方案的运筹与制定 ┴─ 管理方案的科学运筹
```

🔺 任务引入

📒 任务背景

管理中的问题与症状

在企业的发展中，目标的确定、问题的解决是一次次突破难关的巨大挑战。一旦企业确定目标后，每天困扰管理团队的将不再是目标本身，而且阻碍目标实现的问题。

管理者几乎每天都会面对、分析、界定、解决问题，可是我们平时交流的问题是真正的问题吗？

事实上，多数管理者日常交流的问题往往是症状，如员工执行力不够、目标设定不准确、外部环境变化太快、原材料上涨幅度较大等，当我们把更多的精力和资源消耗在这些伪问题上时，不仅无法解决问题，甚至会产生更大的问题。

症状是指看得见的表象，而问题是现状和目标之间的差距又该如何去解决呢？只有精准地界定问题后，才能真正有效地解决问题，因此，界定问题需要从区分症状和问题开始。

📒 任务目标

1. 当企业设定了目标之后，该如何精准地界定问题？
2. 界定了管理问题之后，该如何制定相应的管理方案？

🔍 任务实施

📒 知识必备

一、管理问题的分析与界定

管理者进行计划与决策，首先必须对所处的内外环境进行分析，设定计划目标。当目标设定之后，需要对实现目标所要解决的管理问题进行分析与界定，进而制定可行的解决方案。

（一）管理问题的基本含义

所谓管理问题，指的是在管理的实际工作中与预期标准之间的差异，也就是实际的管理状态与所预期的管理状态（或计划目标）之间的差异。面对管理中形形色色的问题，需要管理者不断地加以分析与解决。

（二）分析与解决管理问题的基本程序

分析与解决管理问题的基本程序分为三大阶段，即发现问题、界定问题和解决问题。

（1）第一阶段：发现问题。首先，要发现问题就必须有明确的、可用来判断问题的预期标准，这一过程主要应依据计划、目标、战略、政策、制度规范及管理者的主观预期等来加以制定；其次，建立高效的环境扫描系统，对管理活动与环境进行实时监测，搜集相关信息；再次，以预期标准为依据，与所获得的信息进行比较衡量，以确定是否出现差异，当出现差异时即产生了管理问题；最后，如果发现了管理问题，需要对出现的管理问题进行客观、全面、准确的描述。

（2）第二阶段：界定问题。面对发现的管理问题，首先，对出现的管理问题进行认真分析，确定管理问题的性质与程度，客观、全面地分析与评价该问题所造成的影响、后果与危害；其次，分析造成相关管理问题的原因与深层根源，同时对与该管理问题相关的环境与条件做出分析与评价，从而界定问题；最后，在分析界定问题的基础上，提出解决相关管理问题的方向，为制定解决该问题的工作目标创造条件。

（3）第三阶段：解决问题。对于已经界定的管理问题，需要制定方案加以认真解决。因此，首先需要确定解决管理问题的工作目标是什么；其次，需要激发并形成解决问题的创意达成工作目标，并拟订体现具有创意的能解决该管理问题的可行方案；最后，通过将方案付诸实施，并进行跟踪控制是否与工作目标相一致，必要时可做相关的调整，以确保问题得到有效解决。

微视频：管理问题的界定

（三）分析管理问题的常用方法

分析管理问题的常用方法主要包括信息收集的方法、观察问题的方法和分析问题的方法等。

1．信息收集的方法

收集信息的方法种类很多，常用的信息收集方法主要有数据资料收集法、访谈法、现场调查法、工作报告法等。数据资料收集法主要是对历史或现实数据、资料进行收集，从而获得信息的方法，如通过有关资料库、档案、新闻媒体、图书情报资料、网上检索等方式获得；访谈法主要通过与知情人进行面对面的交谈以收集信息；现场调查法则是直接到现场进行调查了解的方法；工作报告法是指按照组织层次与制度规定，由下级向上级报告工作，或由上级听取下级的汇报，以获取信息的方法。

2．观察问题的方法

科学的观察方法，首先要抓住发现问题的切入点。切入点通常会表现在以下的某一方面或是多方面，如计划或标准与企业实际情况产生明显偏差、实际工作效果偏离管理者的经验、突发事件及其所折射出的问题、下级或上级反映的问题、工作状况或绩效表现差、在同行业竞争中明显落后等。此外，管理者亦需在取得成功或成绩时通过逆向反思来主动查找问题。

运用观察方法时特别要注意以下几点：第一，需要全面观察，即要注意全面地看问题；第二，需要深入观察，即透过现象看本质，深入观察；第三，需要动态观察，能根据情况变化观察管理问题，并对未来趋势做出预判。

3．分析问题的方法

对管理问题进行科学的分析与界定，常用的方法主要有以下几种：

（1）分解法。通过对管理问题分解成各领域、各要素、各环节、各阶段、各因素等，通过层层分解，逐步深入，最后将问题分析透彻，认识到问题的本质与内在的联系。

（2）因果分析法。在分析管理问题时，依据一定的原因分析可能出现的结果，也可以根据现实中出现的结果，来寻找造成这种结果的原因。管理实践中常用鱼刺图法来实现问题的因果分析。

（3）比较分析法。比较分析法可以分为横向比较与纵向比较两大类。横向比较是与相关或同类事物的比较；纵向比较则是指同一事物与其历史水平的比较。

（4）归纳法。管理者需要透过具体的现象、个别的事例，通过由特殊到一般的推理方法，归纳出造成问题的规律性的内容。

（5）演绎法。管理者面对各类管理问题，运用管理规律、管理原则进行分析，由一般的到特殊地进行推理，从而认识问题的属性和特征。

（6）类推法。在分析管理问题过程中，管理者根据分析对象与过去的管理经验或相关事物的某些方面的相同或相似性，来推知两类问题在其他方面的某些相同或相似性，这是一种由特殊到特殊的推理方法。

（7）"整—分—合"法。首先，从整体出发，对问题进行全面的观察，从整体上进行把握；其次，对问题进行分解，深入研究，各个击破；最后，在深入分析的基础上，将问题的各个方面整合为一个整体，以形成整体概念。

阅读材料：刨根问底式的5W分析法界定管理问题

（四）界定管理问题，提出解决问题的方向

在对管理问题进行细致的分析之后，需要界定管理问题，重点包括以下几个方面。

（1）识别与认识机会与挑战。要制订计划或进行决策，首先，要认识当前面临的形势，分清是机遇还是挑战；其次，要利用各种信息，做深入、细致的分析，寻找确认对组织生存与发展的利与弊，在质和量上进行科学界定。

（2）正确地认识与把握管理的任务与目标。首先，应准确地认定任务与目标到底是什么；其次，要深入了解任务与目标的具体要求与达到标准、完成时限、责任者等；再次，要分析所处现状、所需条件等；最后，要分析实现目标的困难程度及成功概率。

（3）态势与趋势。既要了解问题的历史，但更应准确地把握问题的现状，即目前所处的状态水平、利与弊、优势与劣势，并注意依据现有信息推测未来走向、发展趋势等。

（4）条件与环境。条件与环境是管理问题赖以存在的基础。这主要包括：从管理者主观条件上看，有解决这类问题的热情、信心、优势、经验、技术、信息等；从客观环境上看，有国家大的宏观环境，经济、文化环境，有行业、市场和社区的形势、氛围、习惯、行为等。

通过以上四个方面的界定之后，管理者可以明确解决问题的方向与思路，从而明确哪些管理问题是属于企业或组织可以采取对策加以解决的，哪些问题是超过企业能力范畴，需要另辟蹊径加以解决的。例如，是采用传统成熟战术取胜，还是标新立异，出奇制胜；是耐心做好说服教育工作，还是重奖重罚、加大管理力度等。

二、管理方案的运筹与制定

在确定了目标以及解决问题的方向与思路之后，需要管理者通过科学运筹，拟订周密可

行的管理方案。

（一）管理方案的类型

（1）按方案的广度划分为战略性方案与业务性方案。战略方案是应用于整个组织并确定该组织总体目标的方案；涵盖组织中某个特定运营领域的方案称业务方案。这两种类型的方案有所不同，因为战略方案覆盖的范围广泛，而业务方案覆盖的范围较为狭窄。

（2）按方案的时间跨度可分为短期方案与长期方案。在过去，长期方案一般超过7年，而现在一般认为时间跨度超过3年的方案即为长期方案；短期方案指的是为期1年及以内的方案。任何时间跨度在前两者之间的称中期方案。尽管这样的时间划分相当普遍，但一个组织可以根据自身需要使用任何一种时间跨度的方案。

（3）按方案的具体程度分为具体方案与指导性方案。具体方案是指清晰定义的、没有歧义的方案，一个具体方案会以消除模糊性和误解性的方式陈述其目标；指导方案是确定一般指导原则的弹性方案，它提供了方案的重点，但没有将管理者局限于具体的目标和行动方案中。直觉上，具体方案比指导方案更加易于执行。然而，当不确定性程度比较高且管理必须变得具有灵活性以应对出乎意料的变化时，指导方案更可取。

（4）按使用频率可分为一次性方案与持续性方案。管理者制定的方案有些是可重复使用的，有些则只能使用一次。一次性方案是为满足某个特定情况的需要而特别设计的方案；与此相对，持续性方案是为反复进行的活动提供指导的方案。持续性方案包括政策、规定和程序等，可长期用于指导企业的活动。

需要注意的是，以上的方案分类类型并非相互独立。更确切地说，战略方案通常也是长期的、指导性的和一次性的，而业务方案则通常是短期的、具体的和持续性的。

（二）管理方案的科学运筹

对管理方案的科学运筹通常需要包括以下几个方面的内容。

（1）管理方案的资源配置。经济合理地配置资源，是科学运筹、周密设计方案的重要内容，需要注意以下几点：

① 按目标、任务分配资源。资源是为实现目标和任务服务的，必须坚持按目标任务的需要来分配资源，用资源保证目标的实现。

② 处理好主要目标与一般任务的关系。对于主要目标，必须以足够的、高质量的资源重点保证。而对于一般任务目标则需要分配适当的资源，尽量使一般任务目标得以完成。

③ 注意资源使用的有效性与经济性。在保证主要目标实现的前提下，注重资源使用效率，要以产出定投入，并比较投入与产出效果，以最小的资源投入获得尽可能大的产出，最大限度地提高资源投入的经济效益与社会效益。

（2）管理方案的活动运筹。管理方案涉及的活动运筹，包括活动题目、内容、形式、过程及相关工作等，这些都需要进行周密计划、科学安排，以保证取得预期效果。当同时有多项活动时，需要分清主次，合理安排，有机协调。

（3）管理方案的作业程序运筹。作业程序运筹需要根据工作环节或阶段之间的关联或依存关系安排先后顺序，打基础的工作在先，后继性的工作在后，做好衔接。同时，要注意各环节与阶段的连贯性，使各环节、阶段之间紧密衔接，形成工作链条。并注意运用解决问题中的关键线路，保证目标成功实现。

（4）管理方案的空间运筹。管理方案的空间运筹需要管理者关注方案的实施地点对活动的适应程度，需要充分利用地点、场所等对活动效果的有利影响，关注活动在空间上的并存与协调，同时尽可能节约方案实施在空间上的开支。

（5）管理方案的弹性与应变性。在对管理方案进行运筹时，需要注意方案在实施中可能遇到的目标、任务变化或主客观环境的变化等。因此，在运筹过程中需预先保留相应的余地与运作空间，使活动方案具有较大的弹性，增强计划的灵活性与适应性。同时，需事先拟订突发事故或意外出现时的基本对策或防范、处理措施，在制定方案里可准备若干套备用方案。

管理感悟

第一，在界定管理问题的解决目标过程中，可抓住"关键的少数，次要的多数"。因为在企业的管理实践中往往是少数的关键问题导致了大量的次要问题。在很多情况下，如果解决了关键问题，那么次要问题有可能随之解决。

第二，制定管理方案的目的是更好地实现目标，实现目标的途径可能是多种多样的，与之相应的针对同一目标的管理方案也并不唯一。因此，当为了实现某一目标的时候，通常会制定若干套管理方案，这若干套管理方案再提交给组织的决策部门，供领导层进行决策参考，并为领导决策提供依据。

任务实训

1. 在线测试：界定管理问题与制定方案。
2. 举例说明管理问题界定的基本过程。
3. 举例说明管理方案运筹的内容。

在线测试

任务评价

评价类目	评价内容及标准	分值（分）	自己评分	小组评分	教师评分
学习态度	✓ 全勤；（5分） ✓ 遵守课堂纪律。（5分）	10			
学习过程	➢ 能说出本次工作任务的学习目标，上课积极发言，积极回答问题；（5分） ➢ 能够比较管理问题分析的常用方法；（5分） ➢ 能够进行管理问题的界定；（5分） ➢ 能够进行管理方案的运筹。（5分）	20			
学习结果	◆ 在线测试界定管理问题与制定方案；（4分×10=40分） ◆ 举例说明管理问题界定的基本过程；（15分） ◆ 举例说明管理方案运筹的内容。（15分）	70			
合 计		100			
所占比例		100%	30%	30%	40%
综合评分					

知识拓展与技能实践

知识拓展

目标管理

很多组织并没有采用传统的目标设定,而是采用了目标管理。目标管理是一种设定管理者和员工双方认可的目标并使用这些目标来评估员工绩效的过程。如果管理者打算采用这种方法,那么他应该坐下来和团队中的每一位成员一起设定目标,定期评估他们是否朝着目标实现的方向有所进展。目标管理计划有四个因素:目标具体性、参与决策制定、确切的期限和绩效反馈。

目标管理不仅是利用目标来确保员工做他们理应做的事情,也利用目标对员工进行激励。其吸引力在于目标管理强调员工是为了实现他们所参与制定的目标而努力工作。典型的目标管理计划的步骤如下:

步骤1,制定组织的整体目标和战略。

步骤2,在各事业部和各部门之间部署重大目标。

步骤3,部门经理及其下属管理者共同参与具体目标的设定。

步骤4,所有部门成员共同参与具体目标的设定。

步骤5,定义如何实现这些目标的行动方案必须是具体的,并由管理者和员工共同商定,一致通过。

步骤6,实施这些行动方案。

步骤7,定期评估为实现目标所取得的进展并提供反馈。

步骤8,通过基于绩效的奖励强化目标的实现。

研究表明,目标管理有效提高了员工绩效和组织生产率。例如,一项关于目标管理计划的评估发现,几乎所有的目标管理计划都实现了生产率提高。但是,对于当今组织而言,目标管理是否有意义?如果将其视为一种设定目标的方式,答案当然是肯定的,研究表明目标设定是激励员工的一种有效途径。

技能实践

进行管理问题的界定,需要管理者进行细致的观察与分析,并用到合适的方法才能找到最终的症结。在我们制定方案时,主要也是根据这些找到的症结制定出相应的对策。

请以小组为单位分析一个或若干个经常出现的现象(例如,卫生间漏水,学生随地丢垃圾,或者不按学校规定带早餐进入教室、实训室等),利用5W分析法界定管理问题,通过小组讨论,最后提出解决对策,并整理成文档。

任务四　进行管理决策

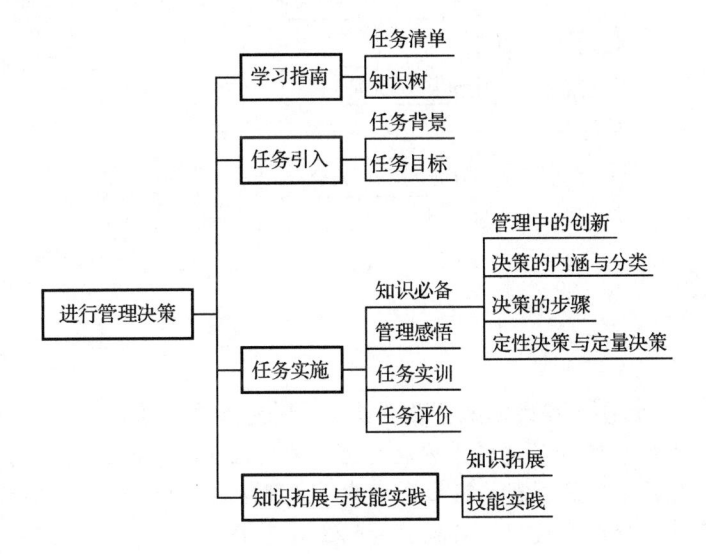

思维导图

```
                    ┌─ 学习指南 ─┬─ 任务清单
                    │            └─ 知识树
                    │
                    ├─ 任务引入 ─┬─ 任务背景
                    │            └─ 任务目标
                    │
                    │            ┌─ 知识必备 ─┬─ 管理中的创新
进行管理决策 ───────┤            │            ├─ 决策的内涵与分类
                    │            │            ├─ 决策的步骤
                    ├─ 任务实施 ─┤            └─ 定性决策与定量决策
                    │            ├─ 管理感悟
                    │            ├─ 任务实训
                    │            └─ 任务评价
                    │
                    └─ 知识拓展与技能实践 ─┬─ 知识拓展
                                          └─ 技能实践
```

学习指南

任务清单

工作任务	进行管理决策
建议学时	4学时
任务描述	本任务要求通过对管理决策知识的学习，掌握管理决策的基本方法，能对管理方案进行常用的定性分析与定量分析。正确领会与运用企业管理决策的基本作业流程，在生产实践中能配合企业管理部门进行相关的决策协助工作。
学习目标 — 知识目标	1. 掌握决策的基本内涵； 2. 熟悉定性决策的基本方法； 3. 掌握常用的定量决策方法； 4. 理解创新对决策的影响。
学习目标 — 能力目标	1. 具备对管理方案做定性决策与协助上级进行决策的能力； 2. 具备对管理方案进行定量决策的基本能力； 3. 具备一定的创新思维能力。
学习目标 — 素质目标	1. 具备规范履行管理中科学决策的意识； 2. 具备自我管理与修正职业习惯的意识； 3. 具备大局意识与创新意识。
学习目标 — 思政目标	通过对管理决策的作业程序的学习与运用，培养关心企业发展目标，关心国家政策与国家发展方向，遵守职业规范的大局意识与主人翁意识，树立在工作中不断创新的思想。
关键词	定性决策；定量决策；创新

知识树

```
                          ┌── 创造力的来源
              ┌─管理中的创新─┼── 创造性思维的形式
              │           └── 管理中的创造技法
              │
              │              ┌── 决策的含义与重要性
进行管理决策 ──┼─决策的内涵与分类┤
              │              └── 决策的类型
              │
              ├─决策的步骤
              │
              │                  ┌── 决策的准则
              └─定性决策与定量决策─┼── 定性决策方法
                                 └── 定量决策方法
```

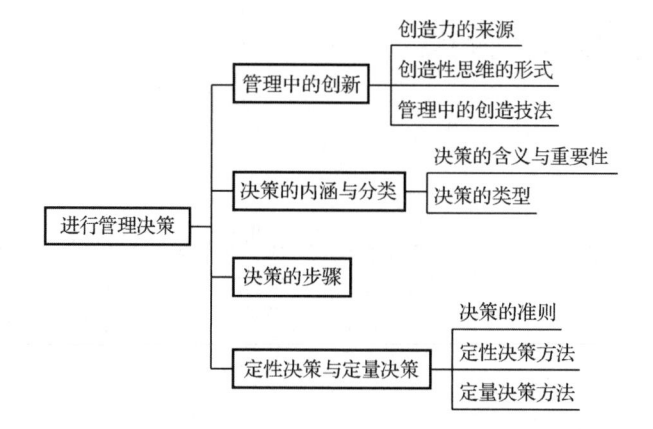

任务引入

任务背景

为什么管理学家西蒙会认为"管理就是决策"？

计划职能，作为对未来行动进行谋划的行为，关键在于有新的创意和构想，进而做出科学的决策。计划职能的灵魂是创新，核心是决策。必须通过创新，拿出有创意的"点子"，并通过科学决策与运筹，形成系统的、可操作性的工作方案。

决策是管理的本质，是指管理者做什么（或试图避免什么）。所有管理者都想做出正确的决策，因为人们会根据这些决策的结果判断他们的管理能力。那么管理者该如何做出决策呢？

组织各种层级和各个区域的管理者都做决策，即在两个及两个以上备选方案中的选择。例如，高层管理者对组织目标、制造设备安放在哪里或新市场确定在哪里做出决策。中层和基层管理者对生产时间表、产品质量问题、薪酬提升和员工纪律做出决策。但是做出决策不仅仅是管理者的事情，所有组织成员都会作影响工作和组织的决策。

通常，决策被描述为在方案中做出选择，其实它包含了更多内容。为什么？因为决策是（而且应该是）一个过程，不仅是选择方案的简单行为。甚至就连决定去哪里吃午餐，你做的事也不只是选择汉堡、比萨或中餐、外卖这么简单。的确，你可能不会花很多时间思考你的午餐决定，但你在做决策时仍然经历了这个过程。这个过程或是与个人决策有关，或是与公司决策有关。

任务目标

1. 管理者做出决策的方法有哪些？
2. 如何理解决策是一个过程，而不只是选择方案的简单行为？

任务实施

知识必备

一、管理中的创新

计划职能，作为为未来行动进行谋划的行为，关键在于有新的构想和创意。没有创意，就没有高质量的决策与战略，就不会有高水平的计划，未来的管理行动就很难取得成功。

(一) 创造力的来源

管理中的创新靠的是创造力，而创造力的大小与来源受很多因素影响和制约。创造力主要来源于以下几个方面：

(1) 创新精神。创新精神是创新的灵魂。没有创新精神，就没有创新实践。创新精神主要体现在以下三个方面：
- 强烈的创新欲望，即管理者出于事业心、责任感或兴趣、好奇心等，产生出巨大的创新需要。
- 敢于创新的勇气。创新，在追求成功的同时，必然伴随着风险。只有"敢"字当头，勇于创新，创新行为才可能发生。
- 创新意识、创新观念。只有具备现代、科学的创新观念、创新思想，才会有正确、有效的创新活动。

(2) 知识、经验与技能。管理者所拥有的知识、经验与技能是创新的知识基础。创新就是对传统的突破，但不是在零起点飞跃的，而总是在过去知识、经验、技能基础上的飞跃。管理者的管理理论基础越扎实，实际管理经验越丰富，管理的技能越高超，就越有条件进行管理上的创新。

(3) 创造方法。创造方法及指导创造方法的创造性思维是创造力最直接、最重要的来源。管理者只有具有创造性思维，并能有效运用创造方法，才能卓有成效地开展管理创新活动。

(4) 勤奋工作。卓有成效的创新也依赖于勤奋工作。创新不是天上掉下来的，不是人们随意想象出来的，而是通过脚踏实地，辛勤工作，在艰苦的实践中完成的。

以上四个方面的因素来自管理者自身的条件，是创造力的直接来源。以下两方面则来自外部的影响因素，具有促进创造力形成的作用。

(5) 外部激励。外部激励给创造者注入动力，作用于管理者创新精神，促使其勤奋工作，并间接地促进知识、经验、技能与创造方法的掌握。管理中的激励主要包括对创造者以精神鼓励，特别是激发他们的成就感和追求成功的欲望，同时包括各种形式的奖励等。

(6) 环境。环境是激发或抑制创新的重要条件，营造宽松而富有激励的环境会有效地促进创新。营造一个有利于激发创新的环境需要从组织结构、文化变量和人力资源实践三个方面考虑。

① 组织结构方面。第一，规范化程度、集权化程度和工作标准化程度比较低的有机式结构会对创新产生积极的影响。因为这种结构促进了组织的灵活性及创意的共享，这对于创新而言至关重要。第二，丰富资源的可获得性为创新提供了关键的组成部分。拥有丰富的资源使得管理者有能力购买创新成果，承担追求创新的成本，并从中吸取失败的教训。第三，组织各部门间的密切沟通有助于打破创新的障碍。跨职能团队、特别工作小组和其他类似的有助于促进部门间相互交流的组织设计，如创新交流及讨论平台在创新型组织中广泛应用等。第四，创新型组织会尽量最小化创造性活动的时间压力。第五，当一个组织的结构明确表示支持创造力时，员工的创造力会得到加强。组织提供的有益支持包括鼓励、开放的沟通、善于倾听和有效反馈等。

② 文化变量方面，创新型组织通常拥有相似的创新文化。一个创新型组织很可能拥有以下特征：

- 接受模糊性；
- 包容奇思妙想；
- 宽松的外部控制环境；
- 容忍风险；
- 包容冲突；
- 重视结果甚于手段；
- 重视开放系统；
- 提供积极反馈；
- 展示授权式的领导风格。

创新型组织的这些文化特征对创造力的产生会有积极的影响。

③ 人力资源实践方面。创新型组织积极推崇员工的培训和发展，使他们的知识与时俱进；为员工提供高水平的工作保障，减轻他们对于因犯错而被解雇的担忧；鼓励员工成为创意领袖，积极热情地为新创意提供支持并克服抵制情绪，确保创新得到贯彻执行。研究表明，创意领袖具有一些共同的个性特征：高度自信、坚持不懈、精力充沛，并且往往勇于冒险。他们也展现出一些与动态领导相关的特性，例如，通过自己对创新的潜在愿景以及对其使命的矢志不渝来激励和鼓舞他人。他们也很擅长获得他人的认可，以支持他们的使命。此外，创意领袖从事的工作一般能够为其提供相当大的自主决策权。这种自主权有助于他们在组织中提出创新及实施创新。

上述六方面因素的综合作用，有利于促成在管理工作中创造力的产生。创造力的来源如图 3-1 所示。

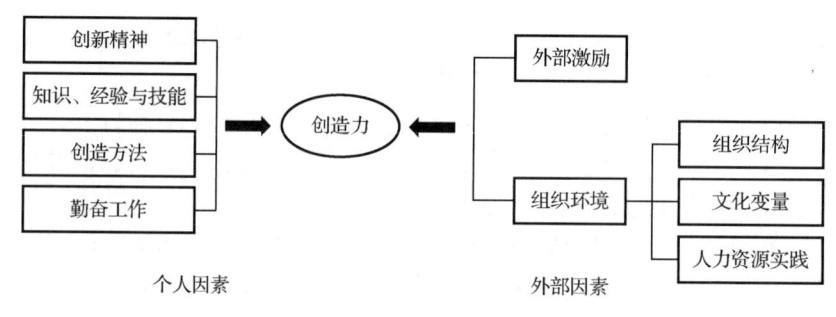

图 3-1 创造力的来源

（二）创造性思维的形式

1．发散型思维

发散型思维是指为解决某一问题而最大限度地放开思路，从多视点、多方向、多途径寻求解决方法的一种开放性思维方式。具体包括：

（1）立体思维，即突破平面思维定式，从多维进行观察和思考；

（2）想象思维，即在掌握大量信息的基础上，凭借丰富的想象力，产生有创意思路的一种思维方式；

（3）联想思维，即指借助事物之间的某种共性而将它们联系起来，产生新的思维的形式；

（4）联结思维与反联结思维，联结思维是指将相关的或表面看起来不相关的事物以某种方式组合起来加以认识；反联结思维则是指将整体分解或利用其中一部分的方式进行思维，两者的目的都在于寻求新事物；

(5) 逆向思维，即改变原有的思维方向，倒过来向相反方向思维的一种形式。

2. 收束型思维

收束型思维是指利用已有的知识和经验，将众多信息、经验进行分析、整理和综合，以便最终实现最优化和系统化的思维形式。它本身不产生创造性成果，但可依靠它运用逻辑思维，将发散型思维产生的各种思维成果进行逻辑化、系统化。

3. 灵感思维

灵感思维是创造性思维的重要形式，是指人们在科学研究、科学创造、产品开发或问题解决过程中突然涌现、瞬息即逝，使问题得到解决的思维过程。灵感思维有偶然性、突发性、创造性等特点。灵感是新东西，即过去从未有过的新思想、新念头、新主意、新方案、新答案，甚至可以表现为一种"顿悟"。促进灵感思维激发的途径：要拥有广博的知识和信息；积极深入地进行思索；创造适时的松弛。

（三）管理中的创造技法

创造技法是创造性思维的具体运用形式。根据管理实践经验，有以下技法可供参考。

（1）寻异。这是指打破常规、突破思维定式、改变现状、求新寻异，以创造出全新的构想与事物，通过改进与创新，谋求出奇制胜的技法。

（2）综合。综合是指将各种要素或不同方案综合起来，从而形成新的构想或事物的技法。管理者在进行重要决策时，可让下级提出诸多备选方案。在没有特别理想的方案时可将几种方案综合为一，通过取优去弊，完成方案的构思与创新。能实现几种方案的综合，本身就具有创新成分。在产品创新上，可把多种功能综合起来，从而设计与制造出新的产品。

（3）分解。即面对有关方案，如认为整体方案弊端太多，则可将其进行科学分解，剔除不适当部分，只选择和应用其中部分内容。分解也是一种变动或创新。

（4）折中。当几种意见对立，而又各有利弊，处于两难选择时，管理者应在深入分析的基础上，对几种方案进行折中处理，从而使各方都能接受。这种折中是一种高难度的创新。

（5）换元。换元，或称替代，是指用等效目标进行替代，以寻求新的构想或方案。换元，可以是一种方案行不通时，用另一种方案进行替代，也可以对原方案中某些要素或环节进行替代。有时还要进行多轮替代，直至满足目标要求为止。换元是创新的重要手段。

（6）重组。按照新的思路，将原有的要素进行重新组合，就可能获得有价值的新事物。

（7）移植。当将某一领域中的机制与办法引进新的领域，用来解决所要解决的管理问题时，就会产生一种全新的思路或办法，使某一领域传统的事物变成了另一领域全新的事物。

（8）逆寻。即运用逆向思维，在原有解决问题思路的相反方向上寻求解决方案。人们在思考或处理问题的过程中，经常存在一种思维惯性，即沿着原有解决问题的思路走下去，直至碰壁。而逆向思维则是打破原有的思维惯性，从原有思路的相反方向突破，以寻求全新的解决问题的思路与方案。

二、决策的内涵与分类

（一）决策的含义与重要性

1. 决策的含义

决策是指管理者为实现组织目标，运用科学理论和方法从若干个可行性方案中选择或综合出优化方案，并加以实施的活动总称。

管理决策，从广义上讲，包括调查研究、预测、分析研究问题，设计与选择方案，直至付诸实施等一系列活动；从狭义上讲，决策仅指对未来行动方案的抉择行为。

2．决策的重要性

决策的重要性主要体现在两个方面：其一，决策是计划职能的核心，在计划职能中，最核心的环节是进行决策；其二，决策事关工作目标能否实现，乃至组织的生存与发展，因为一旦决策失误，极可能导致管理与经营行为的失败。

（二）决策的类型

(1) 按作用范围划分，决策可分为：
- 战略决策，指有关组织长期发展等重大问题的决策。
- 战术决策，指有关实现战略目标的方式、途径措施的决策。
- 业务决策，指组织为了提高日常业务活动效率而做出的决策。

(2) 按时间划分，决策可分为：
- 长期决策，一般为3~5年，甚至时间更长。
- 短期决策，一般在1年以内。
- 中期决策，时间介于长期决策与短期决策之间。

(3) 按制定决策的层次，决策可分为：
- 高层决策，指组织中最高层管理人员做出的决策。
- 中层决策，指组织内处于高层和基层之间的管理人员所做的决策。
- 基层决策，指基层管理人员所做的决策。

(4) 按重复程度划分，决策可分为：
- 程序化决策，指按原来已规定的程序、处理方法和标准进行的决策，如签订购销合同等。
- 非程序化决策，指对不经常发生的业务工作和管理工作所做的决策，如新产品开发决策等。

(5) 按决策的状态划分，决策可分为：
- 静态决策，指一次性决策，即对所处理的问题一次性敲定处理办法，如公司决定购买一批商品等；
- 动态决策，指对所要处理的问题进行多期决策，在不断调整中决策，如公司分三期进行投资项目的决策等。

(6) 按决策问题具备的条件和决策结果的确定性程度，决策可分为：
- 确定型决策；
- 风险型决策；
- 不确定型决策。

(7) 按决策行为划分，可分为个体决策与群体决策。个体决策与群体决策的比较如表3-1所示。

表 3-1　个体决策与群体决策的比较

决策行为	影响决策过程的个体因素	优　缺　点
个体决策	个人的感知方式，特别是经验；个人的价值观、道德标准、行为准则	优点：决策速度快；责任明确。 缺点：容易出现因循守旧、先入为主等问题
群体决策	特有的群体心理现象，如舆论、从众现象、默契、情绪、士气等	优点：可以掌握更多的信息、更多的可选方案；参与决策使参与者更好地了解制定的决策方案，使满意度提高，利于决策的实施。 缺点：决策所用的总时间长；过多地依赖群体决策，会限制管理者采取迅速、必要行动的能力；容易出现责任不清的问题

三、决策的步骤

管理的决策过程一般有以下步骤。

第一步：明确问题或目标。问题也就是现状与目标之间的差异。

第二步：明确决策标准。当管理者确认了一个问题，他必须明确对解决问题重要的或与之相关的决策标准。但在某些情况下，有些决策者基于丰富的经验或对事态的敏感，其标准并没有被清晰地述说出来。

第三步：为标准分配权重。如果相关标准不是同等重要的，那么决策者必须对项目给予权重，使它们在决策中具有正确的优先级。一种简单的方法是对最重要的标准赋权重，然后根据这个标准向剩余项目赋权。当然，你可以使用任何数字作为最高权重。

第四步：开发备选方案。这一步要求决策者列出解决问题的切实可行的方案。在这个步骤中，决策者需要具有创造性。但需要注意，此时备选方案仅仅被列出，还未进行评估。

第五步：分析备选方案。一旦备选方案被确认，决策者必须评估每一个备选方案。这时通常是使用第二步中建立的标准进行评价。有时决策者可能会跳过这个步骤。如果一个备选方案在每个标准上得分都最高，就不需要考虑权重，因为该方案已经是得分最高的选择；如果权重是平均分配的，可以仅通过加总每个方案的估值来评估方案。

第六步：选择备选方案。这一步是由决策者通过比较选择最佳方案，或者选择在第五步中得分最高的方案。

第七步：执行选定的方案。执行选定的方案，即将决策传达给受到影响的人，并得到他们的承诺与执行。一般来说，如果让执行决策的人参与这个过程，更可能使这个决策得到支持。管理者在执行方案的过程中需要注意再次评估环境是否发生了变化，尤其是长期决策。确定之前确定的标准、方案和选择在变化的环境中是否仍然最佳，或者由于环境变化考虑是否需要重新评估。

第八步：评估决策效果。决策过程的最后一步是评估决策效果，需要看看问题是否得到解决。如果评估表明问题仍然存在，那么管理者需要评估哪里出错了。例如，问题被错误定义了？评估备选方案时犯错了？选择了正确的备选方案，但是执行得很糟糕？答案可能指引管理者重新做之前的某一步，甚至要求重新开始整个过程。

微视频：决策的一般过程与注意事项

四、定性决策与定量决策

（一）决策的准则

不同的管理者在不同的情况下，可能会采用不同的决策准则。管理者在进行决策时，通常会采用以下三种准则。

（1）直觉决策。直觉决策是指管理者以自身经验判断和潜意识折射作为标准的决策模式。对于直觉决策，管理者或是根据过去的经验制定决策；或是根据感觉或情绪制定决策；或是根据机能、知识和训练制定决策；或是运用潜意识的信息帮助制定决策；或是根据道德观或文化制定决策。可以看出，直觉决策简单、快捷，容易快速做出，对于有丰富经验的管理者有时也可以很准确，但是也有可能产生较大失误，风险较大。

（2）理性决策。理性决策是指管理者基于深入分析，运用科学的程序与方法，以最佳化为标准的决策模式。理性决策以"理性假设"和科学方法为前提。所谓"理性假设"，是指问题界定清楚、客观环境确定、方法科学可行、决策结果可知等。在这种理性假设的前提下，以寻求"最佳化"为标准进行决策。理性决策比直觉决策更科学、更精准。通常情况下，其失误率低，成功率高。但是，"理性假设"未必都是真实存在的。因此，最佳化决策在现实中是很难实现的，完全理性的决策只是一种美好的"理想"，往往由于外界环境变化而在现实中产生偏差。

（3）有限理性决策。这是一种将理性决策与直觉决策有机结合，以"令人满意"为准则的决策模式。针对最佳化标准实施的困难性，著名决策专家西蒙提出了区别于"最佳化"准则的"令人满意"决策准则。按照这一准则，管理者全面搜集有关信息，积极进行科学分析，并结合经验与直觉，在现有或已知情况下，寻求尽可能好的决策结果。虽然它不是最佳的结果，但却由于能在可能情况下获得管理者满意的结果而经常被采用。

阅读材料：管理中的次优选择或决策

（二）定性决策方法

定性决策方法也称决策的"软方法"，其包括的种类很多，常见的有以下几种：头脑风暴法、征询意见法、电子头脑风暴法、方案前提分析法。

（1）头脑风暴法。头脑风暴法，又称畅谈会法。头脑风暴法是由美国创造学家 A.F.奥斯本于 1939 年首次提出、1953 年正式发表的一种激发性思维的方法。这种方法的目的是通过找到新的和异想天开的解决问题的方法来解决问题，是一种最负盛名的促进创造力技法。具体做法是邀请专家、内行，针对组织内某一个问题或某一个议题，让大家开动脑筋，畅所欲言地发表个人意见，充分发挥个人和集体的创造性。经过互相启发，产生连锁反应，集思广益，而后进行决策。组织形式：一般邀请 10 人左右，会议记录 1 至 2 人，时间在一个小时左右。首先，主持者介绍背景，提出总议题；然后，与会者畅所欲言，形成思想风暴；最后，形成创意、决策意向或方案。其主要规则如下：

> 禁止批评和评论，也不要自谦。
> 目标集中，追求设想数量，越多越好。
> 鼓励巧妙地利用和改善他人的设想。
> 与会人员一律平等，各种设想全部记录下来。
> 提倡自由发言，畅所欲言，任意思考。
> 不强调个人的成绩，以小组的整体利益为重。

头脑风暴法过程中允许对提出的见解、方案，直接提出相反的意见或进行否定，并鼓励争论，以求在不同意见与方案的冲突、争论中辨明是非，发现各种方案的缺陷，逐步趋于一致。这种方法主要用于对已有方案的深入分析、评价与选择。

（2）征询意见法。征询意见法是一种背靠背的方法。要求被征询意见的人事先不接触、事后接触的一种决策方法。将被征询意见的人编成组，开始时，在不接触、不产生相互影响的条件下，让他们分别用书面方式提问题、提建议或回答所提问题；然后，由组织者将每个人的书面材料整理成汇编材料发给每个参与者，公布时只有汇编的各种意见，并无具体人名；每个参与者可以针对汇编的各种意见毫无顾虑地发表意见，并修订自己的意见；也可以将大家的意见再进行汇编与反馈，进行多轮征询；最后，把大家趋于一致的成熟意见集中起来，做出决策。

（3）电子头脑风暴法。这是运用计算机支持的数据处理手段辅助完成集体决策的方法，也是头脑风暴法的一种发展形式，即由参与者面对面进行直接交流转变为背靠背地运用计算机进行交流的方式。这种方法有其独特的优势：一是可以利用计算机终端，对自己的意见做更为系统、完善的表达，包括数据、图表、模型等多种辅助形式；二是可以解决异地沟通上的问题，参与者可不聚集到同一地点，甚至在家中也可进行；三是由于借助计算机这种不面对面的媒体，有利于克服由于面对面发表不同意见或遭到拒绝而造成的思想障碍，更便于创造无拘无束、畅所欲言的活泼氛围与环境。

（4）方案前提分析法。有些决策的问题，如何进行决策主要取决于其方案的前提假设条件。方案是否正确，关键看它的前提假设是否成立。采用这种方法时，组织者让与会者只分析讨论方案的前提能否成立，据此判定决策方案。

方案前提分析法虽然只讨论方案的前提和假设，但绝不能由此认为这一方法对方案本身不做任何考虑。在这一方法的实施过程中，方案本身一直隐含在各种前提假设之中。对前提假设的论证过程，实质上也是一个对各种不同方案进行取舍的过程。这种做法的一个很重要的优点在于它可以照顾到参与人员的自尊心。当某个成员所提的方案被否定时，他也不会感到特别难堪，因而能够做到讨论过程中保持头脑冷静，避免感情用事。

（三）定量决策方法

定量决策方法，即决策的"硬方法"，可以分为静态决策分析法和动态决策分析法。这里主要介绍静态决策分析法。

（1）确定型决策方法。确定型决策方法，即只存在一种确定的自然状态，决策者可依科学的方法做出决策。除各种数理模型外，确定型决策最简单、常用的方法是盈亏平衡分析法。

① 盈亏平衡分析的基本模型。它是研究生产经营一种产品达到不盈也不亏时的产量或收入决策问题。这个不盈也不亏的平衡点即为盈亏平衡点。当生产量低于这个产量时，则发生亏损；超过这个产量时，则获得盈利。盈亏平衡分析图如图 3-2 所示，从图中可以看出，随着产量的增加，总成本与销售额随之增加；当到达平衡点 A 时，总成本等于销售额（即总收入），此时不盈利也不亏损，即为平衡点产量点，对销售额而言即为平衡点销售额。同时，以 A 点为分界，形成亏损与盈利两个区域。此模型中的总成本是由固定成本和变动成本构成的。按照是以平衡产量 Q 还是以平衡点销售额 R 作为分析依据的。

② 盈亏平衡点产量（销量）法。即以盈亏平衡点产量或销量作为依据进行分析的方法。其基本公式为 $Q = \dfrac{C}{P-V}$。式中 Q 为盈亏平衡点产量（销量），C 为总固定成本，P 为产品价格，V 为单位变动成本。

当要获得一定的目标利润时，其公式为 $Q = \dfrac{C+B}{P-V}$。式中，B 为预期的目标利润额，Q 为实现目标利润 B 时的产量或销量。

图 3-2 盈亏平衡分析图

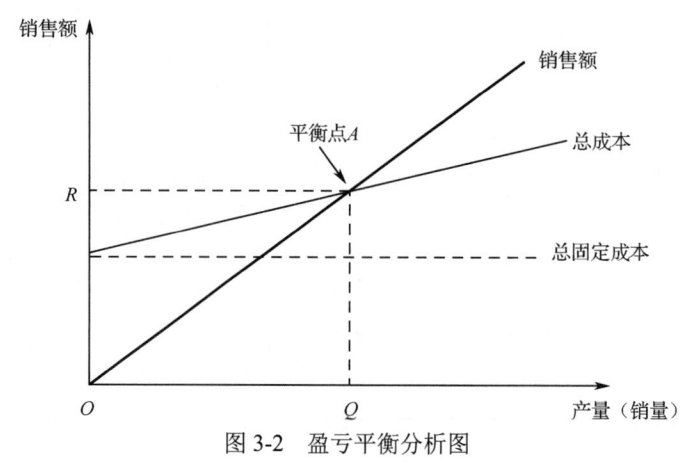

例：某企业生产一种产品，其总固定成本为 300 000 元；单位产品变动成本为 15 元；产品销售价格为 25 元。

求：（1）该厂的盈亏平衡点产量应为多少？

（2）如果要实现利润 50 000 元，其产量应为多少？

解：（1）$Q = \dfrac{C}{P-V} = \dfrac{300\,000}{25-15} = 30\,000$（件）

即当生产量为 30 000 件时，处于盈亏平衡点上。

（2）$Q = \dfrac{C+B}{P-V} = \dfrac{300\,000+50\,000}{25-15} = 35\,000$（件）

即当生产量为 35 000 件时，企业可获利 50 000 元。

微视频：盈亏平衡法的推导过程

（2）风险型决策方法。在风险型决策中，决策者对未来可能出现何种自然状态不能确定，但其出现的概率可以大致估计出来。风险型决策常用的方法是决策树分析法。

决策树法指借助树形分析图，根据各种自然状态出现的概率及方案预期损益，计算与比较各方案的期望值，从而抉择最优方案的方法。下面结合实例介绍这一方法的运用。

例：某公司计划明年生产某种产品，需要确定产品批量。根据预测估计，明年这种产品的市场状况的概率如下：畅销为 0.15，一般为 0.6，滞销为 0.25。现提出大、中、小三种批量的生产方案，求取得最大经济效益的方案。有关数据如表 3-2 所示。

表 3-2 大、中、小批量各方案损益值表　　　　　　单位：万元

方案	损益值		
	畅销（0.15）	一般（0.6）	滞销（0.25）
A 大批量	70	65	-30
B 中批量	60	40	20
C 小批量	50	30	25

决策树分析法的基本要求与步骤如下：

① 关于决策树图形的画法。在决策树图形中主要用到四个符号来表示，从左向右画决策树图形。首先，从左端决策点（用"□"表示）出发，按备选方案引出相应的方案枝（用"——"表示），每条方案枝上注明所代表的方案；然后，每条方案枝到达一个方案节点（用"○"表示）；再由各方案节点引出各个状态枝（也称概率枝，用"——"表示），并在每个状态枝上注明状态内容及其概率；最后，在状态枝末端（用"△"表示）注明不同状态下的损益值。

决策树完成后，再在下面注明时间长度，如图3-3所示。

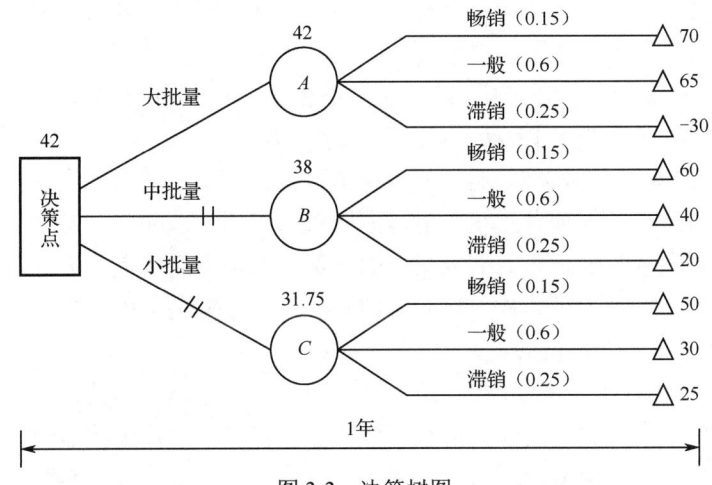

```
                        畅销（0.15）
                   42  ─────────── △ 70
                  ┌─┐  一般（0.6）
          大批量  │A│ ─────────── △ 65
         ┌──────┤ │  滞销（0.25）
         │      └─┘ ─────────── △ -30
         │
  42     │              畅销（0.15）
 ┌──┐    │         38  ─────────── △ 60
 │决│    │        ┌─┐  一般（0.6）
 │策│ 中批量 │B│ ─────────── △ 40
 │点├────────┤ │  滞销（0.25）
 └──┘    │        └─┘ ─────────── △ 20
         │
         │              畅销（0.15）
         │       31.75 ─────────── △ 50
         │        ┌─┐  一般（0.6）
         └──────┤C│ ─────────── △ 30
           小批量 │ │  滞销（0.25）
                  └─┘ ─────────── △ 25

         │←────────── 1年 ──────────→│
```

图3-3　决策树图

② 计算各种状态下的期望值。根据表中数据资料计算如下：

大批量生产期望值=[70×0.15+65×0.6+(-30)×0.25]×1年=42（万元）

中批量生产期望值=[60×0.15+40×0.6+20×0.25]×1年=38（万元）

小批量生产期望值=[50×0.15+30×0.6+25×0.25]×1年=31.75（万元）

③ 选择最佳方案。将各方案的期望值写在方案节点上，比较各方案节点的期望值，从中选择最大的期望值并记于决策点上，然后剪去期望值较小的方案枝，剩下的即为最优方案。本例中大批量方案最优，因此选择方案A。

（3）不确定型决策方法。不确定型决策是在对未来自然状态完全不能确定的情况下进行的。由于决策主要靠决策者的经验、智慧和风格，便产生不同的评选标准，因而形成了多种具体的决策方法。

例：某公司计划生产一种新产品，根据对市场的分析，未来该产品在市场上有四种可能：需求量很高、需求量较高、需求量一般、需求量差，且对每种情况出现的概率均无法预测。现有三种方案：A方案是通过内部力量改造原有设备；B方案是重新更换全新设备；C方案是购进关键设备，其余自己制造。该产品计划生产3年。据测算，各个方案在各种自然状态下未来3年的预期损益如表3-3所示。

表3-3　各个方案在各种自然状态下未来3年的预期损益情况表　　　　单位：万元

方案	损益值			
	需求量很高	需求量较高	需求量一般	需求量差
A方案	60	45	30	15
B方案	90	70	20	-25
C方案	75	50	25	10

① 乐观法（也称大中取大法）。这种方法决策是建立在决策者对未来形势估计非常乐观的基础之上的，即认为极有可能出现最好的自然状态，于是争取好中取好。具体方法：先从每个方案中选择一个最大的收益值，即A方案60万元，B方案90万元，C方案75万元；然后，再从这些方案的最大收益中选择一个最大值，此最大值（即90万元）对应的B方案作为

决策方案。

② 悲观法（也称小中取大法）。这种方法决策是建立在决策者对未来形势估计非常悲观的基础之上的，故从最坏的结果中选最好的。其具体方法：先从每个方案中选择一个最小的收益值，即 A 方案 15 万元，B 方案-25 万元，C 方案 10 万元；然后，从这些最小收益值中选取数值最大的方案（A 方案 15 万元）作为决策方案。

③ 平均法（也称等概率法）。这种方法决策是将未来不明的自然状态出现的可能完全等同地加以看待，因此，设各种自然状态出现的概率都相同，从而将其转化成风险型决策，或者只要将各状态的收益值求总之后除以相应的自然状态数得到的值作为该方案的决策依据。在本例中，A 方案为 37.5 万元，B 方案为 38.75 万元，C 方案为 40 万元，因此，最大收益值 40 万元对应的 C 方案即为决策方案。

④ 后悔值法（也称大中取小法）。这种方法的基本思想是如何使选定决策方案后可能出现的后悔值达到最小，即蒙受的损失最小。各种自然状态下的最大收益值与实际采用方案的收益值之间的差额，称后悔值。这种决策方法的步骤：先从各种自然状态下找出最大收益值；再用各个方案的收益值减去最大收益值，求得后悔值；然后，从各个方案后悔值中找出最大后悔值，并从中选择最大后悔值最小的方案为决策方案。最大后悔值比较如表 3-4 所示，三个方案最大后悔值分别为 30 万元、40 万元、20 万元。因为 C 方案的最大后悔值最小（20 万元），故选中 C 方案。

表 3-4 最大后悔值比较　　　　　　　　　　　　　　　　　　　单位：万元

方案 损益 状态	需求量很高	需求量较高	需求量一般	需求量差	最大后悔值
A 方案	30 （90-60）	25 （70-45）	0 （30-30）	0 （15-15）	30
B 方案	0 （90-90）	0 （70-70）	10 （30-20）	40 [15-(-25)]	40
C 方案	15 （90-75）	20 （70-50）	5 （30-25）	5 （15-10）	20

在实际中，上述四种方法往往同时运用，并将用四种方法决策被选中次数最多的方案作为决策方案。

管理感悟

第一，创新能力是保证制定出优秀的管理方案与科学决策的重要保证。创新需要在日常工作中不断积累，努力工作，汇聚不同的智力成果，不断总结才有可能形成。

微视频：后悔值法的运用演示

第二，关于定性决策与定量决策哪一个更优的问题。大量的管理实践表明，定性决策与定量决策两者的准确性相差不大，主要原因在于定量决策虽然准确，但在现实世界里并不容易获得"理性"的决策环境，相反，在瞬息万变的现实世界里，有经验、有智慧的管理者更容易敏锐地捕获环境变化对企业可能造成的影响，从而及时做出决策及调整。

第三，在定性决策中，既需要找到真正合适的专家，同时又需要保证有经验的专家在参与的过程中如何能不受其他因素的干扰，这是保证定性决策有效性的重要条件，因此，在采用定性决策时需提前采取相应措施。

任务实训

1. 在线测试：进行管理决策。
2. 举例说明决策的基本过程。
3. 举例说明定性决策与定量决策的关系。

在线测试

任务评价

评价类目	评价内容及标准	分值（分）	自己评分	小组评分	教师评分
学习态度	✓ 全勤；(5分) ✓ 遵守课堂纪律。(5分)	10			
学习过程	➤ 能说出本次工作任务的学习目标，上课积极发言，积极回答问题；(5分) ➤ 能够进行创造力来源说明；(5分) ➤ 能够区分定性决策与定量决策；(5分) ➤ 能够进行定量决策的基本计算。(5分)	20			
学习结果	◆ 在线测试进行管理决策；(4分×10=40分) ◆ 举例说明决策的基本过程；(15分) ◆ 举例说明定性决策与定量决策的关系。(15分)	70			
合　计		100			
所占比例		100%	30%	30%	40%
综合评分					

知识拓展与技能实践

知识拓展

德尔菲法

德尔菲法，也称专家调查法，1946年由美国兰德公司创始实行，其本质上是一种反馈匿名函询法。

该方法是由企业组成一个专门的预测机构，其中包括若干专家和企业预测组织者，按照规定的程序，背靠背地征询专家对未来市场的意见或判断，然后进行预测的方法。

德尔菲法本质上是一种反馈匿名函询法。其大致流程是：在对所要预测的问题征得专家的意见之后，进行整理、归纳、统计，再匿名反馈给各专家，再次征求意见，再集中，再反馈，直至得到一致的意见。其过程可简单表示如下：

匿名征求专家意见—归纳、统计—匿名反馈—归纳、统计……若干轮后停止。

由此可见，德尔菲法是一种利用函询形式进行的集体匿名思想交流过程。它有三个明显区别于其他专家预测方法的特点，即匿名性、反馈性、统计性。

1. 匿名性

因为采用这种方法时所有专家组成员不直接见面，只是通过函件交流，这样就可以消除权威的影响，这是该方法的主要特征。匿名性是德尔菲法极其重要的特点，从事预测的专家彼此互不知道其他有哪些人参加预测，他们是在完全匿名的情况下交流思想的。后来改进的德尔菲法允许专家开会进行专题讨论。

2. 反馈性

该方法需要经过3~4轮的信息反馈，在每次反馈中使调查组和专家组都可以进行深入研究，使得最终结果基本能够反映专家的基本想法和对信息的认识，所以结果较为客观、可信。小组成员的交流是通过回答组织者的问题来实现的，一般要经过若干轮反馈才能完成预测。

3. 统计性

最典型的小组预测结果是反映多数人的观点，少数派的观点至多概括地提及一下，但是，这并没有表示出小组的不同意见的状况。而统计回答却不是这样，它报告一个中位数和两个四分点，其中一半落在两个四分点之内，一半落在两个四分点之外。这样，每种观点都包括在这样的统计中，避免了专家会议法只反映多数人观点的缺点。

技能实践

小组成员根据德尔菲法对班级组织一次外出郊游做定性决策训练。具体做法如下：

（1）选定郊游地点 5 至 7 个，组织参与决策人员 7 至 13 人（要求单数）。

（2）根据德尔菲法规则对参与决策人员说明决策要求，每人在每一次投票中只能从确定的地点中选择一个郊游地点。

（3）参与人员选完之后，将结果收集进行统计，并选择郊游地点的人数。

（4）剔除掉得票最少的地点，再次根据德尔菲法规则进行决策。

（5）重复（2）至（4）四次，最后得到一个地点。注意，每重复一次地点就会减少一个，但参与决策的人员不能变，且每个人必须选择一个，不能弃权。

最后得到的地点即为本次郊游活动的地点。

任务五 编制计划书

思维导图

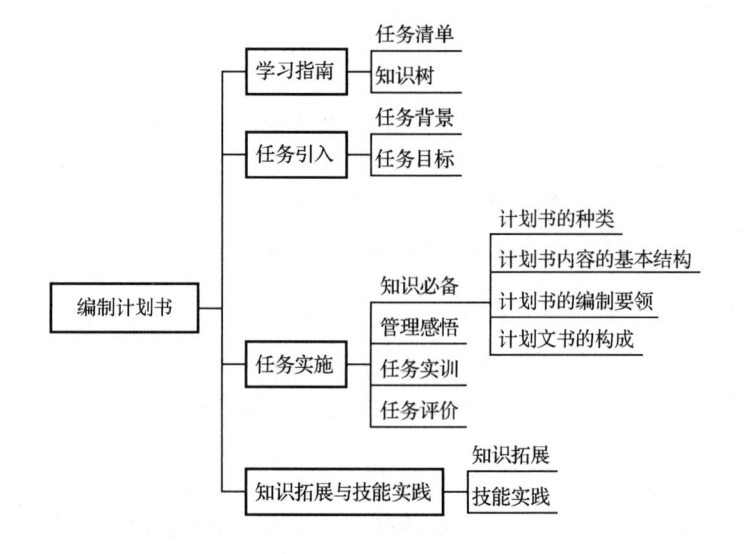

```
                    ┌── 学习指南 ──┬── 任务清单
                    │              └── 知识树
                    │
                    ├── 任务引入 ──┬── 任务背景
                    │              └── 任务目标
                    │
                    │              ┌── 计划书的种类
                    │              ├── 计划书内容的基本结构
                    │        ┌── 知识必备 ──┤
                    │        │     ├── 计划书的编制要领
                    │        │     └── 计划文书的构成
  编制计划书 ──────┤── 任务实施 ──┼── 管理感悟
                    │              ├── 任务实训
                    │              └── 任务评价
                    │
                    └── 知识拓展与技能实践 ──┬── 知识拓展
                                            └── 技能实践
```

模块三　领会计划职能

学习指南

任务清单

工作任务	编制计划书
建议学时	2 学时
任务描述	本任务要求通过学习，能根据管理方案编制相应的计划书，学会商业正式文本的制作。
学习目标	知识目标：1. 了解计划书的不同种类；2. 熟悉计划书的基本框架；3. 掌握计划书的编制要领。 能力目标：1. 具备区分不同类型计划的能力；2. 具备正确编制计划书的能力； 素质目标：1. 具备规范制作计划文案的职业意识；2. 具备自我管理与耐心细致的意识；3. 具备大局意识与团队合作意识。 思政目标：通过对编制计划书的学习，培养遵守企业规范文书写作的习惯，培养遵从企业传统文化与行为的习惯，培养学生的职业规范意识、保密意识等。
关键词	计划书；框架；文案

知识树

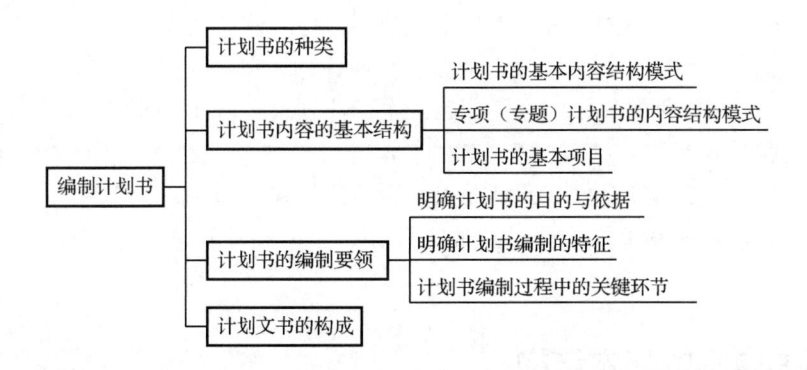

```
                 ┌─ 计划书的种类
                 │                          ┌─ 计划书的基本内容结构模式
                 ├─ 计划书内容的基本结构 ──┼─ 专项（专题）计划书的内容结构模式
                 │                          └─ 计划书的基本项目
  编制计划书 ──┤
                 │                          ┌─ 明确计划书的目的与依据
                 ├─ 计划书的编制要领 ──────┼─ 明确计划书编制的特征
                 │                          └─ 计划书编制过程中的关键环节
                 └─ 计划文书的构成
```

任务引入

任务背景

如何编制计划书

在对企业的管理方案进行决策之后，只有将管理方案转变成各工作部门的日常计划，才能更好地执行。通过各部门执行日常计划，从而实现方案中的目标与要求。那么，该如何编制计划书呢？

任务目标

计划书的编制。

任务实施

知识必备

一、计划书的种类

计划书是为了达到组织发展目标的目的，在经过前期对项目科学地调研、分析、搜集与整理有关资料的基础上，根据一定的格式将计划目标与方案等内容的具体要求编辑整理的书面材料。最常见的是工作计划，其对即将开展的工作的设想和安排，如提出任务、制定指标、完成时间、解决方案和方法等。在管理实践中，计划有许多名称，如"安排""要点""设想""预想""方案""规划""打算"等。

按照不同的分类标准，计划可分为多种类型。

（1）按其所指向的工作、活动的领域来分，可分为工作计划、学习计划、生产计划、教学计划、销售计划、采购计划、分配计划、财务计划等。

（2）按适用范围的大小不同，可分为国家计划、地区计划、公司计划、部门计划、班组计划等。

（3）按适用时间的长短不同，可分为长期计划、中期计划、短期计划三类，具体还可以称十年计划、五年计划、年度计划、季度计划、月份计划等。

（4）按指挥性的强弱不同，可分为指令性计划、指导性计划。

（5）按涉及面大小的不同，可分为全面综合性计划、单项（专项、专题）计划，如社会发展计划，国民经济计划等属于综合性计划；生产计划、学习计划等属于单项（专题）计划。

（6）按计划的详细程度分，有计划要点、简要计划和详细计划。

（7）按企业经营的管理层次分，有战略计划、生产经营计划、作业计划等。

阅读材料：计划书的结构形式

二、计划书内容的基本结构

不同类型的计划，计划书的格式会有所不同，但一些基本的内容与项目是共同的。计划按照用途与思路的不同，大致可以划分为两种框架类型：基本框架模式与问题框架模式。

（一）计划书的基本内容结构模式

一般的计划均采用基本框架模式，主要用于社会组织及其下属部门的年度及具体时间段的工作计划，其主要内容结构如下：

（1）内外环境（背景）分析；

（2）确定工作目标（任务）；

（3）制定行动（工作）方案，包括工作内容、要求、途径、措施等；

（4）资源配置方案，包括执行人、资金预算、物资配备、完成时限等。

重要的工作计划书最开始的部分通常还要提出工作的指导思想。

从基本内容结构可以看出，一份完整的计划书包含了计划职能过程中涉及的主要分析内容。但在企业内部的作业计划中，往往会根据生产的实际情况进行简化，从而更突出具体的作业要求。

（二）专项（专题）计划书的内容结构模式

为解决特定问题或开展某项工作而拟订的专项计划所采用的模式称专项（专题）计划书的内容结构模式，其主要内容结构如下：

（1）对所要解决的问题或专项任务进行分析与界定；
（2）分析主客观环境，把握有利与不利条件；
（3）寻求与确定解决问题或完成任务的路径与行动目标；
（4）制定解决问题或完成任务的方案措施。

（三）计划书的基本项目

一份完整的计划书需要包括以下基本项目：

（1）封面（标题）；
（2）序言；
（3）正文，主要包括环境或问题分析、行动目标、工作方案、资源配置等内容；
（4）附件，主要有计划指标体系、计划进度表，以及其他相关资料。

三、计划书的编制要领

在编制计划书的过程中应主要把握如下要领。

（一）明确制订计划的目的与依据

在制订计划时需要注意以下几点：一是要配合全局落实上级的总体战略；二是要保证本部门工作任务的实现；三是要有利于本部门的长期发展。

（二）明确计划书编制的特征

（1）预见性。这是计划最明显的特点之一。计划不是对已经形成的事实和状况的描述，而是在行动之前对行动的任务、目标、方法、措施所做出的预见性确认。

（2）针对性。计划一是根据党和国家的方针政策、上级部门的工作安排和指示精神而定，二是针对本单位的工作任务、主客观条件和相应能力而定。总之，从实际出发制订出来的计划才是有意义、有价值的计划。

（3）可行性。可行性是和预见性、针对性紧密联系在一起的。预见准确、针对性强的计划，在现实中才真正可行。

（4）约束性。计划书一经通过、批准或认定，在其所指向的范围内就具有了约束作用，在这一范围内无论是集体还是个人，都必须按计划的内容开展工作和活动，不得违背和拖延。

（三）计划书编制过程中的关键环节

在制订计划时要遵循科学的计划程序制订计划以及编制计划书。在编制过程中，要特别注意抓住四个关键环节：

（1）一定要搞好内外环境的分析，这是做好计划的前提与基础。
（2）要运用创造性思维与创造技法，形成富有创意的构思，即"点子"，这是制订计划的灵魂。

阅读材料：中基层管理者负责的计划书类型

（3）采用科学的决策方法，制订正确的决策，这是搞好计划的核心。

（4）巧妙运筹，周密安排，编制科学的计划文本，这是做好计划工作的基础性保证。

四、计划文书的构成

不同种类、不同类别的计划书结构不同。事实上，不同类型的计划书其构成一般来说都不相同，而且，不同企业的相同功能的计划书，其文书构成也有可能不相同。但是，计划书的构成与计划过程的顺序应该是一致的。一般地，企业的计划书大致有以下 8 个部分、共计 11 项内容构成，如表 3-5 所示。

表 3-5 计划书的构成

部 分	内 容	说 明
计划导入	封面	计划书的第一眼印象，应充满魅力
	前言	表明计划者的动机及计划者的态度
	目录	计划书的目录
计划概要	计划概要	概述计划书的整体思路与内容
计划背景	现状分析	明确计划的出发点，说明计划的必要性及其前提
计划意图	目的、目标设定	确定计划的目的、目标，说明计划的意义
计划方针	概念的形成	明确计划的方向、原则，规定计划的内容
计划构想	确定实施策略的结构	明确计划实施的结构及其组织保证，提高计划的效果
	具体实施计划	计划的具体内容，将实现目标的方法具体化
计划设计	确定实施计划	实施计划所需时间、费用及其他资源，预测计划可能获得的效果
附录	参考资料	附加的与计划相关的资料，增加计划的可信度

管理感悟

不同的企业在长期的管理过程中，由于各自的管理习惯以及企业文化的不同，形成了各自的计划文案格式。虽然计划书的基本框架是一致的，但在组织计划文案时仍然有细微的差别，因此，当编制企业计划书，特别是作业计划书时，先参考企业原来的计划文案不失为一个好的思路。

任务实训

1．在线测试：编制计划书。
2．举例说明计划书编制中的四个关键环节。
3．根据企业计划书的样式进行计划书的编制。

在线测试

任务评价

评价类目	评价内容及标准	分值（分）	自己评分	小组评分	教师评分
学习态度	✓ 全勤：（5分）	10			
	✓ 遵守课堂纪律。（5分）				

续表

评价类目	评价内容及标准	分值（分）	自己评分	小组评分	教师评分
学习过程	➢ 能说出本次工作任务的学习目标，上课积极发言，积极回答问题；（5分） ➢ 能够进行计划书的类别划分；（5分） ➢ 能够阐述计划书的基本框架构成；（5分） ➢ 能够进行计划书的编制。（5分）	20			
学习结果	◆ 在线测试编制计划书；（4分×10=40分） ◆ 举例说明计划书编制中的四个关键环节；（10分） ◆ 根据企业计划书的样式进行计划书的编制。（20分）	70			
合 计		100			
所占比例		100%	30%	30%	40%
综合评分					

知识拓展与技能实践

知识拓展

大数据是一种战略武器

大数据可能是伴随着社交媒体产生的信息交换而出现的一种有效产物。所有有关客户、合伙人、员工、市场和其他方面可计量的庞大数据，都被收集并可利用来回应这些利益相关者的需求。通过大数据处理，管理者可以测量和了解更多相关的业务信息，并"将这些认知转化为决策制定和绩效的改进"。举例来说，当你在京东上购物之后，当你再登录时，与你之前浏览有关的商品就被推送了过来，如果是你喜欢的，那便可大大节约时间，从京东来说，大量的数据积累之后，通过数据挖掘，更准确地进行各仓库的备货，从而大大提高了经营的效率；又如，如果某地发出了台风预报，京东亦可以提前将相应的货物备在本地仓，大大缩减配送的时间。这些有助于它更好地服务顾客和促进销售，通过帮助企业做它该做的事——成功竞争——吸引和满足它的顾客以实现企业目标，大数据是组织未来一种至关重要的战略武器。

思考或讨论问题1：你认为大数据和社交媒体之间有什么战略联系？

思考或讨论问题2：大数据可能会带来什么道德障碍？管理者应该如何克服这些道德障碍？

技能实践

不同的企业、不同类型的计划书的文书构成并不相同，请以小组为单位收集不同企业的不同类型的计划书，可以是同一企业的不同计划书，也可以是不同企业的不同类型或不同层次的计划书，讨论以下内容：

（1）不同类型的计划书的目的分别是什么？

（2）不同类型的计划书涉及的组织资源与活动有哪些？

（3）计划书中的目标是如何表述的？进度是如何表述的？计划过程是通过什么关键控制

点来保证的？

（4）讨论计划书展现出来的计划与控制有什么关系？

将讨论内容归纳、整理，编制成文档。

知识复习与巩固

一、填空题

1．对计划职能的理解，可以分为_____计划职能与_____计划职能，我们通常讲的计划职能指的是_____。

2．按计划的期限，可将计划分为_____、_____、_____。

3．按计划的层次，可将计划分为_____、_____、_____。

4．计划职能的程序包括_____、_____、_____、_____、_____等步骤。

5．管理工作的首要职能是_____。

6．分析企业外部环境，发现_____与_____；分析企业内部环境，找出_____与_____。

7．企业内部经营环境分析的基本内容：（1）_____；（2）_____；（3）_____。

8．建立竞争优势的基础：（1）_____；（2）_____；（3）_____；（4）_____。

9．建立竞争优势的策略：（1）_____；（2）_____；（3）_____。

10．目标与目标体系：（1）_____的目标结构；（2）_____的目标结构；（3）_____。

11．制定目标的原则：（1）_____；（2）_____；（3）_____；（4）_____。

12．分析与解决管理问题的基本程序分为_____、_____、_____三大阶段。

13．信息搜集的基本方法：_____；_____；_____；_____。

14．对管理问题进行科学分析常用的方法：（1）_____；（2）_____；（3）_____；（4）_____；（5）_____；（6）_____。

15．管理方案的活动运筹中，存在相关或制约关系的几项活动，要注意_____、_____；当本组织与上级同时安排一些紧迫任务时，应运用_____。

16．创造力来源：（1）_____；（2）_____；（3）_____；（4）_____；（5）_____；（6）_____。

17．管理决策的核心内容是对_____。

18．决策的基本程序：（1）_____；（2）_____；（3）_____；（4）_____。

19．不同的管理者在不同的情况下，可能会采用不同的决策准则：（1）_____；（2）_____；（3）_____。

20．头脑风暴法的重要规则是_____。

21．盈亏平衡点产量（销量）法，即以_____作为依据进行分析的方法。

22．盈亏平衡点销售额法，即以_____作为依据进行分析的方法。

23．决策树法是_____常用的方法。决策树法是指借助树形分析图，根据各种自然状态出现的_____及方案预期_____，计算与比较各方案的_____，从而抉择最优方案的方法。

24．不确定型决策不同的评选标准，主要有_____、_____、_____、_____。

25．计划书内容的框架模式，其主要内容结构：（1）_____分析；（2）确定_____；（3）制定_____；（4）_____方案。

26．编制计划的要领：（1）明确制订计划的_____与_____；（2）按照科学_____运作，抓住_____环节。

二、多项选择题

1．企业经营环境分析的系统模型主要包括（　　）。
　A．外部环境分析与内部环境分析
　B．通过外部环境分析找出优势，发现劣势
　C．通过外部环境分析抓住机遇，发现威胁
　D．通过内部环境分析找出优势，发现劣势
　E．通过内部环境分析抓住机遇，发现威胁

2．美国学者迈克尔·波特提出了产业竞争结构的分析模型，他认为一个产业的竞争状态主要取决于以下基本的竞争力量（　　）。
　A．新加入者的威胁　　　B．替代品的接近程度　　　C．购买者的议价能力
　D．供应商的议价能力　　E．现有企业的竞争

3．企业内部经营环境分析的基本内容包括（　　）。
　A．分析企业的目标与战略
　B．分析经营的各种营运范畴
　C．分析企业的市场竞争优势与劣势
　D．分析企业的制度与组织结构
　E．分析的文化因素

4．企业建立竞争优势的基础主要有以下几个方面（　　）。
　A．机构稳定　　　B．质量　　　C．效率
　D．创新　　　　　E．顾客回应

5．构建企业竞争优势的策略主要有（　　）。
　A．市场渗透策略　　B．成本领先策略　　C．产品渗透策略
　D．产品差异化策略　E．集中化策略

6．管理问题分析与确定程序包含的主要阶段有（　　）。
　A．信息搜集　　　B．发现问题　　　C．观察问题
　D．界定问题　　　E．解决问题

7．来自管理者自身的创造力直接来源有（　　）。
　A．利益机制　　　　　　B．创新精神　　　　C．知识、经验与技能
　D．创造思维与创造方法　E．勤奋工作

8．创造性思维的形式主要有（　　）。
　A．发散型思维　　B．收束型思维　　C．科学思维

D. 灵感思维　　　　　　　　E. 反向思维
9. 管理方案的科学运筹主要包括以下内容（　　）。
   A. 制定管理目标　　　　　B. 科学安排计划要素　　　C. 合理配置资源
   D. 巧妙运筹时空与活动　　E. 弹性与应变
10. 决策的程序是（　　）（排列顺序也要正确）。
    A. 设计备选方案　　　　　B. 调查与分析　　　　　　C. 选择决策方案
    D. 批准决策方案　　　　　E. 审查与反馈
11. 按决策的作用范围，决策可分为（　　）。
    A. 定量决策　　　　　　　B. 战略决策　　　　　　　C. 定性决策
    D. 战术决策　　　　　　　E. 业务决策
12. 按决策的重复程度，决策可分为（　　）。
    A. 确定型决策　　　　　　B. 不确定型决策　　　　　C. 程序化决策
    D. 非程序化决策　　　　　E. 风险型决策
13. 按决策的时态，决策可分为（　　）。
    A. 静态决策　　　　　　　B. 确定型决策　　　　　　C. 动态决策
    D. 不确定型决策　　　　　E. 风险型决策
14. 按决策问题具备的条件和决策结果的确定性程度，决策可分为（　　）。
    A. 定量决策　　　　　　　B. 确定型决策　　　　　　C. 风险型决策
    D. 定性决策　　　　　　　E. 不确定型决策
15. 抉择决策最佳方案的方法主要有（　　）。
    A. 经验判断法　　　　　　B. 回归分析法　　　　　　C. 量本利分析法
    D. 数学分析法　　　　　　E. 试验法
16. 定性决策方法主要有（　　）。
    A. 头脑风暴法　　　　　　B. 认知冲突法　　　　　　C. 征询法
    D. 提喻法　　　　　　　　E. 方案前提分析法
17. 不确定型决策方法主要有（　　）。
    A. 体验法　　　　　　　　B. 乐观法　　　　　　　　C. 悲观法
    D. 平均法　　　　　　　　E. 后悔值法
18. 制定目标的原则主要有（　　）。
    A. 明确性原则　　　　　　B. 动态性原则　　　　　　C. 先进合理原则
    D. 可行性原则　　　　　　E. 定量化原则
19. 就企业而言，计划通常划分为（　　）。
    A. 市场计划　　　　　　　B. 战略计划　　　　　　　C. 成本计划
    D. 生产经营计划　　　　　E. 作业计划

三、简答题

1. 简述企业内部经营环境分析的基本内容。
2. 简述建立竞争优势的策略。
3. 如何理解完整目标的含义。
4. 简述制定目标的原则。

5. 简述管理问题分析界定的基本内容。
6. 简述决策过程中的基本步骤。
7. 简述头脑风暴法的主要规则。
8. 简述编制计划书过程中的要领。

四、情景与应用题

1. 某公司生产某产品的固定成本为 100 万元，单位产品可变成本为 700 元，单位产品售价为 900 元，试用盈亏平衡点法确定其产量。

2. 某企业在下年度有甲、乙两种方案可供选择，每种方案都面临滞销、一般和畅销三种市场状态，各方案在不同状态下的损益值表如表 3-6 所示。

表 3-6　各方案在不同状态下的损益值表（1）　　　　　　　　单位：万元

方　案	市场状态（概率）		
	滞销（0.2）	一般（0.3）	畅销（0.5）
甲方案	60	160	300
乙方案	0	180	360

用决策树法选择最佳方案。

3. 某企业计划开发新产品，有 A、B、C 三种设计方案可供选择。不同的设计方案制造成本、产品性能各不相同，在不同的市场状态下的损益值也不同，各方案在不同状态下的损益值表如表 3-7 所示。

表 3-7　各方案在不同状态下的损益值表（2）　　　　　　　　单位：万元

方　案	市场状态		
	畅销（0.2）	一般（0.3）	滞销（0.5）
A方案	300	200	100
B方案	350	160	50
C方案	450	100	0

试用乐观法、悲观法等概率法以及后悔值法分别选出最佳方案。

4. 某企业在下年度有 A、B、C 三种方案可供选择，每种方案都面临滞销、一般和畅销三种市场状态，各方案在不同状态下的损益值表如表 3-8 所示。

表 3-8　各方案在不同状态下的损益值表（3）　　　　　　　　单位：万元

方　案	市场状态（概率）		
	滞销（0.2）	一般（0.3）	畅销（0.5）
A方案	60	160	300
B方案	80	120	320
C方案	0	180	360

试用决策树法选择最佳方案。

模块四 理解组织职能

在计划职能中，我们学习了制定目标、方案甚至是战略，一旦妥善制定了组织的目标、方案和战略，管理者就需要通过组织职能来最大限度地促进这些目标的实现。

组织职能的任务就是安排和设计员工的工作以实现组织目标。组织职能是指为有效实现组织活动或系统的目标，建立组织结构，配备人员，使组织协调运行的一系列活动。组织职能的基本内容：设计并建立组织结构；设计并建立职权关系体系、组织制度规范体系与信息沟通模式，以完善并保证组织的有效运行；人员配备与人力资源开发；组织协调与变革。

任务一 设计组织结构

思维导图

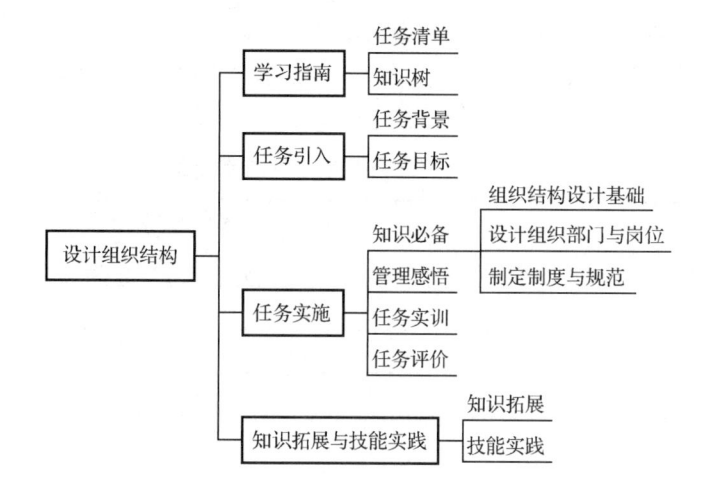

```
                    ┌─ 学习指南 ──┬─ 任务清单
                    │            └─ 知识树
                    │
                    ├─ 任务引入 ──┬─ 任务背景
                    │            └─ 任务目标
                    │            
                    │            ┌─ 知识必备 ──┬─ 组织结构设计基础
设计组织结构 ───────┤            │            ├─ 设计组织部门与岗位
                    │            │            └─ 制定制度与规范
                    ├─ 任务实施 ─┼─ 管理感悟
                    │            ├─ 任务实训
                    │            └─ 任务评价
                    │
                    └─ 知识拓展与技能实践 ─┬─ 知识拓展
                                         └─ 技能实践
```

模块四　理解组织职能

学习指南

任务清单

工作任务	设计组织结构
建议学时	4学时
任务描述	通过本任务的学习，掌握组织结构设计的基础，学习组织部门与岗位设计，掌握组织中相关制度与规范的制定程序与要求，能针对典型的组织进行基本的组织设计工作。
学习目标	**知识目标** 1. 掌握组织结构设计的基本要点与要求； 2. 掌握组织中部门与岗位设置的基本工作过程； 3. 掌握组织中制度与规范制定的程序与要点。 **能力目标** 1. 具备进行组织部门与岗位设置的基本能力； 2. 具备制定组织中相关制度与规范的能力； 3. 具备根据企业情况进行组织结构优化或改善的能力。 **素质目标** 1. 具备根据企业实际情况分析组织能力的意识； 2. 具备不断进行优化组织结构的意识； 3. 具备大局意识与规范自身行为的意识。 **思政目标** 通过对设计组织结构相关任务的学习，培养爱国守法、遵守规章、以身作则的意识，培养爱岗敬业、勤于思考、勇于创新的思想。
关键词	组织设计；部门与岗位；制度与规范

知识树

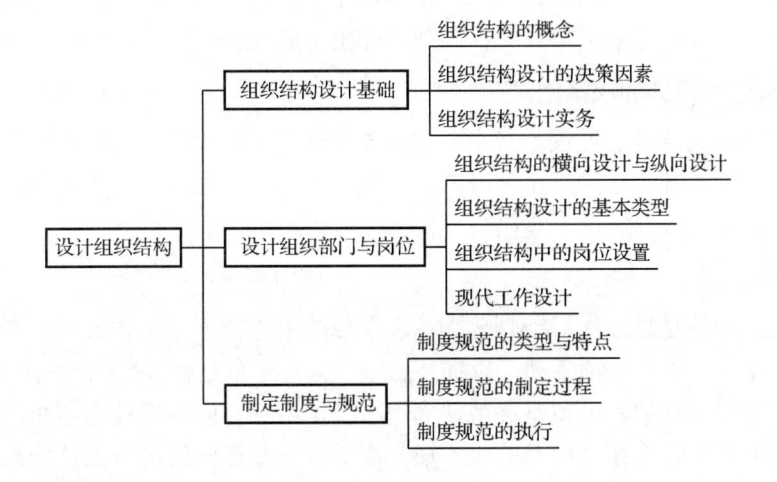

设计组织结构
- 组织结构设计基础
  - 组织结构的概念
  - 组织结构设计的决策因素
  - 组织结构设计实务
- 设计组织部门与岗位
  - 组织结构的横向设计与纵向设计
  - 组织结构设计的基本类型
  - 组织结构中的岗位设置
  - 现代工作设计
- 制定制度与规范
  - 制度规范的类型与特点
  - 制度规范的制定过程
  - 制度规范的执行

任务引入

任务背景

追求有效而灵活的组织设计

在早期的管理学者中，法约尔与韦伯提出了组织设计的一些基本概念，以及可供管理者遵循的一些组织原则。其中的许多原则从最开始提出至今已经过去90多年了，但其中的大部分原则仍然为有效率且有成效的组织设计提供了有价值的基础。当组织的目标、方案或战略确定之后，管理者应该如何创造一个结构化的企业内部环境，使身处其中的组织成员得以有效率且有成效地开展工作？

在过去的很长时间里，管理学中很少有话题像组织和组织结构一样发生了许多变化。现在，管理者正在重新评估传统的组织设计方法，以寻求一种新的结构设计能够在支持和促进员工完成工作上发挥最大的作用——既能实现效率，也能保持灵活性的设计。

任务目标

1. 组织结构中的部门与岗位是怎么设计出来的？
2. 组织的制度与规范该如何与组织的目标保持一致？

任务实施

知识必备

一、组织结构设计基础

（一）组织结构的概念

组织结构是组织内的全体成员为实现组织目标，在管理工作中进行分工协作，通过职务、职责、职权及相互关系构成的结构体系。为了更直观地描述这样一个结构体系，通常我们将这种结构以组织结构图的形式直观地进行展示，通过组织结构图的展示，可达到多个目的：将需要完成的工作划分给具体的工作岗位和部门；将工作与责任分配给相关的各个工作岗位；协调多种多样的工作任务；组织各项工作以形成工作部门。同时，组织结构确定了个体、群体和部门之间的关系，建立了正式的指挥链，分配与配置了组织资源等。

（二）组织结构设计的决策因素

管理者设计组织结构的过程是一个非常重要的过程。当管理者创造或改变组织结构时，他们就在进行组织设计，这是一个涉及六项关键因素的决策过程，即工作专门化、部门化、指挥链、管理幅度与管理层次、集权与分权、正规化。

1. 工作专门化

工作专门化指的是把工作活动划分为各项单独的工作任务。个体员工"专门"从事一项活动中的某一部分而不是整项活动，以提高工作产出，这个过程本质上就是一种劳动分工。

工作专门化最直接的好处就是高效地利用了员工所拥有的各项技能。在大多数组织中，一些任务要求具有高水平技能的员工来完成，而其他一些任务则可以由技能水平较低的员工来完成。如果不做工作专门化分工，所有员工都从事某一生产流程中的所有步骤，那么他们将都需要具备所有必要技能以完成最需要高水平技能和最不需要高水平技能的工作。因此，除了完成要求高技能或高度复杂的任务，员工还将从事低于他们技能水平的工作，这样必然浪费了高技能员工的能力。此外，技能型员工通常拥有比非技能型员工更高的工资，而且，由于工资往往反映的是技能的最高水平，这样一来，所有员工都将获得高技能水平的工资。而事实上他们却做着简单的工作任务，这是一种组织资源的低效利用。

2. 部门化

将工作岗位组合到一起的方式称部门化，通常有职能部门化、地区部门化、产品部门化、流程部门化、顾客部门化五种部门化形式。

现在，部门化的一种流行趋势是越来越多的组织采用了顾客部门化。因为争取顾客和留住顾客对于企业的成功至关重要，而这种方法由于强调了监控和回应顾客需求的变化而行之有效。另一种流行趋势是采用一种具体的工作团队类型——跨职能团队，即来自不同职能领域的个体组成的工作团队，特别是当工作任务变得日益复杂并且需要各种技能才得以完成时，跨职能团队就显得尤为重要了。

3. 指挥链

指挥链是从组织的最高层延伸到最低层，用以界定汇报工作渠道的职权链。在组织工作时，管理者应该考虑到指挥链，因为这有助于员工处理"我应该向谁汇报"，或者"如果遇到了问题我应该向谁求助"这样的问题。

指挥链涉及三个重要概念，即职权、职责和统一指挥。

（1）职权。职权指的是某个管理职位本身所具有的发布命令和让命令得到执行的权力。指挥链中的管理者被赋予职权以开展他们的工作，即协调和监管其他人的工作。在具体的管理实践中，管理者经常会将职权往下授予更低层级的管理者，但需要注意，在赋予他们某种权力的同时，也需要对这些权力的实施范围施加某种程度的限制。

（2）职责。职责是指当管理者利用他们的职权向员工分配工作时，这些员工就承担了履行这些指派任务的义务或期望。只授予工作职权而不授予职责和责任可能会导致职权的滥用。

（3）统一指挥原则。统一指挥原则也是法约尔14条管理原则之一，其主张一个人应该只向一位管理者汇报。如果缺乏统一指挥，来自多位上司的相互矛盾的指挥可能会带来很多问题。在管理实践中，需要极力避免多头领导。

在以上三个概念中，职权是构成组织结构的核心要素，是组织联系的主线，对于组织的合理构建与有效运行具有关键性作用。

4. 管理幅度与管理层次

我们都知道，管理者的精力也是有限的，在有限的精力里管理者能够有效率且有成效地管理多少员工呢？这就涉及在进行组织设计时要考虑的管理幅度（或称管理跨度）的问题。

管理幅度是指一名管理者直接管理下级的人数。管理幅度的确定非常重要，这是因为它在很大程度上决定了组织层级和组织中管理者的数量，这是一个组织在如何高效运作上需要考虑的一个重要方面。管理幅度过小，会造成资源的浪费；而管理幅度过大，又难以实现有效的控制。在所有其他因素相同的情况下，管理幅度越大，组织运行效率就越高。

在组织中，决定管理幅度的主要因素有四个：管理工作的性质与难度、管理者的素质与管理能力、被管理者的素质与工作能力、工作条件与工作环境。一般来说，管理幅度以7~13人为宜。

阅读材料：管理幅度对管理层次的影响比较

管理层次是指组织内部从最高一级管理组织到最低一级管理组织的组织等级。管理层次的产生是由管理幅度的有限性引起的。正是由于有效管理幅度的限制，才必须通过增加管理层次来实现对组织的控制。

微视频：管理幅度与管理层次之间的相互关系

管理幅度与管理层次之间存在反比关系。对于一个人员规模既定的组织，管理者有较大的管理幅度，意味着可以有较少的管理层次；

而当管理者的管理幅度较小时，意味着该组织有较多的管理层次。

5．集权与分权

不同的组织对决策的权力集中的层级是不一样的。这种权力分配决定了组织是集权还是分权。如果高层管理者在制定关键决策时几乎不考虑底下层级的意见，那么这个组织就是更加集权化的。低层组织成员可以提供或做出实际决策的程度越高，该组织就越分权。职权的集中和分散是一种趋向性，是一种相对的状态。组织中的权力较多地集中在组织的高层，即为集权；权力较多地下放给基层，则为分权。

集权有利于组织实现统一指挥、协调工作和更为有效的控制；但另一方面，会加重高层领导者的负担，从而影响决策质量，并且，不利于调动下级的积极性。而分权的优缺点则正好与集权相反。决定集权与分权的关键在于所集中或分散权力的类型与大小。

集权或分权并非一个两者择一的概念。这个划分是相对的，即一个组织不可能是完全集权或完全分权的。应根据组织目标与环境、条件的需要正确决定集权与分权程度。现代管理中总的趋势是加强职权分权化。

在管理实践中，高层管理者一般是重点控制计划、人事、财务等决策权；而将业务与日常管理权尽可能多地放给基层。集权与分权的特点比较如表4-1所示。

表4-1　集权与分权的特点比较

集权的特点	分权的特点
环境是稳定的	环境是复杂的、不确定的
低层管理者制定决策的能力和经验不如高层管理者	低层管理者具有决策的能力和经验
低层管理者并不想要决策发言权	低层管理者想要拥有决策发言权
低层管理者的决策对于整个组织来说是不重要的	低层管理者的决策对于整个组织来说是相对重要的
组织面临着危机或者倒闭的风险时倾向于采用	公司文化是开放的，允许各层管理者对所发生的一切拥有发言权
组织规模比较大，地点较集中	公司的各个分部分散在各地
公司战略的有效实施取决于对所有事情保有发言权的管理者	公司战略的有效实施取决于参与决策的管理者以及制定决策的灵活性

随着组织变得越来越灵活，越来越快速地应对环境趋势的变化，出现了一种决策制定分权化的明显趋势。

阅读材料：授权不等于职权

6．正规化

正规化指的是组织中各项工作的标准化程度以及员工行为受规则和程序指导的程度。高度正规化的组织拥有清晰明确的组织描述、大量的组织规章制度以及涵盖各项工作流程的明确程序。员工对于所从事的工作、何时完成工作以及如何完成工作几乎没有什么自主权。然而，在正规化程度较低的组织中，员工在如何开展自己的工作上拥有更多的自主权。

（三）组织结构设计实务

1．组织结构设计的影响因素

在进行组织结构设计时，需要根据组织的总目标来设置各项活动与管理职能，明确关键职能，并将各项活动与职能分解为具体的业务与管理工作，设置相应的部门与岗位，然后依各岗位需要，选拔聘任相应的人员，明确其权责，进行岗位培训。

在进行组织结构设计时，通常要考虑以下主要影响因素：
- 组织目标与任务；
- 组织环境；
- 组织的战略及其所处发展阶段；
- 生产条件与技术状况；
- 组织规模；
- 人员结构与素质。

2．组织结构设计的时机

对于一个成熟的组织而言，其组织结构具有相对的稳定性，也就是说当企业运行正常时，组织结构一般并不会做太大的调整。但对于组织经营的情况发生较大改变时，往往需要重新进行组织结构的设计与评估。

因此，在进行组织结构设计时主要针对三种情况：

（1）新建组织时需进行组织结构设计。当新建立组织时，如新成立公司，为了保证公司实现组织目标与高效运作，需要进行组织结构设计。新建组织的结构设计，解决的其实是有与无的问题。

（2）原有组织结构出现较大问题或组织目标发生变化时。组织面临较大问题或组织目标发生改变，说明原来的组织结构设计可能出现了不适应组织发展要求的情况，因此需要重新设计组织结构。

（3）组织结构需进行局部的调整和完善。如果组织运行过程并没有影响组织目标的实现，但出现了低效率的情况时，说明在组织结构中有部分设置不能满足组织发展要求，这时需要对组织结构进行局部调整。

微视频：组织结构调整的时机

二、设计组织部门与岗位

（一）组织结构的横向设计与纵向设计

从组织结构设计的内容来看，组织结构设计的内容包括横向设计与纵向设计。

组织横向设计主要解决管理与业务部门的划分问题，这反映了组织中各部门的分工协作关系，如按照分工协作原则，对组织的业务与管理工作进行分析归类，构成了组织中的横向合作的部门问题，即划分部门问题；而组织的纵向设计则主要解决管理层次的划分与职权分配问题，或者说是组织中各部门的上下级问题，其反映了组织中的领导隶属关系。

在进行组织结构设计时，科学地设计有效的管理幅度与合理的管理层次关系密切。

1．部门的划分

进行部门划分，就是按照分工合作原则将组织中总的管理职能进行科学分解，组成相应的管理部门，各司其职，各负其责，形成部门之间的分工体系的过程。通过部门划分，将工作与人员划分并组建成若干管理单元。

部门划分的原则：

（1）有效实现组织目标原则。即部门划分必须以有利于组织目标实现作为出发点和归宿。

（2）专业化原则。即按专业化分工，将相似职能、产品、业务汇集到一个部门中。

(3) 满足社会心理需要原则。划分部门也不宜过度专业化，而应按照现代工作设计的原理，使员工的工作实现扩大化、丰富化，尽可能使其满意自己的工作。

部门划分的方法通常有：

(1) 按人数划分部门。这种方法适合于技术比较简单，而人数又较多的组织。

(2) 按产品或活动项目划分部门，如企业中的制造部门。或者按工序划分，或者按产品生产过程划分。

(3) 按职能划分部门，如企业中的技术部、财务部等。

(4) 按区域划分部门。

2．组织的纵向设计

组织的纵向设计也就是层次设计的选择问题。在组织结构进行设计时，由于管理幅度与管理层次这两个变量的取值不同，就会形成高耸（或高层）结构和扁平结构两种组织结构类型。

(1) 高耸结构的特点。高耸结构也叫金字塔形结构，是指组织的管理幅度较小，从而形成管理层次较多的组织结构。它的好处是有利于控制，权责关系明确，有利于增强管理者权威，为下级提供晋升机会；坏处是增加管理费用，影响信息传输，不利于调动下级积极性。

(2) 扁平结构的特点。扁平结构是指组织的管理幅度较大，从而形成管理层次较少的组织结构。它的优点是有利于发挥下级积极性和自主性，有利于培养下级管理能力，有利于信息传输，有利于节省管理费用；缺点是不利于控制，对管理者素质要求高，横向沟通与协调难度大。

（二）组织结构设计的基本类型

1．直线职能制

直线职能制是指在组织内部，既设置纵向的直线指挥系统，又设置横向的职能管理系统，以直线指挥系统为主体建立的两维的管理组织，其组织结构图如图 4-1 所示。

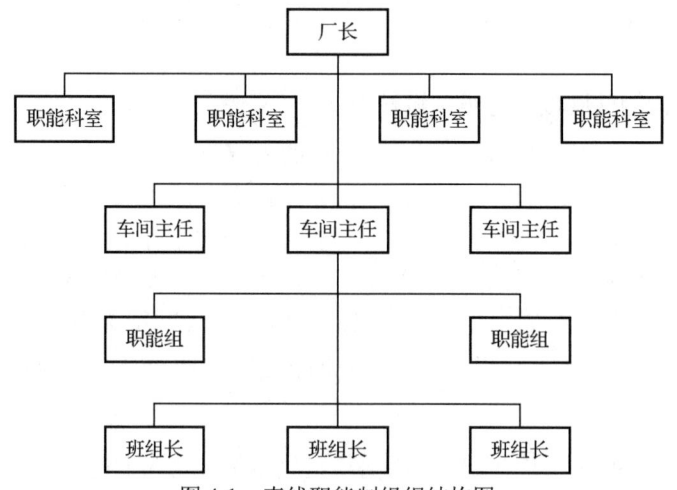

图 4-1 直线职能制组织结构图

直线职能制是以生产为中心的组织形式，具有明显的优点：这种组织形式以直接系统为主体，同时又发挥职能部门的参谋作用，由于职能部门无权指挥下级部门，因此其既保证组织的统一指挥，又加强了专业化管理。正因为如此，直线职能制是一种广泛适用于各类组织的组织形式。但直线

微视频：组织结构图中的信息解读

职能制也有着明显的缺点，如决策时间较长，各职能部门之间的关系协调难度大，易于产生脱节等。

2. 事业部制

一些大规模的综合性的组织和产业中的大型企业，有时采用事业部制或多维组织模式。事业部制是一种由相对独立的事业部或业务单元组成的组织结构。在这种结构中，每一个事业部都拥有有限的自主权，由事业部管理者对该事业部进行管理并对其绩效负责。因此，从图 4-2 中的组织结构图也可看出，事业部制在直线职能制框架基础上，设置独立核算、自主经营的事业部，在总公司领导下，统一政策，分散经营。可见，事业部制是一种分权化体制。

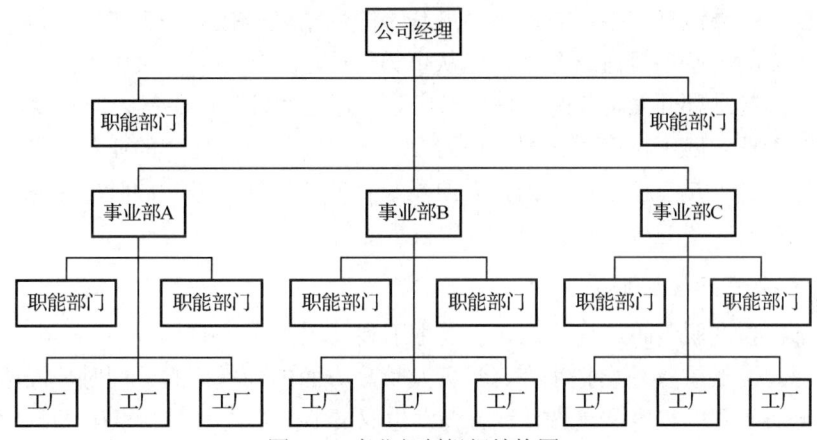

图 4-2 事业部制组织结构图

事业部的划分通常是按产品、项目或地域等进行划分的，其优点是有利于发挥事业部的积极性、主动性，更好地适应市场；公司高层集中思考战略问题；有利于培养综合管理人员。其缺点是存在分权带来的不足；指挥不灵，机构重叠；对管理者要求高。综合而言，事业部制适用于面对多个不同市场的大规模组织。

3. 矩阵制

矩阵制是由按职能划分的纵向指挥系统与按项目组成的横向系统结合而成的组织。横向上，其是各活动项目或研究项目组。在项目负责人的主持下，从纵向的各职能部门抽调人员，组成项目组，共同从事活动项目或研究项目的工作。项目完成后，返回本部门，项目组随即撤销。矩阵制组织结构图如图 4-3 所示。

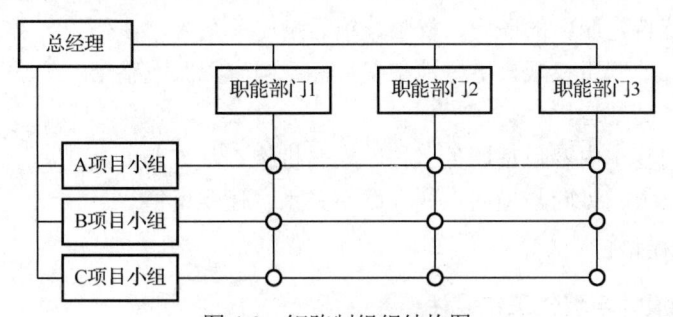

图 4-3 矩阵制组织结构图

矩阵制的主要优点：通过纵横结合，有利于集中企业中不同部门的能力进行配合；人员组合富有弹性。但缺点也非常明显，那就是破坏了命令统一原则，即多头领导。因此，处理好多头领导是矩阵制组织结构的重要环节,这往往需要上级进行统一协调。当然,如果项目小组的经理与部门经理能够定期进行沟通,协调员工的工作要求进而共同解决矛盾,那么矩阵式组织结构能够并且确实行之有效,这已经在广泛的实践中得到了证明。

矩阵制主要适用于突击性、临时性任务,如运动项目集训、大型赛事组织、科研攻关、开发重要客户等。

(三)组织结构中的岗位设置

1. 工作任务分担与职责委派

岗位职责委派指的是在构建组织基本结构之后,必须将各项具体业务工作分配给各个部门、岗位或职务。委派部门或岗位职责,最基本的依据就是按业务工作的类似性分配任务。通过对业务工作的一些项目进行分类,把从事类似业务工作的人员集中到一个部门,从而实现职务专业化。在进行分派责任时,需要考虑到责任之间彼此联系密切的程度。

在具体的管理实践中,有时根据工作需要,也可能将多种性质的业务工作集中到一个部门中来,但这些必须是有密切联系的,以便能最有效地进行工作。同时要注意,在向各个岗位授予履行职责所需要的权力时,需要实现权责对等。

2. 职责委派中的注意事项

在向各部门委派职责时,应注意防止发生下列问题:

(1)重复。委派重复是指把生产、经营及管理方面的同类问题,同时分派给不同机构,使他们都有解决问题的权力和责任,这就会发生职责上的重复,造成相互"扯皮"。如果有的特殊问题的确需几个部门协作才能解决,那么,在将该职责授予这几个部门的同时,必须明确划清各自的权限和职责范围,并确定牵头部门。

(2)遗漏。委派遗漏是指某项基本的例行工作,任何机构都没有把它列为自己的工作职责,这就发生了职责的遗漏,造成有事无人管的现象。对于例外产生的工作,当重复发生后应及时委派给有关部门列为例行职责。

(3)不当。委派不当是指将某项职责委派给了不适于完成这一职责的部门。因此,在委派工作时应将工作交给能最有效解决这一问题的工作部门。

3. 职务说明书

在进行职务委派之后,需要用制度确定下来,这就是职务说明书。职务说明书是就特定职务的职责、权限、任职资格等所做的规定的文书。职务说明书的基本作用在于规范特定职务的职责、权限、领导隶属关系等,使任职者规范有效地行使职责权限,更好地实现目标;同时,保证整个组织系统的有序、高效运行。

微视频:从组织结构设计到职务说明书的演变过程

职务说明书的基本内容包括职务名称、隶属机构、基本职能、主要职责、主要权限、纵向与横向隶属和联系关系、任职资格等。

(四)现代工作设计

1. 传统工作设计与现代工作设计

在将工作任务分配给各个部门、岗位与职务的过程中,核心内容是工作设计问题。传统的工作设计只强调专业化原则,即将相同或相近的工作交由一个部门负责,以寻求专业化带来的效率。但在现代社会条件下,这一情况发生了变化,特别是信息技术的快速发展,员工可以在极短时间内获得以前只有管理者才能获得的信息。另外,员工发现他们不止向一位上司汇报工作,特别是在围绕项目开展工作的公司中更是如此,这显然违背了统一指挥的原则。然而,如果相关各方都能管理好沟通、冲突和其他事项,那么,这样的安排也是可行的,而且确实行之有效。

此外,现代社会条件下,工作效率的提高主要不是来源于工作强度的增加和纯专业技术因素的作用,而是人的因素,包括人在工作过程中的感受、兴趣以及需要的满足等。因此,提出了现代工作设计的理念。

2. 核心工作要素

在工作设计中,使职工对工作满意、起激励作用的是其中若干核心工作要素。主要包括技能多样化、工作完整性、工作的意义、工作的自主权、上级的反馈五个要素,这五个要素让员工获得工作上的满足感与成就感。因此,这些核心工作要素有可能从质上改变了职工的岗位工作,使工作真正成为丰富多彩的、富有吸引力的活动。

在进行现代工作设计时,需要结合具体情况,将上述五个核心工作要素灵活运用于职工的岗位工作之中,使工作更富有激励性。

三、制定制度与规范

在建立了组织结构的框架,确定了各部门、各职位的基本职能与职权关系之后,组织须通过建立组织制度规范体系的形式,将各部门、各岗位的职能与职权明确化、制度化。职能与职权的明确化在组织中也是通过制度来保障的。因此,需要根据组织结构的情况制定相应的制度与规范。

制度与规范是指组织为有效实现目标,对组织的活动及其成员的行为进行规范、制约与协调而制定的兼具稳定性与强制力的规定、规程、方法与标准体系。

(一)制度规范的类型与特点

1. 制度规范的主要类型

组织的制度规范根据制度规范在组织中的影响作用可分为四大类:

(1)组织的基本制度。组织的基本制度是指规定组织构成和组织方式、决定组织性质的基本制度。

(2)组织的管理制度。组织的管理制度是指对组织各领域、各层次的管理工作所制定的指导与约束规范体系。

(3)组织的技术与业务规范。组织的技术与业务规范是指组织中的各种关于技术标准、技术规程的规定,以及对业务活动的工作标准与处理程序的规定。

(4)组织中个人行为规范。这是针对组织中的个人,对其行为进行引导与约束所制定的规范,如员工职业道德规范等。

2. 制度规范的特点

组织的制度规范具有确定组织运行的功能,是组织所有成员都需要遵守的基本准则,其具有以下特点:

(1)权威性。制度规范是由组织或其上级指定颁布的,要求其成员必须执行。因此,其有很高的权威性。

（2）规范性。制度体系不但具有高度的统一性、标准性，而且体现规律的要求，对组织成员进行科学合理的指导与规范。

（3）强制性。制度就是组织中的法规，强制要求其成员执行、遵守。

（4）稳定性。组织的规章制度一经制定，就是相对稳定的，要在一定期间内严格执行。

（二）制度规范的制定过程

1. 制度规范制定的原则

在制定组织的制度规范时，应遵循如下几项原则：

（1）法制性原则。组织制定一切规章制度，都要符合党和国家的政策法规，并同本组织的章程等基本制度相一致。

（2）目标性原则。必须根据组织的目标需要来制定组织的规章制度，所有制度都必须服从于组织的目标。对于一些专业性的制度规范，还应紧密服务于具体的经营管理目标。

（3）科学性原则。组织制定规章制度，一是必须体现客观规律的要求，对组织的运行与管理进行科学的规范；二是必须从实际出发，充分考虑本组织实际；三是必须先进可行，将先进性与可行性结合起来。

（4）系统性原则。组织制定规章制度必须考虑各种规范的衔接与统一，并形成配套的制度体系。

2. 制定制度规范的程序

组织在制定制度规范时一般遵循如下程序：

（1）调研与目标。在制定制度与规范时，首先要根据组织的总目标的需要，在充分调查研究的基础上，提出制定制度与规范的具体目标。

（2）制定草案。在大量分析处理有关信息资料的基础上，根据组织的情况着手起草制定制度与规范草案，并由制度制定者不断地完善草案，为制度讨论创造条件。

（3）讨论与审定。制度草案提出后，要广泛征求意见，反复讨论修改。经过多轮讨论修改之后，最后完善定稿，并上报制度审定部门审批。

（4）试行。将制度在组织内试行，经进一步修改、检验，使之完善。

（5）正式执行。以正式的、具有法律效果的文件形式颁布实施。

3. 管理制度的制定过程

就企业而言，管理制度主要包括专项管理制度和部门（岗位）责任制。

（1）企业专项管理制度的制定。企业专项管理制度是指在企业生产经营过程中，对各项专项管理工作的范围、内容、程序、方法、标准等所做的制度规定。通过企业专项管理制度的制定与实施，明确工作程序、方法与应达到的标准，规范与制约各项管理活动与行为，以保证各项管理工作的科学化与效率化，如企业的质量管理制度、安全管理制度、财务管理制度等。

企业专项管理制度通常采用条例或规定的形式。制定的程序一般是现有组织的高层提出总的指导方针与部署方案；由各职能部门或业务单位依据专业要求制定制度草案；经有关专业人员与群众参与讨论研究，反复修订；最后经授权部门审查批准，正式颁布。

（2）部门（岗位）责任制。部门（岗位）责任制是指对工作部门或工作岗位（个人）的工作责任与奖惩所做的规定。部门（岗位）责任制的形式比较灵活，但一般来说需要包括以下内容：各部门或工作岗位（个人）的工作范围、工作目标与任务、职责与职权、工作标准、工作绩效与奖惩等。

更具体地看，责任制可分为部门责任制和岗位责任制，这两者规定的重点是不一样的。前者主要规定各职能部门或生产经营单位的工作范围、目标、权限、协作关系等，以保证实行科学有序的管理；后者主要是规定岗位（主要指个人）的职责、工作程序与方法、达到的标准，以及相应的奖惩等，以保质保量地完成工作任务。

阅读材料：企业专项管理制度的内容构成

部门（岗位）责任制的制定，要在企业的原则指导下，由各部门与员工起草制定，最后由主管部门或人员审批颁布。在制定过程中，要特别注意既要发挥本部门与本岗位人员的专业优势，使责任制更符合实际与体现专业特点；又要由上级严格把关，使所制定的标准先进合理，奖惩有一定力度，将标准上先进合理与操作上可行便捷统一起来。

（三）制度规范的执行

组织制度规范在执行过程中应注意以下几方面：

（1）加强宣传教育。可利用各种有效途径与方式，将组织的规章制度向组织的全体成员进行宣传，做到"家喻户晓"，并教育组织成员认真贯彻实施。

（2）明确责任，狠抓落实，严格执行。组织制度规范的生命就在于执行。再好的制度，如果束之高阁，也是毫无意义的。贯彻执行制度规范，必须有严格的责任制作保证，并狠抓落实，严格执行。

（3）坚持原则性与灵活性的统一。在具体工作实践过程中，必须依法办事，保证规章制度的严肃性；同时，一定要结合具体情况，灵活而创造性地执行制度，注重规章制度的实效。

（4）加强考核与监督。制度规范工作的重点在落实，而落实的关键在于考核与监督。执行制度规范，只停留在号召与要求上是远远不够的，而是要搞好制度的贯彻落实，进行科学的考核，实行严格的监督。

（5）加大奖惩力度。制度与规范的执行总是会有这样或那样的困难，特别是可能会涉及利益冲突。因此，必须有较大力度的奖惩来加以推进与保证，并放大制度规范的作用。

（6）做好信息反馈，在适当时机进行调整与进一步完善。

管理感悟

第一，组织结构的设计是实现组织目标、方案或战略的重要工作，当组织维持着原有目标运作时，组织结构调整的内容较小，当组织确定了新的目标时，组织调整的幅度也就较大；当企业面临着变革时，甚至需要对组织的结构进行重新设计。

第二，组织结构设计需要得到上级领导的大力支持才能顺利进行，当组织结构设计完成之后，组织中的部门与岗位一般也要随之进行相应的调整。

第三，制度与规范是保证部门与岗位有效率运作的重要条件，在制定制度与规范时既要避免重复，造成多头领导，又要避免遗漏，造成无人管理的局面。

任务实训

1. 在线测试：设计组织结构。
2. 举例说明组织部门设置要考虑的因素。

在线测试

3．阐述如何制定管理制度与规范。

任务评价

评价类目	评价内容及标准	分值（分）	自己评分	小组评分	教师评分
学习态度	✓ 全勤；（5分） ✓ 遵守课堂纪律。（5分）	10			
学习过程	➢ 能说出本次学习任务的学习目标，上课积极发言，积极回答问题；（5分） ➢ 能够说明组织结构设计在组织职能中的地位；（5分） ➢ 能够说明管理层次与管理幅度之间的关系；（5分） ➢ 能够从决策权角度区分集权与分权。（5分）	20			
学习结果	◆ 在线测试设计组织结构；（4分×10=40分） ◆ 举例说明组织部门设置要考虑的因素；（15分） ◆ 阐述如何制定管理制度与规范。（15分）	70			
合　　计		100			
所占比例		100%	30%	30%	40%
综合评分					

知识拓展与技能实践

知识拓展

关于组织的制度化管理

组织中的制度化管理，或称规范化管理，就是国家管理中的"法治"模式，它是同"人治"相区别的。所谓制度化管理，就是倚重制度规范体系进行管理，其实质就是靠由制度规范体系构建的具有客观性的管理机制进行管理。制度化管理具有很强的客观性、规范性、正规性、稳定性。而"人治"靠的是管理者的个人权威及其情感好恶进行的管理。

制度化管理的优越性体现在以下几点：（1）可形成一个统一的、系统的行为体系；（2）能发挥整体优势，使企业内外更好地配合；（3）为员工能力的发挥提供了一个公平的平台；（4）有利于员工了解工作流程，使工作更顺畅；（5）有利于员工的自我发展，明确了工作的标准。

在实行制度化管理的时候，有以下几项具体要求：（1）要建立健全科学、系统的制度规范体系；（2）要树立"法治"观念，在组织内树立制度规范的基本权威。（3）要将坚持制度的严肃性，与尊重人、调动人的积极性和创造性有机结合起来。

技能实践

专项管理制度与部门（岗位）责任制是企业中员工的行动指南，对没有工作经验的同学们来说颇有几分好奇，这两种制度到底是什么样的呢？里面的内容又是如何指导员工工作的呢？在本次学习任务中已经讲到了这两种制度的结构，但这对学习管理学的人来说还远远不够。因此，请组织小组成员收集数份专项管理制度及一份部门（岗位）责任制，然后讨论这些制度是如何规范员工工作的。

请将讨论内容记录下来，并编制成文档。

任务二　做好人力资源管理

思维导图

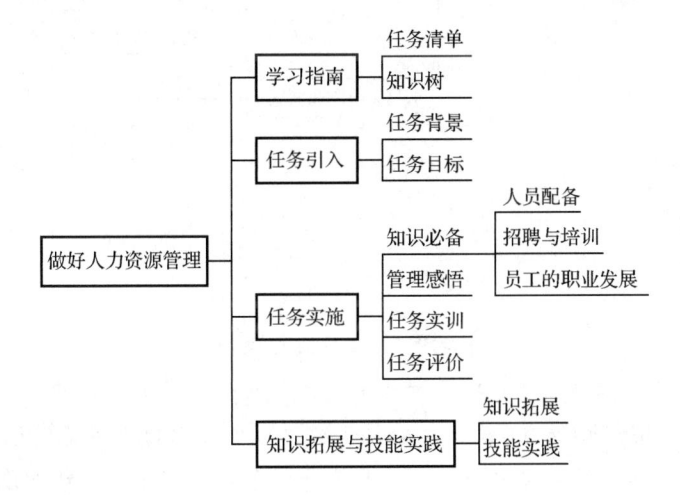

```
                        ┌─ 学习指南 ──┬─ 任务清单
                        │             └─ 知识树
                        │
                        ├─ 任务引入 ──┬─ 任务背景
                        │             └─ 任务目标
                        │
                        │             ┌─ 知识必备 ──┬─ 人员配备
做好人力资源管理 ───────┤             │             ├─ 招聘与培训
                        ├─ 任务实施 ──┤             └─ 员工的职业发展
                        │             ├─ 管理感悟
                        │             ├─ 任务实训
                        │             └─ 任务评价
                        │
                        └─ 知识拓展与技能实践 ──┬─ 知识拓展
                                                └─ 技能实践
```

学习指南

任务清单

工作任务	做好人力资源管理
建议学时	4 学时
任务描述	本任务学习人力资源管理的相关知识，通过学习，能根据人力资源管理的基本过程，完成组织的人力资源规划、人员选聘、员工培训、员工考核要点以及设计激励性的奖酬体系等内容的学习，掌握人力资源管理的基本工作内容。
学习目标	知识目标：1. 掌握人力资源规划的要点； 2. 掌握企业人员选聘与培训的工作过程与内容； 3. 理解并掌握组织中员工考核与奖酬设计要点。
	能力目标：1. 具备进行人员选聘的基本能力； 2. 具备组织员工培训的基本能力； 3. 具备进行员工考核的能力。
	素质目标：1. 具备分析企业人员素质要求的意识； 2. 具备实事求是的意识； 3. 具备大局意识与规范作业的意识。
	思政目标：通过对人力资源管理相关任务的学习，培养爱岗敬业、爱国守法、遵守规章、热爱工作、以身作则的意识，培养为国选才、为企业选才的觉悟与素质。
关键词	人力资源规划；人员选聘；员工培训；员工考核；奖酬体系

知识树

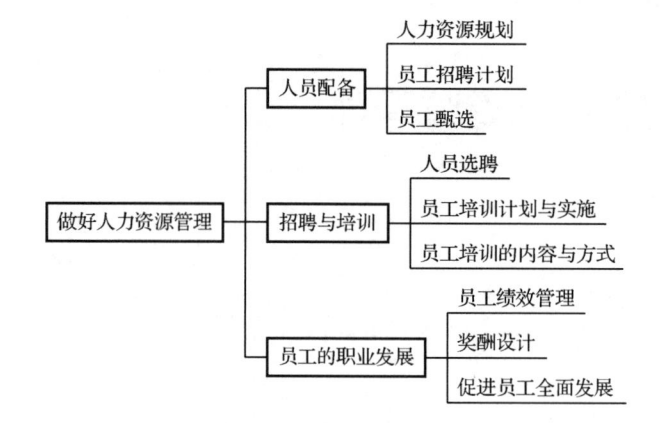

```
                              ┌── 人力资源规划
                   ┌─ 人员配备 ─┼── 员工招聘计划
                   │          └── 员工甄选
                   │
                   │          ┌── 人员选聘
做好人力资源管理 ──┼─ 招聘与培训 ┼── 员工培训计划与实施
                   │          └── 员工培训的内容与方式
                   │
                   │            ┌── 员工绩效管理
                   └─ 员工的职业发展 ┼── 奖酬设计
                                └── 促进员工全面发展
```

任务引入

任务背景

管理者与人力资源管理

对于管理者来说，人力资源管理的一项重大挑战是确保自身所在的公司拥有一支高质量的员工队伍。获得与留住有能力、有才华的员工对每一个组织的成功都起着至关重要的作用，无论这个组织是刚刚起步还是成立多年已经拥有一定基础。如果一个组织没有认真履行人力资源管理职责，那么可能会对绩效产生不良影响。因此，每一位管理者做好组织管理的工作之一就是做好人力资源管理。

当组织的结构建立之后，管理者需要寻找合适的人选来填补空缺的岗位，或者在商业环境的要求下解聘员工，这需要企业的人力资源管理发挥作用。这是一项重要的工作任务，涉及安排正确数量的正确人选在正确的时间处于正确的位置上。为什么所有管理者都需要参加一些人力资源管理活动，如对应聘者进行面试、为新员工提供培训、评估员工工作绩效，即便公司已经设有一个独立的人力资源管理部门？

任务目标

1. 企业是如何实现部门的人员配备的？
2. 员工是如何在企业中得到发展的？

任务实施

知识必备

每一个组织都需要人员来从事一些支持组织业务经营的必要工作。当组织已经进行岗位设置之后，组织应该如何获得与这些岗位要求相一致的人员呢？更重要的是，组织该如何确保获得能够胜任工作的人才？这涉及企业中的人力资源管理问题。

一、人员配备

（一）人力资源规划

人力资源规划是管理者用来保证正确数量、类型的合格人员在正确时间处于正确位置的一个过程。通过规划，组织能够避免突如其来的人员短缺和人员过剩。人力资源规划包含评估当前的人力资源和满足未来的人力资源需求两个步骤。

1. 评估当前的人力资源

评估当前的人力资源是进行人力资源规划的第一步工作。管理者在开始人力资源规划之前，通常会对当前员工的情况进行统一整理。这种整理通常包括员工各方面的信息，如姓名、受教育程度、所接受的培训、工作经历、所掌握的语言、特殊能力以及专业技能等。

（1）工作分析。对当前的人力资源进行评估的一项重要内容就是工作分析，工作分析是定义工作及对从事该工作所需行为的评估。工作分析的信息收集可以通过直接观察从事该工作的员工、单独或以小组形式与员工进行面谈、让员工完成一份调查问卷或在记事本上记录一些日常活动，或者让工作"专家"（通常是管理者）来识别该项工作的具体特征等完成。

（2）工作说明书。利用这些从工作分析中得到的信息，管理者可以制定或修订工作说明书和工作规范。工作说明书（或职位说明书）一般是描述工作内容、工作环境和工作条件的书面声明。工作规范描述的是任职者成功开展某项工作所必须拥有的最低任职资格。它确定了有效开展工作所必须具备的知识、技能和态度。在管理者开始招聘和甄选时，工作说明书和工作规范都是非常重要的文件。

通过对工作分析与工作说明书进行比对，核查企业的人力资源情况，可发现企业哪些人员是过剩的，哪些人员是不足的，从而为招聘人员提供直接依据。

2. 满足未来的人力资源需求

未来人力资源需求的确定依赖组织的使命、目标和战略。组织对员工的需求来源于产品或服务的需求，通过人力资源规划满足未来市场对产业或服务的需求。因此，在对当前的人力资源能力和未来的需求进行评估之后，管理者能够估计组织中人员与未来需求之间的匹配不足或过剩的领域。

经过以上两个步骤之后，企业通常会结合企业未来的发展，制定中长期的人力资源发展规划，进而通过一定时期的招聘计划实现人力资源的需要。

微视频：为什么要做人力资源规划

（二）员工招聘计划

员工招聘计划是根据企业制定的中长期人力资源发展规划，将人员招聘落实到每一年的具体招聘计划之中。因此，人力资源规划是确定具体招聘计划的重要依据。

具体的招聘计划通常应包括以下主要内容：

（1）人力资源现状评估、未来需求；

（2）员工招聘的数量、种类、质量与来源；

（3）具体的招聘程序、方法以及招聘的组织工作等。

（三）员工甄选

在整个员工的招聘过程中，最核心的过程就是员工甄选。所谓的甄选是对应聘者是否符合组织的招聘要求、是否能够胜任工作需要的鉴别和评价过程。对员工进行甄选的方法通常有审查申请表、考试绩效模拟测试、面试等。

甄选的科学性和可靠性在相当大程度上取决于甄选方法的信度和效度。

(1) 信度。甄选所采用的方法首先必须是可信任的，即信度高。信度是指运用某一甄选方法对同一对象测度结果的一致性程度。这一指标反映的是甄选方法本身的可靠程度。如被测试者分数稳定，说明方法可靠，测试结果才更可信。

(2) 效度。甄选所采用的方法不但要可靠，而且要有效，即效度高。效度是指甄选方法与工作标准之间的相关程度。这一指标反映的是甄选方法的有效程度。如果所测试的方法与要求跟所要求的测度结果联系不大，则说明这种方法及其结果就是无效的。

二、招聘与培训

（一）人员选聘

1．人员选聘的方式

在确定了组织内需要招聘的相关职位之后，就可以通过招聘、选拔、安置和提升来配备所需的员工及管理者。在挑选人员时需要依据职位或岗位的要求和受聘者具备的素质和能力进行选聘。一般来说有以下几种选聘渠道。

（1）互联网。其优点是能够扩散给大量人员，也可以获得即时反馈；其缺点是产生很多不合格的候选人。

（2）员工推荐。其优点是公司现有员工可以为候选人提供本公司的信息，能够产生优秀的候选人，因为好的推荐会提升推荐者的声望；其缺点是在提高员工多样性上可能有所欠缺。

（3）公司网站。其优点是辐射范围广泛，能够瞄准某些特定群体；其缺点是产生很多不合格的候选人。

（4）校园招聘。其优点是大规模的候选人集中在一起，有利于降低招聘成本；其缺点是校园招聘一般限于初级职位。

（5）专业招聘机构。其优点是对行业挑战和要求具备深入认知；其缺点是对特定组织没什么承诺。

阅读材料：为什么有些企业倾向于员工推荐的求职者？

2．员工选聘步骤

员工选聘的基本工作包括确定岗位需要、编制计划、实施选聘、上岗培训等工作。选聘的具体步骤如下。

（1）初次面试。初次面试多半是根据招聘的一些标准与条件来进行筛选的，淘汰掉明显不符合职务或岗位要求的应聘者。

（2）审查申请表。审查申请表的目的是帮助招聘人员对应聘者有基本了解，并根据其条件，决定是否有必要对其进行进一步考核。一般来说，申请表的内容包括姓名、年龄、性别、家庭情况、受教育情况、特长、简历等。在申请表的具体编排上，应依据企业及职务的要求而定，尽量做到与职务密切相关。同时，在用词上也应做到清晰明了，应使招聘者通过申请人所填的具体内容即可做出有效的初步判断。

（3）录用面试。录用面试的目的是进一步获取应聘者的信息，在初次面试和审查申请表的基础上，加深对应聘者的认识，有助于对应聘者合格与否做出判断。同时，计划得当的面试还可以达到使应聘者了解企业和宣传企业形象的目的。

（4）测试。测试是运用系统的、统一的标准及科学的规范化的工具，对不同人员的各种素质加以公正而客观的评价。它是选聘过程中重要的辅助手段，特别是对于那些其他手段无法确定的个人素质，如能力、个性特征、实际技能等更为有效。最常用的测试包括智力测试、知识测试、个性测试和兴趣测试等。

（5）人才评价。这是为选聘重要管理职位或高技能岗位人才而采用的方式。即让候选人参加一系列管理情景模拟活动，让评价人员观察和分析受试者在一个典型的管理环境中如何运作，以考察其实际管理技能或技术技能。参加评估的人员是评估专家和经过培训的企业管理者，一般由待选聘岗位的顶头上司参与，并由评估小组集体讨论做出最后评估结论，作为上级审批人员聘任的依据。

（6）对新员工进行上岗教育。上岗教育，一方面包括向新员工介绍企业情况、企业的职能、任务和人员等情况；另一方面是使新员工更好地适应工作，包括学习工作所需要的知识和能力，执行任务采取的合适态度，以适应本单位的准则和价值观念。

阅读材料：上岗培训的两种类型

（二）员工培训计划与实施

1．制订培训计划的依据

培训计划的具体内容主要根据以下三方面因素来确定：组织本身的要求，即根据组织的宗旨、目标与所处的环境等因素确定培训的内容与安排；企业经营任务和工作岗位的要求，即可以根据工作的具体内容和市场与技术未来发展需要等因素来选择培训的内容与方法；根据受培训者的工作表现与能力及其自身发展需要等因素选择培训内容、培训时间与方法等。

2．培训计划制订的内容与过程

员工培训作为一项具有战略性意义的重要工作，必须有周密的计划和精心的组织。

（1）培训计划的主要内容包括培训目的、培训对象、培训时间、课程内容、师资来源、实施进度和培训经费等项目。

（2）制订培训计划的程序：组织培训需求调研，可以采用分发培训需求调查表等方式征求相关员工意见；根据需求确定组织的需要与目标，由人力资源管理部门拟订培训草案；将培训草案上报上一级主管审定，即可组织实施。

3．培训计划的实施

培训计划的实施，需要注意以下几个方面的内容。

（1）落实培训所需资源与条件，如场所、时间、员工（含学、教双方）等，确保严格执行培训计划。

（2）加强日常管理、建立并严格执行培训制度与秩序。

（3）注重对员工的有效激励，使其明确培训目的，增强学习兴趣，并尽可能采用自主管理的方式，提高学习效果。

（4）加强培训的考核与评估。既包括对每位学员的学习成绩评估，又包括对整个培训过程的效果评估；既要注意培训过程评估，又要注意培训结果评估。

（三）员工培训的内容与方式

1. 员工培训的基本内容

由于企业对各级、各类员工的素质、能力要求不同，故其具体培训内容也不同。但培训的基本内容包括三部分：思想觉悟与职业道德、技术与业务理论知识、技术与业务能力。

如果是对管理者进行培训，那么，技术与业务理论知识、技术与业务能力的培训中均应包括管理的理论与技能。

2. 员工培训的方式

员工培训方式可分为传统培训方式与基于技术的培训方式，通常包括以下方式与方法。

（1）传统培训方式。

① 在岗培训。通常是在向员工初步介绍工作任务之后，员工简单地通过实际执行来学习如何开展这些工作任务。工作轮换——员工在某个特定领域中从事不同的工作岗位，从而接触各种各样的工作任务。

② 辅导制。员工跟随一位经验丰富的同事一起工作，该同事向他提供信息、支持和鼓励；在某些特定行业中也称学徒制。

③ 实验练习。员工参与到角色扮演、模拟或其他类型的面对面培训中。

④ 工作手册/指南。员工可以参考培训工作手册和指南，获取相关信息。

⑤ 课堂讲座。员工参加传达特定信息的讲座。

（2）基于技术的培训方式。

① CD-ROM/DVD/录像带/录音带/播客。员工听或观看所选择的传达信息或展示技巧的特定媒介。

② 视频会议/电话会议/卫星电视。当传达信息或展示技巧时，员工可以倾听或参与其中。

③ 电子化学习。基于互联网的学习，员工可以参与多媒体的模拟功能或其他互动模块。

④ 移动学习。通过移动设备开展学习。

三、员工的职业发展

一个组织一旦在招聘、甄选、上岗培训和培训员工上投入了大量资金，组织就希望能够留住他们，尤其是那些胜任的高绩效员工。在这方面，有两项人力资源管理活动发挥了重要作用：一项是员工绩效管理；另一项是奖酬设计，即开发合适的薪酬与福利计划。

（一）员工绩效管理

在管理者的管理过程中，需要确保员工的工作努力有助于保质保量地完成组织目标。管理者如何做到这一点呢？通过遵循控制过程可以取得良好效果，即测量实际绩效；比较实际绩效与标准（或期望）；如果需要则采取行动。这个过程就是员工的绩效管理过程。

员工绩效管理是指建立绩效标准，据以评价员工的绩效，以便形成客观公正的人力资源决策，并提供支持这些决策的文件的过程。员工绩效管理中的重要工作便是员工绩效考核与评估。从管理者的角度看，对员工进行考核主要有两大基本目的：其一，发掘与有效利用员工的能力；其二，通过考核对员工给予公正的评价与待遇，包括奖惩与职务升降等。

1. 员工绩效考核的作用

从绩效考核的目的可以看出，员工绩效考核至少可为管理者带来以下几个作用：
- 考核有利于评价、监督和促进员工的工作，有明显的激励作用；
- 为确定员工的劳动报酬与其他待遇提供科学依据；
- 为个人认识自我、组织进行考核、促进员工的全面发展等多方面创造条件；
- 有利于管理者了解下属，以便进行合理的岗位调整及职务晋升。

2. 员工绩效考核的内容结构

对员工进行考核，主要涉及德、能、勤、绩和个性五个方面。

① 德，即考核员工的思想觉悟与职业道德。特别是职业道德，对于企业的员工来说具有重要的意义。

② 能，即考核员工从事业务技术工作所要求具备的专业理论水平与实际能力。能力是做好工作的基本条件。技能本身已成为员工价值与组织支付薪酬的重要依据。同时，技能考核也是员工录用的重要依据。

对员工能力考核主要包括：
- 基本能力，包括知识、技能和体力；
- 精神熟悉能力，包括理解能力、判断能力、决断能力、创造能力、筹划能力、开发能力、表达能力、谈判能力、涉外能力和领导能力等。

③ 勤，即考核员工主观上的工作积极性和工作态度，包括在工作中表现出来的热情与干劲。考核工作态度，主要包括积极性、责任感、纪律性和协调性等，这对工作的成果与贡献也具有十分重要的意义。

④ 绩，即考核员工在工作过程中的实际成绩与效果，主要包括员工所完成工作成果的数量、质量及时效。这是最重要的考核内容，是确定对其评价、奖酬、使用的最基本的依据。

⑤ 个性，主要了解员工的性格、偏好、思维特点等。对员工个性的了解，有利于管理者更好地掌握下属的特点，有针对性地、更富有成效地做好管理。

3. 员工绩效考核的程序

（1）制订考核计划。首先必须制订周密的考核计划。要根据组织的基本要求和具体的考核目的，结合当时的实际情况，确定本次考核的目标、对象、程序、方法、实施时间与日程、考核主体等，并明确相应的考核要求与事项。

（2）制定考核标准，设计考核方法，培训考核人员。

① 制定考核标准。考核的标准主要有两种：一是职务标准，即组织所期望或要求做的工作内容与水平；二是职能条件，即组织期望与要求个人应具备的能力内容和水平。

② 设计考核方法。根据考核对象的工作性质与特点、考核标准的要求，以及组织的实际情况，灵活地选择与设计考核的方法。

③ 培训考核人员。在考核前应对考核人员进行培训，使他们掌握考核的目的与要求、程序与方法，包括进行必要的客观公正教育。

（3）衡量工作，收集信息。这是考核的具体实施阶段，是考核的主体过程。需要注意：
- 要深入实际，深入群众。这是获取真实而准确信息的基础。
- 要做好思想发动与相关人员的思想工作，获得知情人的积极配合。
- 要采用事先设计的科学的考核方法，客观公正地进行衡量。

➢ 搜集的信息要真实准确，并尽可能实行量化。

（4）分析考核信息，做出综合评价。需要注意：

➢ 对收集到的信息要进行筛选、审核与提炼，特别是要去伪存真，确保信息的准确性。

➢ 要对信息进行科学分类，系统整理。

➢ 对信息进行全面综合，系统分析、科学抽象，正确地做出考核结论。

（5）考核结果的运用。考核结果要上报给上层管理者，并同本人见面。考核结果可以作为了解员工、激励工作、开发能力、奖酬发放、调整使用、晋职晋级等的依据。

微视频：员工绩效考核的程序

4．员工绩效考核的常用方法

（1）实测法。即通过各种形式的实际测量进行考核的方法。例如，对员工进行生产技术技能的考核，常采用由员工现场作业，通过实际测量进行技术测定、能力考核。

（2）成绩记录法。即将取得的各项成绩记录下来，以最后累计的结果进行评价的方法。这是一种日常的、连续的、客观记录事实的方法。这种方法主要适用于能进行日常连续记录的生产经营活动或其他职能工作，如记录生产的数量、质量、进度等。

（3）书面考试法。即通过各种书面考试的形式进行考核的方法。这种方法主要适用于对员工所掌握的理论知识进行测定。当然，也可进行某些能力的测定。

（4）直观评估法。即根据被考核者的一些表现，由考核者直接做出评估的方法。这主要是依据对被考核者平日的接触与观察，由考核者凭主观判断进行评价的方法。这种方法简便易行，但易受考核者的主观好恶影响，科学性差。

（5）民主测评法。即由组织的成员集体打分评估的考核方法。一般采用问卷法进行。即先考核者事先设计问卷，按考核的项目设计问题；再由相关知情者以书面或口头的方式回答；最后由考核者进行统计整理的一种方法。对领导者的考核，通常按德、能、勤、绩四个方面设计项目，并按优秀、良好、称职、不称职分等做出评价。这种方法主要用于对领导干部的考核。

（6）360度考核法。360度考核法是一种全方位反馈评价或多源反馈评价的方法。这种方法是指由了解被考核者工作表现的不同相关者，从不同的角度对被考核者进行全面绩效评价的方法。其优点是克服了传统上只有主管领导进行评价的片面性，使评价更为全面，更具有广泛的群众认可度。但该方法同时也有明显的缺点，主要是由于在众多员工的反馈评价过程中，受到信息不对称、认知不到位和情感等因素的影响，有时会使评价结果不准确、不公正。例如，当存在利益矛盾的相关者评估时，会出现明显的人为误差。因此，360度考核法应该主要用于员工的发展，而不适用于员工提升、工资确定或绩效考核等。

（7）因素评分法。即通过对有关项目分别考核，再进行综合评价的一种考核方法。其思路为：先将考核的有关项目具体分成评定要素，分类排列，并规定每一个项目的分数；然后，根据实际情况，对照标准，分别给各个项目打分；最后，将各项目的分数累加起来，以累加分数的形式综合表示出对被考核者的评价。这是一种广泛应用的方法。主要适用于对一些本身不可度量的因素、不好直接计量的工作的考核。

（二）奖酬设计

奖酬泛指组织成员的全部劳动收入，既包括基本薪金，又包括各种形式的奖金、津贴等。奖酬是各类组织中基层管理者重要的管理内容与最基本的激励手段。

阅读材料：管理者进行员工绩效评估的目的

1. 奖酬设计的目标

奖酬设计的目标有三个：

（1）最首要的目标就是能有效吸引社会上的优秀人才来本企业工作，并能保证企业现有核心员工安心于本企业的工作。

（2）奖酬最直接的目标就是对组织成员产生尽可能大的激励作用。

（3）促进员工能力的不断开发。

2. 激励性奖酬体系的设计要求

为增强奖酬体系的激励性，应重点抓好以下几个要点：

（1）加大薪酬的浮动比例。薪酬的活力在于其差别与变动性。在设计时，应尽可能增加薪酬体系中的浮动部分，使薪酬体系能更好地反映贡献的差异与变化，以增强其激励性。

（2）奖酬与绩效紧密挂钩。奖酬与员工的实际工作成果和贡献挂钩，是形成奖酬激励性的最直接的因素。要研究绩效与奖酬挂钩的恰当形式与有效机制，科学地实现按照实际贡献确定薪酬的目标。

（3）突出技能工资的作用。随着智力资本贡献率的加大，一些新经济企业更加重视员工的智力投入和对员工的智力开发。因此，需要把员工的技能作为确定薪酬的重要依据，完善技能工资制度。

（4）科学地确定岗位薪酬差别。要坚持"向生产一线的主要岗位，特别是技能要求高、责任重、贡献大的岗位倾斜，向苦、脏、累、险岗位倾斜"。同时，岗位工资的级差要实行不等额递进制，即层次越高，技能要求越高，工资水平也应越高。

（5）注重奖酬激励的长期性。对于一线员工，注重的是激励的直接性，这样效果更好；而对于高层管理者和高层次技术骨干，则更应注重激励的长期性。为了克服高层管理者的短期行为和有利于技术骨干的长期贡献，对他们实行长期激励具有特别重要的意义，通常采用年薪制、股票期权和期股制等。

（三）促进员工全面发展

1. 重视员工的全面发展

促进员工的全面发展是一切社会组织的最根本性任务。从马克思主义的基本理论，到现代社会发展的时代要求，都决定了促进人的全面发展是整个社会乃至一切社会组织的一项最根本性的任务。每个组织在实现本组织宗旨和完成生产经营任务的同时，都必须高度重视本组织成员的全面发展问题，并将其列入重要的管理目标，下功夫抓出成效。在现代管理中，只抓工作绩效的管理者只是"半个管理者"；而在抓工作的同时抓人的社会生活质量与成长的管理者，才是"完整的管理者"。

2. 促进员工全面发展的途径

为促进员工的全面发展，应特别注重抓好以下工作：

（1）尊重员工的主人翁地位，尊重员工的政治权利，充分发挥其议政和参与管理的积极作用。

（2）鼓励员工的首创精神，支持他们在工作中的改革与创新，满足其成就事业、自我实现的需要。

（3）建立终身学习的体系，提供员工学习理论与技术的必要条件，鼓励他们在技术与业务上的进步，促进其自身素质的不断提高。

（4）尊重员工的个性，鼓励员工健康的个性发展和人格的自我完善。

（5）满足员工的各种社会心理需要，创造和谐的人际环境，在组织中建立健康、向上、团结、融洽的团体氛围。

（6）在完成工作任务的同时，关心并促进员工的身心健康。

（7）要利用本组织的各种有利条件。使本组织的成员有高质量的、愉悦的社会生活，使他们不但是"工作的人"，而且还能成为"幸福的人"。

（8）树立组织成员的社会责任意识，使他们成为自觉维护社会公德、承担社会义务的高素质的社会成员。

管理感悟

第一，企业在招聘员工时不是随便进行的。企业一般需要先做人力资源规划，保证在未来一定时间内的人才需求，越是注重长远发展的企业，越会注重人力资源规划。

第二，绩效管理分为组织绩效与员工绩效两大块内容，同时绩效管理也是企业进行控制的重要手段。在本次的学习任务中介绍的是员工绩效管理，其目的既是激励员工发展，以及为更好地开发人力资源提供依据，也是更有效地实现组织目标。组织绩效管理则是为了保证组织的发展不偏离组织目标而采用的管理方法。

第三，在招聘的过程中，员工推荐往往具有特别的优势。由于有员工信誉的背书，同时由于通过员工的介绍与示范，这让招聘对象对岗位有了更深的了解，往往招聘的员工的稳定性更高。但员工推荐也有可能由于各种人情关系等方面的因素，给企业带来一些不利影响。

任务实训

1. 在线测试：做好人力资源管理。
2. 举例说明参加应聘工作需要的注意事项。
3. 阐述制定激励性奖酬体系的事项。

在线测试

任务评价

评价类目	评价内容及标准	分值（分）	自己评分	小组评分	教师评分
学习态度	✓ 全勤；(5分) ✓ 遵守课堂纪律。(5分)	10			
学习过程	➢ 能说出本次工作任务的学习目标，上课积极发言，积极回答问题；(5分) ➢ 能够说明人力资源规划与招聘计划的关系；(5分) ➢ 能够列出人员选聘的基本流程；(5分) ➢ 能够列举激励性奖酬设计的要求。(5分)	20			
学习结果	◆ 在线测试做好人力资源管理；(4分×10=40分) ◆ 举例说明参加应聘工作需要的注意事项；(15分) ◆ 阐述制定激励性奖酬体系的事项。(15分)	70			
合　　计		100			
所占比例		100%	30%	30%	40%
综合评分					

知识拓展与技能实践

知识拓展

我国的结构工资制度

我国的工资改革的趋势是由等级工资制度过渡到结构工资制度。结构工资制度是指把影响劳动数量和质量变化的各种因素进行分解，分别通过各种不同的工资形式加以反映，其由几个工资额组合成奖酬体系。

结构工资可以由以下几种工资形式进行组合：

（1）基本工资。这是指保证员工基本生活需要，维持劳动力再生产的部分。

（2）技能工资。主要反映技术复杂程度、劳动熟练程度和技术能力。其是对员工投入所给予的回报。

（3）岗位工资。主要反映劳动的熟练程度及劳动条件、责任等因素。其是依据工作岗位进行的区分。

（4）职务工资。主要反映管理者的水平、能力和责任，是对不同职位管理者进行的区分。

（5）绩效工资。主要反映员工的劳动成果与贡献，是对员工产出所给予的回报。

（6）工龄工资。反映对员工过去积累劳动的报酬。

（7）津贴。主要反映随时间、地点、条件变化而引起的劳动消耗的变化。

（8）奖金。是对超额劳动的报酬。

企业在实际改革中，应用较多的是岗位工资、技能工资和绩效工资的有机组合。

奖励的形式与方法。作为中基层管理者，奖金是极为重要的一种奖酬激励手段。奖励的形式：从奖励的指标上看，有综合奖与单项奖；从奖励的时间上看，有定期奖励（月、季、年）和一次性奖励；从奖励的对象上看，有个人奖和集体奖。

奖励方法，即奖励分配或发放的方法。主要有：

（1）指标分配法。凡工作业绩有硬性指标的，可以按指标进行分配。

（2）提成法。奖励同价值形态成果直接挂钩的，可以按价值成果的一定比例提成或分配奖金。如按利润额的一定比例提取或分配奖金。

（3）系数法。可以借用与奖励相关因素的比例关系计算出的系数来进行分配。

（4）标准折合法。即把不同的成果折合成同一的、可以比较的指标来进行分配。

（5）分等法。对于无法计量的，可采用评估分等的办法来分配奖金。

技能实践

在我们与大学生就业相关的课程中，或许都练习过简历的写法。现在查看并更新你的简历，然后让几位处于管理岗位或者是接受过管理培训的朋友对你的简历做出评价。请他们解释各自的评价，并根据他们认为可以改进的地方对你的简历进行修改。

注意，在进行修改的时候需要做到以下几点：

（1）总结一些你在简历中没有体现出来的人际交往技能、技术技能以及任何实践经历。

（2）拟定一系列在面试中你可能会被问到的诱发性问题，这些问题能够给予你机会，使你能够谈及你能给工作带来的一些独特才能和个性特质。

修改之后，将修改之后的简历让管理者再做一次评价。

任务三　构建高效工作团队

思维导图

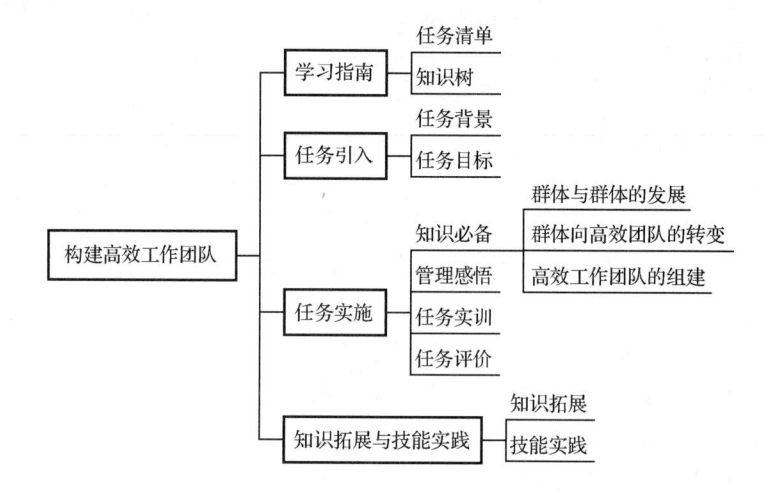

```
                            ┌─ 学习指南 ─┬─ 任务清单
                            │           └─ 知识树
                            │
                            ├─ 任务引入 ─┬─ 任务背景
                            │           └─ 任务目标
                            │
                            │                    ┌─ 群体与群体的发展
构建高效工作团队 ───────────┤           ┌─ 知识必备 ─┼─ 群体向高效团队的转变
                            │           │        └─ 高效工作团队的组建
                            ├─ 任务实施 ─┼─ 管理感悟
                            │           ├─ 任务实训
                            │           └─ 任务评价
                            │
                            └─ 知识拓展与技能实践 ─┬─ 知识拓展
                                                  └─ 技能实践
```

学习指南

任务清单

工作任务	构建高效工作团队
建议学时	2 学时
任务描述	本任务通过学习群体向团队转变相关的知识，区分群体与团队在工作中的不同特点，学会高效工作团队管理的基本方法与技能，并能正确处理管理活动中的团队工作，建立高效的工作团队。
学习目标　知识目标	1. 理解正式群体与非正式群体的区别与联系； 2. 理解群体向工作团队的转变； 3. 掌握构建高效工作团队的方法。
学习目标　能力目标	1. 具备区分正式群体与非正式群体、群体与团队的能力； 2. 具备构建高效工作团队的能力； 3. 具备引导工作团队建设的能力。
学习目标　素质目标	1. 具备培育与爱护工作团队的意识； 2. 具备实事求是的精神； 3. 具备大局意识与规范作业的意识。
学习目标　思政目标	通过对构建高效团队的学习，正确看待群体向团队的发展转变，培养马克思主义发展观，培养按客观规律办事的哲学观，培养爱国守法、实事求是、勤于思考、勇于创新的精神。
关键词	群体；团队；高效工作团队

模块四 理解组织职能

知识树

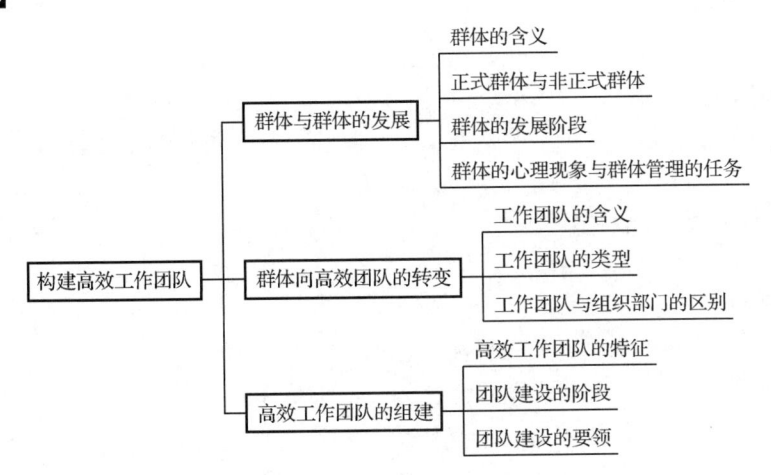

构建高效工作团队
- 群体与群体的发展
  - 群体的含义
  - 正式群体与非正式群体
  - 群体的发展阶段
  - 群体的心理现象与群体管理的任务
- 群体向高效团队的转变
  - 工作团队的含义
  - 工作团队的类型
  - 工作团队与组织部门的区别
- 高效工作团队的组建
  - 高效工作团队的特征
  - 团队建设的阶段
  - 团队建设的要领

任务引入

任务背景

如何塑造有效的团队

工作不久的於老师承担了"机械制造"课程建设的任务，为了保证课程建设的质量，他邀请了几位经验丰富的老教师做团队的成员，并且还特意邀请了企业里有名的工艺专家刘总工程师担任课程团队的指导。

随着课程建设的深入，於老师发现了一个问题，每当他请求刘总工程师协助时，刘总工程师似乎总是很忙，抽不出时间。每次总是说："你找一下现场的郑工，他会配合你的。"

於老师找了郑工，郑工说："我们现场这些加工过程，只要你认为有用的，尽管提出来，我会全力配合。"

现场确实有很多素材，但郑工给予的帮助并不是於老师想要的。於老师想要的是工艺流程的素材，可这工艺流程的重点在哪里呢？於老师看得一头雾水。

几次下来，於老师仍然没有头绪，心里开始打鼓了。

"刘总工程师水平这么高，这工艺只有他说得清楚，可他不参与进来，这课程的建设总感觉没有主心骨似的。"於老师心里想。

刘总工程师没有专门的时间提供工艺指导，整个课程建设的进度已经被延后了很多。

"看来课程团队真不是随便找一群人就行的，早知这样，还不如找位有时间与精力的专家来指导课程！那样的话至少也不用整个团队等着刘总工程师的时间来决定建设的进度。"於老师心里感叹起来，他不禁怀疑自己当初找刘总工程师做课程团队指导是不是正确的。

任务目标

1. 一群人组成的群体与工作团队有什么区别？
2. 如何构建高效的工作团队？

任务实施

知识必备

在对团队进行深入了解之前，我们有必要了解一些有关群体和群体行为的基本概念。

一、群体与群体的发展

（一）群体的含义

群体是为了实现某个（些）具体目标而组合到一起的两个或更多相互依赖、彼此互动的个体组成的集合体。群体是相对于个体而言的，但不是任何几个人就能构成群体。

从管理的角度看，我们更关心一个群体是否有效，或者是群体中的成员组合在一起之后是否能达到某个（些）目标。一个有效的群体主要有两个标志：

（1）能较好地完成组织的任务，主要通过群体的生产性（工作）或创造性成果加以衡量。显然，这是组织的目标。

（2）能较好地满足其成员的需求，主要通过该群体对其成员欲望的满足程度和士气高低来加以评估。显然，这是成员的个体目标。

因此我们认为，如果一个群体既能完成组织的目标任务，又能满足其成员的需求，那么就是一个有效的群体。

（二）正式群体与非正式群体

组织中的群体，可以划分为正式群体与非正式群体。

1. 正式群体

正式群体是指为实现组织目标，按照组织规程正式建立起来的组织内部的群体。正式群体是由组织结构所确定的工作群体，这些群体以实现组织目标为目的，具有明确的工作分工和特定的工作任务。

正式群体的特征：

（1）正式群体是为实现组织目标而建立起来的，其基本职能是完成组织任务。

（2）正式群体是按组织的章程和组织规程建立起来的，列入组织的正式机构的序列之中。

（3）正式群体的成员有明确的编制，其领导者有正式的职务头衔，由组织赋予明确的职权与职责。

（4）正式群体是建立在组织效率逻辑和成本逻辑的基础之上的，是按照组织的规程行事的。例如，工厂里的班组、流水线、科室等都属于正式群体。

2. 非正式群体

非正式群体是一种社会性群体。这些群体是在工作场所中自然而然产生的，其形成往往基于友谊和共同的兴趣爱好。非正式群体是指为满足组织成员的个人需要，在共同工作与生活交往中自发组合到一起的一小群人，其特征如下：

（1）非正式群体是适应组织成员的某种需要而逐步形成的，包括工作上的、感情上的、社会性的需要等。

（2）非正式群体是在长期的共同工作和生活交往中自发形成的，而非组织干预的结果。

（3）非正式群体没有正式的组织形态、名称与规程，但有不成文的群体规范与内在影响力。

（4）非正式群体是建立在感情逻辑基础上的，主要追求成员之间的亲密感情、友好相处。例如，来自不同部门但经常在一起吃午餐的五个员工就是一个非正式群体。

3．非正式群体对正式群体的影响

非正式群体存在于正式群体之中，每时每刻都对正式群体产生潜移默化的影响。这种影响既有消极的一面，又有积极的一面，具体表现在以下两个方面：

（1）对正式群体内部关系的影响。非正式群体作为一个有共同情感的亲密关系的群体，可以促进正式群体成员之间关系融洽、友好、亲密；但是，如果协调得不好，也可能产生相反的作用，会给内部关系带来危害，甚至肢解这个群体。

（2）对正式群体目标的影响。这种影响具有两重性：如果非正式群体与正式群体的目标一致，非正式群体的群体规范、内聚力会激励其成员努力工作，争作贡献，会有力地促进正式群体目标的实现；如果两者的目标相冲突，那么非正式群体的规范、内聚力就会反过来冲击正式群体目标的实现，甚至直接危害正式群体目标的实现。

4．正确处理正式群体与非正式群体的关系

（1）正确分析与对待非正式群体。非正式群体的存在是一个客观事实，必须正视。要通过认真地分析，弄清其人员结构、目标、规范等，并同正式群体的目标与规范加以比较，努力加以协调，发挥其积极作用，克服其消极作用。

（2）对非正式群体积极引导，创造一种更高层次的归属感。对非正式群体一些合理的要求要给予支持，积极的行为要给予鼓励，并将小群体的归属感发展为对正式群体的大归属感，形成一致的内聚力。

（3）做好非正式群体核心人物的工作。任何群体中都有自己的核心人物，无论是正式群体的负责人还是非正式群体的领袖，他们在群体成员中有较高的威信，他们个人的认知、态度和情感很容易影响群体中的成员。做好这些人的工作，就能有效地引导、影响非正式群体成员的思想与行为，从而有利于组织目标的实现。

（4）在组织上实现非正式群体与正式群体的统一。如果条件允许，可以参考非正式群体的人员构成，调整正式群体中的人员。

（三）群体的发展阶段

研究表明，群体发展通常要经过五个阶段，这五个阶段分别是形成阶段、震荡阶段、规范阶段、执行阶段和解体阶段。

1．形成阶段

形成阶段通常包含两个分阶段：

第一个分阶段是人们加入该群体。在一个正式群体中，人们由于一些工作任务而加入该群体。一旦他们加入了某一群体，第二个分阶段随即开始。

第二个分阶段会开始定义该群体的目标、结构和领导。这一分阶段的不确定性极大，因为群体成员会不断"试水"以确定什么类型的行为是可接受的。当成员开始认同自己是该群体的一部分时，这一阶段得以完成。

2. 震荡阶段

这是一个群体内部发生冲突的阶段。这些冲突包括谁将对该群体实施控制，以及该群体需要做什么。在这一阶段，形成了相对清晰的领导层级和对群体发展方向的一种共识。

3. 规范阶段

规范阶段是形成密切关系和群体凝聚力的时期。这个阶段将形成一种群体认同感和群体情谊的强烈认知。当群体结构稳定下来，并且群体对群体行为预期（或者行为规范）形成普遍共识时，这一阶段得以完成。

4. 执行阶段

执行阶段是群体发展的第四个阶段。在这个阶段，群体结构发挥有效作用，而且被群体成员所接受。他们从彼此之间的相互认识和了解转移到致力于群体的工作任务上。这是长期性工作群体的最后一个阶段。

5. 解体阶段

对于临时性群体（如项目团队、特别行动组或者从事某些特定任务的群体）来说，最后一个阶段是解体阶段。这个阶段的群体为解散群体做好准备，将主要精力投入善后事宜而非从事工作。群体成员会表现出不同的反应。有一些成员非常乐观，对群体取得的成就感到兴奋激动，也有一些成员可能会为即将失去的群体情谊和友谊而伤心失落。

阅读材料：课堂上的项目群体

（四）群体的心理现象与群体管理的任务

在群体内部，有两类基本的心理现象，即心理和谐和心理冲突。管理者在群体管理中的任务就在于有效促进心理和谐，正确处理心理冲突。

（1）心理和谐。群体的心理和谐，是指群体成员在认识、情感、态度、行为等方面趋同，形成和谐一致的群体心理。影响群体心理和谐的主要因素有群体目标、群体规范、群体压力、群体凝聚力和群体士气等。

（2）心理冲突。群体的心理冲突，是指在群体内部存在两种互不相容或相互排斥的对立状态，造成失衡、矛盾的群体心理。影响群体心理冲突的主要因素有个体差异、利害冲突、工作矛盾等。

二、群体向高效团队的转变

研究表明，当工作任务的完成要求多样性技能、判断力和经验时，团队往往比个人表现得更为出色。很多组织正在采用基于团队的组织结构，因为他们发现团队比传统部门或者永久性的工作群体更具灵活性，并且能够更快地应对变化。团队具有快速组建、部署、重新聚焦和解散的能力。

管理学家罗宾斯认为：所谓团队，就是由两个或者两个以上的，相互作用、相互依赖的个体，为了特定目标而按照一定规则结合在一起的群体。团队的类型很多，如工作团队、项目团队、管理团队等，在管理实践中，我们更关注工作团队。那么，工作团队是什么？组织可能会采用哪些类型的团队以及如何开发并管理工作团队？

（一）工作团队的含义

工作团队是指由通过积极协作、个人责任和集体责任以及彼此互补的技能来努力完成某个特定的共同目标的成员组成的群体。

工作团队和工作群体有所不同，例如，工作群体彼此之间的互动主要是为了分享信息和制定决策，从而帮助每一位成员更有效、更高效地完成工作。工作群体没有必要也没有机会参与需要共同努力才得以完成的集体工作。例如，一个班组中并不会因为某人的调离而导致工作无法完成。

团队和群体经常容易被混为一谈，但它们之间有根本性的区别，具体体现在以下方面：

（1）在领导方面。作为群体应该有明确的领导人；团队可能就不一样，尤其团队发展到成熟阶段，成员共享决策权。

（2）目标方面。群体的目标必须跟组织保持一致，但团队中除了这点，还可以产生自己的目标。

（3）协作方面。协作性是群体和团队最根本的差异，群体的协作性可能是中等程度的，有时成员还有些消极，有些对立；但团队中是一种齐心协力的气氛。

（4）责任方面。群体的领导者要负很大责任，而团队中除了领导者要负责之外，每一个团队的成员也要负责，甚至要一起相互作用，共同负责。

（5）技能方面。群体成员的技能可能是不同的，也可能是相同的，而团队成员的技能是相互补充的，把不同知识、技能和经验的人综合在一起，形成角色互补，从而达到整个团队的有效组合，达到"1+1>2"的效果。

（6）结果方面。群体的绩效是每一个个体的绩效相加之和，团队的结果或绩效是由大家共同合作完成的产品。

（二）工作团队的类型

工作团队可以从事各种各样的工作。他们可以设计产品、提供服务、进行交易谈判、协调项目、提供建议和制定决策。工作团队的四种最为常见的类型分别是问题解决团队、自我管理型工作团队、跨职能团队和虚拟团队。

（1）问题解决团队。工作团队最开始盛行时，大多数都是问题解决团队，即由来自同一个部门或职能领域的员工组成，以改进工作实践或解决具体问题为目的的团队。成员为如何改进工作流程和工作方法而分享想法或提出建议。然而，这些团队极少被赋予权力来实施他们推荐的任何行动方案。

（2）自我管理型工作团队。尽管问题解决团队能够有所帮助，但这种团队并没有使员工充分参与到与工作相关的决策和程序中。这种缺点导致了另一种团队类型的出现，自我管理型工作团队，这是由员工组成的、不包含管理者的一种正式群体，单独负责一个完整的工作程序或部门。自我管理型工作团队承担着完成工作和自我管理的责任，这通常包括进行工作计划和安排、为成员指派工作任务、集体控制工作的进程、制定运营决策以及采取行动回应问题。

（3）跨职能团队。第三种团队类型是跨职能团队，为来自不同职能领域的个体组成的工作团队，其直接的好处便是有利于使团队获得各领域中最有效与高效的资源。目前，很多组织都开始采用跨职能团队。

（4）虚拟团队。最后一种团队类型是虚拟团队，指的是利用信息技术把分散在各地的成员连接起来,以实现某个共同目标的工作团队。虚拟团队可以开展其他团队所能开展的所有工作——分享信息、决策和完成工作任务;然而,他们缺乏面对面交流的那种正常的意见交换。这也是虚拟团队往往以工作任务为导向的原因,尤其是在团队成员素不相识的情况下更是如此。

(三) 工作团队与组织部门的区别

工作团队与组织中的正式部门不同,它们之间存在着本质差别与显著特征。

(1) 在组织形态上,团队类似于扁平型组织。实行团队模式的企业,管理层次较少,取消许多中间管理层次,以保证员工可以直接面对顾客与公司的总目标。

(2) 在目标定位上,团队有明确的目标,每个成员有明确的角色定位与分工。团队成员的角色主要有三种:以工作为导向的角色,其主要任务是促进团队目标的实现;以关系为导向的角色,其主要任务是促进团队各种关系的协调与发展;以自我为导向的角色,其主要任务是注重自我价值的实现。

(3) 在控制上,团队强调自主管理,自我控制。在团队中,领导者逐步由监督者变为协调者,团队成员充分发挥主动性、创造性,为满足顾客的需要与实现企业的总目标而自觉奋斗。

(4) 在功能上,团队形成一种跨部门、交叉功能的融合体系。团队由来自不同部门的成员组成,淡化原有界限实现功能交叉与融合,多种技能互补,进行高度融合的协同作战。

(5) 在相互关系上,团队是构建和谐、合作的团体。团队成员有共同的价值观与理念,拥有良好的沟通渠道,相互之间高度信任、团结合作,整体协调,形成强大的凝聚力与战斗力。

微视频:工作团队与工作群体的比较

三、高效工作团队的组建

(一) 高效工作团队的特征

高效的工作团队一般来说具有以下特征:

(1) 清晰的目标。高绩效团队对于需要达成的目标有一个清晰的认知。团队中的成员致力于实现组织的目标,了解他们应该实现什么目标以及他们将如何共同努力以实现这些目标。

(2) 相关的技能。高效团队由有才能的个体组成,这些个体能够提供必要的技术技能和人际交往技能,共同努力做好工作并协助期望目标的实现。人际交往技能之所以很重要是因为并不是每一个拥有技术能力的个体都有人际关系技能,从而成为一名与他人友好合作的团队成员。

(3) 相互的信任。高效团队拥有成员之间高度相互信任的特征。也就是说,团队成员非常信任彼此的能力、性格和诚信。但是,正如你了解到的人际关系,信任是非常脆弱的,维持这种信任需要管理者的谨慎处理。

(4) 一致的承诺。一致的承诺使团队具有这样的特性,即团队成员致力于团队目标并乐于投入大量精力来实现这些目标。高效团队中的成员表现出对团队的高度忠诚和投入,并且乐于做任何有助于团队获得成功的事情。

(5) 良好的沟通。高效团队具有良好沟通的特征,无论是言语信息还是非言语信息,成员之间都能够以一种容易理解和清晰明确的方式彼此传递。另外，信息反馈有助于为团队成员提供指导并纠正误解。

（6）谈判的能力。高效团队需要不断对由谁来完成什么任务进行调整。这种灵活性要求团队成员具备谈判能力。由于团队里的问题和关系会经常发生改变，所以团队成员需要正视和调解分歧。

（7）合适的领导者。在高效团队中，合适的领导者也是非常重要的。他们能够激励团队成员并与其共进退。合适的领导者可以通过明确团队目标，克服惰性以证明变革是可行的，可以增强团队成员的自信心以使他们能够更加全面地认识到自身的潜能。高效团队的领导者日益充当着教练和促进者的角色，他们指导和支持团队，但并不会操控团队。

（8）内部和外部的支持。对于高效团队而言，最后一种必要条件是提供一种支持型环境。从内部角度来说，团队应该拥有一套健全的基础结构：恰当的培训、清晰合理的考核系统可以全面衡量员工的绩效水平；一项激励计划可以认可和奖励团队活动。恰如其分的基础结构应该能够为团队成员提供支持，并强化一些能够带来高绩效的行为表现。从外部角度来说，管理者应该为团队完成工作提供必备资源。

（二）团队建设的阶段

团队建设一般包括四个阶段：

（1）探索阶段。工作团队建立伊始，管理阶层所任命的正式监督者仍会对团队的各种活动进行指挥与控制。按照现代团队的理念与模式进行教育与训练，逐渐地，这位监督者的职责会先被分派给某些团队成员，然后再分散至所有的成员。团队的成员必须解决属于自己团队中的问题，而监督者与团队领导者只负责提供技术方面的教授与训练，团队成员无法再依赖他们来解决问题。

（2）雏形阶段。团队逐步形成一些有关合作的基本规定或标准，团队成员的归属感越来越强，并以合作来取代竞争，沟通的职能强化，彼此之间的信任也逐渐加深。团队走出了相互敌对的状态，成员也开始注重彼此关系的维持，生产效率开始得到提高。随着团队成员必须担负起更多与团队每日运作管理有关的职责，团队领导者的角色也逐渐由监督者变为协调者。团队的成员开始接管一些较为重要的管理工作发展团队意识，解决团体内部的冲突，在无监督者指示情况下做决定，并且从事一些改革政策、流程以及与执行例行工作方法相关的活动。

（3）成长阶段。随着团队建设的深入，团队信心大增，成员们了解了自己的角色与他们必须完成的任务。团队开始发展，并且利用构建好的流程与方式来进行沟通、化解冲突、分配资源，处理与其他团队的关系。在这个阶段中，团队领导者（或称协调者）开始脱离团队，不再直接控制团队的活动。而团队成员则担负起制定例行决策的责任，根据不断积累起来的经验，他们能够正确地处理这些管理问题。

（4）成熟阶段。进入这一阶段，团队已经步入成熟。第一线的监督者角色也消失殆尽，团队成员完全负责团队的整个工作。除了生产经营等基本工作职能，他们还担负起那些较大范围的行政、财务、人事等工作，并且尽量在不让外力介入的情况下解决他们在技术与其他方面所遭遇到的问题。团队有很大的自主性，有较为完整的决策权，可以按照自己的意愿行事，高效地实现团队的目标。

(三）团队建设的要领

要建设有效团队，应注意抓好以下工作：

（1）科学地设定目标。科学地设定团队的目标，是团队建设的首要任务。团队的目标，既是团队设立的出发点与归宿，又是凝聚团队成员、合作协调、团结奋战的纽带。设定团队的目标要先进合理，既要可行，又要具有挑战性，以激励团队成员合作奋战，并尽可能使成员的个人目标与团队的目标紧密融合。

（2）打造团队文化。共同的价值观与文化是团队建设的灵魂。首先，要确立正确的价值观，并通过各种文化建设的途径，使全体成员共同认可，进而塑造健康向上的团队精神，全面建设具有本团队特色的组织文化。

（3）促进跨部门整合与技能互补。要根据目标的要求，科学设计不同部门之间成员的组合，注重成员技能的培养，促进不同技能间的互补，以形成团队的整合优势。

（4）维持小规模的团队。如果团队的规模过大，人数过多，就无法进行团队所需要的建设性沟通与互动，成员对管理与决策的参与程度低，对于共同面临的一些问题也不易达成共识。因此，要适当控制团队的规模，以保证有效的沟通与合作。

（5）加强沟通与激励。逐步摒弃传统的行政命令与监督控制手段，主要倚重沟通、激励等现代管理手段，以平等的、相互高度信任的态度，充分协商，无边界沟通，并进行有效激励，营造和谐、向上的氛围，实现一种近乎"无为而治"的管理境界。

（6）重新设计信息系统。信息科技将员工们彼此连接在一起，计算机和互联网系统可以让团队成员在团队内与团队间彼此沟通，也可以与客户、供应商和企业伙伴取得联络。因此，要按照团队建设的要求重新设计与完善信息系统，实现团队内外信息的有效沟通，促进团队的合作与协调。

（7）重新设计报酬系统。团队建设必须突破传统的报酬理念与体系，采取一种以知识技能为中心的报酬系统。即把员工的技能与知识作为决定报酬多少的主要依据，而不是依其所处的职位而定。同时，要把团队绩效与整个团队的报酬挂钩，利益与风险共担，荣辱与共，使团队真正成为利益共同体。

管理感悟

第一，和谐的群体心理是正式群体向工作团队转变的重要基础。正式群体向工作团队的转变有其客观规律，管理者需要及时关注，在正式群体发展过程中及时引导，有效促进心理和谐，正确处理群体成员的心理冲突，是管理者日常一项有益的管理任务。

第二，团队不同于组织中的部门。首先，团队中的成员各自有自己的角色，但角色不同于组织部门中的岗位，这决定了对团队的管理不同对岗位通过各种制度来进行管理；其次，团队成员的绩效更多的是由成员的自主能动性决定的，而不是由命令决定的。

第三，工作团队通常能获得更高的绩效。团队成员的构成更容易实现跨部门的组织形式，这与矩阵式组织结构是有区别的。

任务实训

1. 在线测试：构建高效工作团队。
2. 举例说明工作群体与工作团队的区别。
3. 举例说明工作团队与组织部门的区别。

在线测试

任务评价

评价类目	评价内容及标准	分值（分）	自己评分	小组评分	教师评分
学习态度	✓ 全勤；(5分) ✓ 遵守课堂纪律。(5分)	10			
学习过程	▶ 能说出本次工作任务的学习目标，上课积极发言，积极回答问题；(5分) ▶ 能够说明正式群体与团队之间的关系；(5分) ▶ 能够说明群体的发展阶段；(5分) ▶ 能够说明团队建设的阶段。(5分)	20			
学习结果	◆ 在线测试构建高效工作团队；(4分×10=40分) ◆ 举例说明工作群体与工作团队的区别；(15分) ◆ 举例说明工作团队与组织部门的区别。(15分)	70			
合　计		100			
所占比例		100%	30%	30%	40%
综合评分					

知识拓展与技能实践

知识拓展

按基本功能划分的团队类型

按照不同的标志，可以将团队划分为多种类型。在管理实践中经常按照团队的基本功能来划分团队类型。

（1）工作团队。这是最基本、最普遍的团队形式。工作团队主要承担企业生产经营等基本工作任务，如设计、制造和储运、销售产品，或提供服务给其内外部客户，并按这些工作任务组成团队。工作团队由组织明确定义其职能，并由全职稳定的成员所组成。在制造业中，一个工作团队应该包含一组接受过多重技术训练的操作员，他们可以从事某种特殊商品生产所需要的所有工作。

（2）项目团队。项目团队主要承担某个工作项目或解决特殊问题等专题性任务。如特别任务小组、流程改善小组、特定问题解决小组等都属于项目团队。项目团队的成员大多数是从一两个工作团队中吸收而来的，往往是暂时性的。该团队成员一般具有专门知识与技能，可以发挥专业与技能整合优势。

（3）管理团队。管理团队主要负责对下属一些部门或人员进行指导与协调。管理团队依靠与传统的"命令型"组织的集权式的纵向管理不同的方式，管理下级或改善团队的绩效，促进团队的协调与整合，管理者从监督者变成协调者。管理团队，既包括组织最高层这样的专司管理职能的团队，又包括质量管理小组、稽核小组这样的由兼职人员组成的团队，还包括由组织的资深经理人以及来自不同的跨部门与部门工作团队的领导者组成的管理团队。

技能实践

当群体或团队中的每一位成员能够为目标的实现而起到某一特定作用时,该群体或团队的协作努力会带来更大的成功。为了提高你激发团队努力的能力,请从以下活动中选择两项并按要求完成任务:①组织一次生日聚会;②洗车;③用电脑制作一份待发邮件清单;④设计一幅宣传海报;⑤计划一次周边城市的旅行;⑥为一家超级市场的产品部补充货物。

现在需要你对团队成员进行任务委派,因此需要先完成以下内容:

(1)将所选择的每一项活动拆分成至少 6~8 个单独的任务或步骤;

(2)确保清楚地说明哪些步骤是有先后次序的,以及哪些任务可以同时进行;

(3)你认为对于你所选择的每一项活动而言,最理想的团队规模应该多大?

将你分析的内容记录下来,然后组织小组讨论你的结论。

知识复习与巩固

一、填空题

1. 组织结构设计涉及六项关键因素的决策过程:_____、_____、_____、_____、_____、_____。

2. 部门划分应该遵循:(1)_____原则;(2)_____原则;(3)_____原则。

3. 部门划分的方法:(1)按_____划分部门;(2)按_____划分部门;(3)按_____划分部门;(4)按_____划分部门;(5)按_____划分部门;(6)按_____划分部门。

4. (1)_____,是指既设置纵向的直线的指挥系统,又设置横向的职能管理系统,以前者为主体的管理组织;(2)事业部制,是指在_____框架基础上,设置独立核算,自主经营的事业部,在总公司领导下,统一政策,分散经营,是一种_____体制;(3)_____,是由按职能划分的纵向指挥系统与按_____组成的横向系统结合而成的组织。

5. 组织制度规范的类型:(1)组织的_____;(2)组织的_____;(3)组织的_____;(4)组织中_____。

6. 部门(岗位)责任制主要包括的内容:各部门或工作岗位(个人)的_____、_____、_____、_____、_____与_____等。

7. 人力资源规划包含两个步骤:(1)_____;(2)_____。

8. 甄选的科学性和可靠性在相当大程度上取决于甄选方法的_____和_____。

9. 人员选聘的方式包括:①互联网;②_____;③公司网站;④_____;⑤_____。

10. 选聘的具体步骤包括:(1)_____;(2)_____;(3)_____;(4)_____;(5)_____;(6)_____。

11. 企业员工的培训方式主要有:(1)____培训;(2)在岗____;(3)____练兵;(4)____培训;(5)_____进修;(6)_____培训;(7)技术_____。

12. 人员考核的内容与结构:对员工进行考核,主要涉及_____、_____、_____、_____和_____五个方面。

13. 奖酬设计的目标有三个:(1)最首要的目标就是能有效_____来本企业工

作，并能保证企业现有_____安心于本企业的工作。（2）奖酬最直接的目标就是对组织成员产生尽可能大的_____。（3）促进员工能力的_____。

14. 正式群体，是指为实现组织目标，按照_____正式建立起来的组织内部的小型群体。

15. 非正式群体，是指为满足组织成员的_____需要，在共同工作与生活交往中自发组合到一起的一小群人。

16. 群体发展通常要经过五个阶段，这五个阶段分别是_____、_____、_____、_____和_____。

17. 管理者在群体管理中的任务就在于有效促进_____，正确处理_____。

18. 高效工作团队的特征包括：（1）_____；（2）_____；（3）_____；（4）_____；（5）_____；（6）_____；（7）_____；（8）_____。

19. 团队建设一般包括四个阶段：（1）_____；（2）_____；（3）_____；（4）_____。

20. 团队建设的要领：（1）科学地设定_____；（2）打造团队_____；（3）促进跨部门_____与技能互补；（4）维持_____的团队；（5）加强_____；（6）重新设计_____系统；（7）重新设计_____系统。

二、多选题

1. 组织结构设计的基本内容包括（　　）。
   A. 目标结构设计　　　　B. 横向结构设计　　　C. 纵向结构设计
   D. 职责结构设计　　　　E. 职权结构设计

2. 按职能划分部门的优点是（　　）。
   A. 管理人员职责分明　　B. 有利于强化各项职能
   C. 可以带来专业化分工的种种好处
   D. 有利于工作人员的培训与技能提高
   E. 下属人员积极性高涨

3. 按产品划分部门的优点是（　　）。
   A. 有利于适应市场环境　　B. 有利于增强竞争力
   C. 能使企业将多元化经营和专业化经营结合起来
   D. 有利于企业加强对外部环境的适应性
   E. 有利于促进企业的内部竞争

4. 按区域划分部门的优点是（　　）。
   A. 可以减少运费和运送时间　　B. 有利于改善地区内各种活动的协调
   C. 有利于培养综合管理者　　　D. 更好地适应市场
   E. 有利于加强外部的适应性

5. 管理层次设计的制约因素主要有（　　）。
   A. 管理人员的能力　　　B. 有效管理幅度　　　C. 纵向职能分工
   D. 组织效率　　　　　　E. 管理问题的性质

6. 组织结构的基本形式主要有（　　）。
   A. 直线制　　　　　　　B. 行政制　　　　　　C. 直线职能制
   D. 事业部制　　　　　　E. 矩阵制

7. 影响集权与分权的主要因素有（   ）。
   A．权力的性质　　　　　　B．组织因素　　　　　　C．问题的复杂程度
   D．环境因素　　　　　　　E．管理者与下级因素
8. 组织的制度规范的类型主要包括（   ）。
   A．组织的基本制度　　　　B．组织的激励制度　　　C．组织的管理制度
   D．组织的技术与业务规范　E．组织成员的个人行为规范
9. 部门（岗位）责任制主要内容包括（   ）。
   A．工作范围、目标与任务　B．职责与职权　　　　　C．工作标准
   D．工资差别与薪金标准　　E．工作绩效与奖惩
10. 确定从内部还是从外部选聘管理者时要考虑的因素有（   ）。
    A．管理者的个性　　　　　B．职位的高低　　　　　C．职务的性质
    D．企业经营状况　　　　　E．内部人员的素质
11. 由于对各级、各类人员的素质、能力要求不同，故对其具体培训内容也不同，但培训的基本内容不外乎以下几部分：（   ）。
    A．身体素质锻炼　　　　　B．政治思想觉悟与职业道德教育
    C．技术与业务理论知识　　D．协调能力　　　　　　E．技术与业务能力
12. 对员工进行考核，从管理者的角度看，主要的目的有（   ）。
    A．调动积极性　　　　　　B．形成激励
    C．发掘与有效利用员工的能力
    D．进行奖惩　　　　　　　E．给员工提供公正的评价与待遇
13. 人员考核的内容主要包括以下几个方面（   ）。
    A．德　　　　　　　　　　B．能　　　　　　　　　C．勤
    D．绩　　　　　　　　　　E．个性
14. 非正式群体对正式群体的影响主要体现在（   ）。
    A．对正式群体规模的影响　B．对正式群体内部关系的影响
    C．对正式群体压力的影响　D．对正式群体目标的影响
    E．对正式群体规范的影响
15. 按照团队的基本功能，将团队划分为（   ）。
    A．正式团队　　　　　　　B．工作团队　　　　　　C．项目团队
    D．管理团队　　　　　　　E．非正式团队

三、答题题

1. 试述组织结构设计的原则。
2. 简述部门划分的原则。
3. 划分部门的主要方法有哪些？
4. 简述按职能划分部门的优缺点。
5. 简述按产品划分部门的优缺点。
6. 简述组织结构的基本形式。
7. 简述部门（岗位）责任制的主要内容。
8. 简述组织的制度规范的类型。

9. 试述事业部制组织结构的优缺点。
10. 简述人力资源管理及其内容。
11. 简述人员分工的要领。
12. 一般员工培训的主要方式有哪些？
13. 试述促进员工全面发展的途径。
14. 简述人员考核的要求与程序。
15. 简述激励性奖酬体系的设计要求。
16. 怎样正确处理正式群体与非正式群体的关系？
17. 简述团队的特征。
18. 团队建设的要领有哪些？

四、情境应用题

1. 有一大型公司经过多年的发展，现在已经生产多个产品系列，拥有多家生产工厂。随着规模的扩大，领导层考虑将现在实行的是直线职能制组织形式转变为事业部制。公司有关部门征求你的意见（该公司所经营的产品系列、下设工厂的数量及相关数据可以自行设定），请按要求完成任务：

（1）根据自行设定的条件为该公司画出直线职能制组织图；（2）为该公司设计事业部制组织图；（3）指出两种组织的异同。

2. 生产部的干事张群，被抽调到生产车间协助岗位责任制的落实工作。第一次针对生产岗位指导各班组制定岗位责任制的他感觉到了压力，于是特意向学管理的你请教制定岗位责任制的要领。

请你结合他们车间的情况（由你自行设定），参照本课程所讲的岗位责任制的主要内容，帮助张群拟定一份简单的岗位责任制（工作岗位自定）文件。

3. 张群最近由于工作需要，从公司生产部经理助理岗位调到人力资源部任经理。总经理指示要全面调整公司人员的奖酬制度，以增强奖酬对员工的激励作用，可张群缺乏这方面的工作经验，于是他找你出主意。

请你根据本书介绍的激励性奖酬设计要领，结合该公司的具体情况（由你设定，但不可以没有），向张群提出建议。

4. 某厂钳工班的班长李力是工作多年的老员工，技术过硬，为人豪爽，在班内有极高的威信。只要有任务下来，他雷厉风行，都能迅速地完成。他与下级关系处理得非常融洽，下了班经常在一起喝酒、娱乐。可是最近厂领导号召高效团队的建设，他大为不解：我们这不是团队吗？

请你根据团队特征有关理论，分析钳工班的状况，指出李力对团队认识的可能问题，并向李力提出团队建设的建议。

模块五

擅用领导职能

当一个组织确定了目标，建立了组织结构，并有了相应的员工之后，为了保证员工高效地完成工作任务，保证组织中的管理活动向前取得进展，自然离不开管理者的作用。那么，为了保证员工高效率地完成工作，管理者又会采用哪些方法呢？是利用职权监督着员工完成任务，还是激励员工自觉行为呢？

成功的管理者明白，不同员工的需要是不同的。对某些人起作用的激励方式可能对其他人而言作用微乎其微，甚至毫无用处。仅仅因为成为团结协作工作团队中的一员对你起到了激励作用，不能假设这对每个人都能起到同样的作用。或者仅仅因为你受到某份工作的激励，并不意味着对于所有人都如此。那些能够使员工付出最大努力的有效管理者懂得这些员工如何并且为何受到激励，从而为他们量身定做最适合的激励方式以满足他们的需求和需要。

任务一　有效实施指挥

思维导图

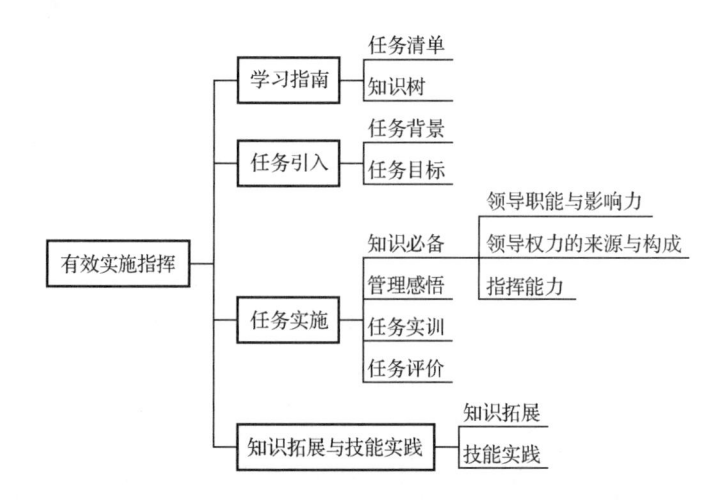

有效实施指挥
- 学习指南
  - 任务清单
  - 知识树
- 任务引入
  - 任务背景
  - 任务目标
- 任务实施
  - 知识必备
    - 领导职能与影响力
    - 领导权力的来源与构成
    - 指挥能力
  - 管理感悟
  - 任务实训
  - 任务评价
- 知识拓展与技能实践
  - 知识拓展
  - 技能实践

模块五　擅用领导职能

学习指南

任务清单

工作任务	有效实施指挥
建议学时	2学时
任务描述	通过本任务的学习，掌握领导权力的来源与构成，以及学习管理者如何实现指挥能力，正确处理组织权力与个人权力的关系，学会正确使用权力，重视领导的影响力运用，保证有效实现组织目标。
学习目标	知识目标：1. 正确理解领导职能的含义与影响力的形成过程；2. 掌握管理者权力的来源与分类；3. 掌握运用指挥能力的要求与要点。 能力目标：1. 具备分析领导者影响力形成过程的能力；2. 具备分析不同职能权力构成的能力；3. 具备基本的权力运用与指挥能力。 素质目标：1. 具备敬畏权力、正确行使权力的意识；2. 具备具体情况具体分析的意识；3. 具备大局意识与管理规范的意识。 思政目标：通过对领导职能与指挥能力相关任务的学习，培养爱国守法、遵守规章、以身作则的意识，培养爱岗敬业、勤于思考、勇于创新的思想，有正确的权力观。
关键词	影响力；权力来源；指挥能力

知识树

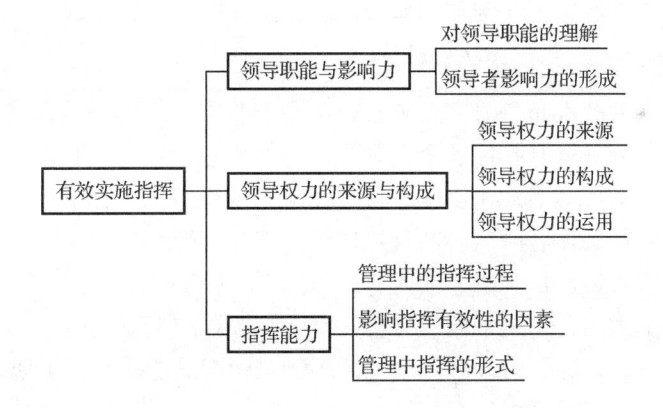

有效实施指挥
- 领导职能与影响力
  - 对领导职能的理解
  - 领导者影响力的形成
- 领导权力的来源与构成
  - 领导权力的来源
  - 领导权力的构成
  - 领导权力的运用
- 指挥能力
  - 管理中的指挥过程
  - 影响指挥有效性的因素
  - 管理中指挥的形式

任务引入

任务背景

章部长的脾气不太好吗

生产部的人都知道章部长的行事风格，那就是对生产上的事从来都是说一不二，但这对刚就职的小李来说就有些不好接受了。这天，小李又因为6S管理不到位，被章部长通报批评了，他不禁跟自己的师傅老许抱怨了起来。

小李："咱生产部大家都好相处，就是章部长对我们新员工下手太狠了。"

"那你觉得对老员工怎么样呢？"老许问道。

小李："对你们老员工他也不敢怎么样，正因为这样才让我们觉得章部长似乎是针对我们新来的员工似的。"

老许摇了摇头，说道："错了，不是因为我们来的时间长，而是因为我们都知道章部长的做法。他就是一个不怒自威、说到做到的人，他的影响力可大了，我们都听他的指挥。当他告诉了你要做好哪些工作的时候，你却不以为然，他不找你的麻烦找谁的？"

老许说的这倒是实话，其实章部长对那些听从工作安排、认真完成任务的员工向来都是不错的。

小李叹了口气，心想："看来是自己没有摸清章部长的工作方法！"

任务目标

1. 管理者的影响力是怎么形成的？
2. 管理者进行指挥的时候怎样才能高效？

任务实施

知识必备

一、领导职能与影响力

（一）对领导职能的理解

当一个组织确定了目标，建立了组织结构，并有了相应的员工之后，为了保证组织中的管理活动向前发展，自然离不开领导的作用，那么，什么是领导呢？

1. 领导职能是实现组织目标的管理活动

首先，让我们来理解谁是领导者，什么是领导？我们经常提到某人是领导，这个提法中其实指的是领导者。领导者是指能够影响他人并拥有管理职权的人。而我们在管理职能中的领导，指的是在组织的管理活动中影响下属或团队来实现组织目标的过程。换句话说，领导职能中的领导，指的是领导者所从事的与管理活动有关的行为。

具体到领导职能来说，包含三方面内容：

（1）领导是一个影响、作用下属的过程，有受其领导的下属人员；

（2）领导行为包括指挥、带领和激励等活动，这些都是能够影响下属行为的活动；

（3）领导的目的是有效实现组织目标。

2. 管理者是领导者，但领导者不一定是管理者

为什么说管理者都是领导者？因为领导职能是管理的四大职能之一，管理者在履行职能的过程中必然能对下属发挥影响力，所有的管理者都应该是领导者。因此，我们可以从管理的角度来研究领导者和领导职能。

领导实质上是一种对他人影响力，即管理者对下属及组织行为的影响力。因此，领导的基础是下属的追随与服从。但我们要清楚，虽然我们选择从管理的角度看待领导这一问题，但仍然要意识到组织中经常会出现非正式领导。这些非正式领导虽然没有管理权力，但也是可以影响其他人的。

阅读材料：非正式的影响力

（二）领导者影响力的形成

在组织中，权力是管理者行使领导职能最重要的条件，管理者凭借权力与权威进行有效的指挥。因此，管理者权力的实现过程是一个管理者作用于被管理者的过程。在这一过程中，管理者产生的任何形式的作用效果就是管理者的影响力。影响力最终都是通过被管理者受到作用后的心理反应决定的，而这种反应的性质与程度决定了管理者影响力的大小。

管理者的作用与被管理者的心理反应过程如图 5-1 所示。

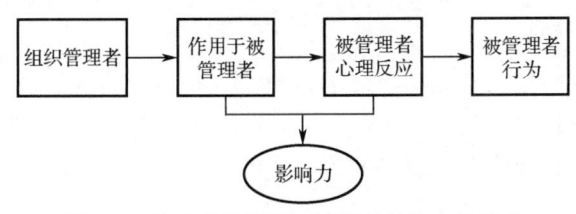

图 5-1　管理者的作用与被管理者的心理反应

当被管理者受到管理者的作用时，出现对管理者的服从与追随的反应主要基于以下心理因素：

（1）对正统观念的认同。在长期社会生活中形成的正统观念，认可组织与职位的权威性，自然形成了服从与追随上级的文化与习惯。

（2）对利益的追逐。如果对上级的服从与追随有利于被管理者获得奖酬等利益，下级就会服从与追随上级。

（3）基于恐惧心理。由于被管理者担心不服从上级可能受到惩罚，出于趋利避害的心理，就会服从其上级。

（4）理性信从。即出于对管理者的业务专长与决策正确性的信任而服从并追随管理者。

（5）情感因素。当被管理者与管理者之间建立融洽亲密的感情时，被管理者会发自内心地愿意服从与追随。

（6）自我实现。如果管理者能够有利于被管理者自我需要的实现，被管理者会为了追求自我实现需要的满足而服从与追随管理者。

微视频：领导者影响力的形成过程

二、领导权力的来源与构成

（一）领导权力的来源

领导权力广义上包括两个方面：一是管理者的组织性权力，即职权。这是由管理者在组织中所处的地位被赋予的，并由法律、制度明文规定，属正式权力。这种权力直接由职务高低决定其大小，以及拥有与丧失。二是管理者的个人性权力，主要指管理者的威信。这种权力主要不是靠职位因素，而是靠管理者自身素质及行为赢得的。个人性权力并不随职位的丧失而丧失，也即狭义上讲的权力。个人性权力包括在广义的权力概念之中。

从管理者权力的形成过程来看，管理者的权力主要来源于三个方面，并受到其影响。

（1）组织授权。由组织的性质、管理体制、组织文化、管理者在组织中所占据的职位、组织授权的程度等授予的权力，这是最基本的权力来源。

（2）管理者自身影响力。管理者自身的素质、风格及其领导行为也会对权力产生很大的影响。

（3）被管理者因素。被管理者的素质、个性，特别是对领导的认可与服从程度，对管理者的权力也有很大的影响。被管理者的服从与追随程度除了受其自身因素影响外，还受到组织对管理者的授权与管理者自身素质等因素的影响。

除了以上三点，管理者的权力还会受到其他因素的影响，如管理工作的性质、环境等。

事实上，一名管理者，如果获得了组织的正式授权，其自身有很高的素质，并获得其下属的认可、服从与追随，他就拥有权力与权威。

阅读材料：组织对管理者授权的影响因素

（二）领导权力的构成

当我们从被管理者的角度分析权力的来源之后，我们再从管理者的角度分析权力的来源。一个管理者究竟有没有权力，有多大权力，主要由组织性权力与个人性权力两大类权力决定。这两大类权力既形成了管理者的影响力来源，又可促成管理者提高权威。

1．组织性权力

组织性权力主要受职位因素影响，当一名管理者拥有相应的职位时便拥有了相应的组织性权力，具体包括以下四项权力：

（1）法定权。法定权是指管理者由于占据某种职位，有了组织授权而拥有的影响力。被管理者会基于正统观念认为理所当然地要接受管理者的领导。

（2）奖赏权。奖赏权是指管理者由于能够决定对下属的奖赏而具有的影响力。其下级为了获得奖赏而服从与追随领导。

（3）强制权。强制权是指管理者由于能够决定对下属的惩罚而拥有的影响力。下级出于恐惧的心理而服从领导。

（4）资源权，即资源控制权。这是指由于管理者控制着组织或员工所需要的稀缺资源而拥有的影响力，包括人、财、物、时间、信息，以及下级的培养、晋升、自我实现等机会。下级为实现工作或个人目标就会亲近、服从与追随领导。

2．个人性权力

个人性权力主要由管理者个人因素决定，反映了一位管理者如何通过非职位因素影响下属的情况。具体包括以下五项权力：

（1）专长权。专长权是指管理者由于自身具有业务专长而拥有的影响力。下级会出于对管理者专业知识与能力的信任与佩服而服从领导。

（2）表率权。表率权是指管理者率先垂范，由其表率作用而形成的影响力。管理者的思想境界、模范行为能赢得被管理者的敬仰，下级会出于敬佩而服从与追随。

（3）亲和权。亲和权是指管理者借助与下级的融洽与亲密关系而形成的影响力。下级愿意服从与追随与自己有密切关系的领导。

（4）人格权，即管理者的人格魅力。这是指由于管理者具有超凡的人格魅力，令下级敬佩甚至崇拜，从而形成的影响力。主要表现为鲜明个性、领导风格、个人形象等。

（5）统御权。这是指管理者由于具有驾驭全局、统领下级、用权艺术等突出能力与策略而形成的影响力。管理者行政技能强，决策正确，处事有方，知人善任，令下级追随，从而产生很高的威信与权威。

（三）领导权力的运用

管理者拥有权力是实现组织目标的必要条件，运用权力的目的是保证有效地实现组织目标。管理者在正确、有效地运用权力时，要注意以下几方面：

（1）正确处理权力的自主与制衡。在运用权力的过程中，既要保证管理者在所授权力范围内，独立自主地行使实现目标所必需的足够的权力，同时，又要对权力进行必要、科学的制约，以保证正确地行使权力。

要保证管理者独立地行使权力，首先，组织在分配权力时要根据实现组织目标的整体要求，根据各部门、各人员职能、任务，科学合理地分配权力，使其拥有完成任务或目标所必需的足够的权力；其次，要求上级不要越级指挥，不要干预下级职权范围内的工作，上级不能运用最终控制权来剥夺下级的职权；最后，需要通过科学、明确的制度规范体系来保证权力的配置，要订立明确的权责制度，将权限明晰化，真正落到实处。

同时，在强调自主用权的同时，还必须有必要的权力制衡。首先，要进行必要的权力分解，要将决策权、执行权（指挥权）和监督权做适当的分离；其次，要处理好权力运用过程中的利益关联因素，对可能给决策者带来利益的决策权力要进行制约，监督权行使者要与决策、执行无利害关系，在行使权力中同一些人发生利益关联时要回避；最后，要通过法律、制度体系来保证权力制衡。

在管理实践中，要通过合理的权力配置、清晰的权力界定、严密的制度体系来实现独立用权与权力制衡的有机结合。

（2）科学地使用权力。科学地使用权力需要注意以下几点：

① 运用权力要同民主管理相结合，要同思想工作相结合，要同管理者的言传身教相结合。管理者在运用权力的过程中，要充分尊重下级，发挥他们的主动性、创造性，鼓励员工参与决策，支持各种形式的民主管理，使下级获得认同感、参与感、满足感。在权力运用过程中，坚持做深入细致的思想政治工作，以获得下级的认可与支持，消除由权力强制性带来的副作用。管理者自身的模范行为、带头作用、榜样力量都是非常重要的。管理者在行使权力的同时率先垂范，会赢得下级的敬佩和信从。

② 正确处理相关人员的职权关系。在实际管理工作中，职权关系或职权冲突是职权运用中的突出矛盾，如果处理不当，就会引起职权运用系统的混乱，将严重危及职权运用及其效果。因此要做到以下几点：第一，坚持统一指挥原则，防止令出多门；上级不越权指挥，下级不越级汇报。第二，严格进行职权界定，使职权范围明晰化。第三，用好授权，既减少自身工作压力，又有助于激励下级。第四，相互尊重职权。无论是上下级，还是同级，都应是配合而不是越位，做好自己的事，切不可染指别人的职权。

（3）利用好奖惩手段。对于管理者而言，奖励与惩罚是以权威作为支撑基础的。奖惩又是强化权威的手段，奖励有贡献的人，能激励更多的人追随管理者，努力作贡献；惩罚违规者，使更多的人不敢向组织纪律和管理者的权威挑战，这些都能产生显著的权威强化效应。

在利用奖惩手段时要注意以下几点：

① 根据管理目标、实际情景、奖惩事件、奖惩对象的实际，酌情适度地进行奖惩，一定要做到必要、恰当、有效。

② 要针对奖惩对象及其他人敏感的需要或心理选择奖惩形式，增强奖惩的震动作用，以放大奖惩效应。

③ 要以事实为根据，令奖惩对象和其他人员心服口服。否则，就会产生不良后果。

④ 管理者在运用权力进行奖惩时，必须突破"平均主义""老好人"等传统观念，加大奖惩的力度。奖惩没有一定的力度，就不会在被管理者中造成一定的刺激作用，很难收到预期效果。

在具体的管理实践中，实行奖惩分开，酌情适度的原则非常重要。奖惩分开可让员工信服，酌情适度既体现了奖惩的管理思想，又可体现管理者的人文关怀。

（4）灵活运用管理者授权。管理者的授权与组织的授权不一样，管理者授权是指由管理者将自己所拥有的一部分权力赋予下级，以期更有效地完成任务并有利于激励下级的一种管理方式。管理者授权是现代管理的一种科学方法与领导艺术。

① 关于授权的类型。在管理中，管理者授权的形式多种多样：

- 按传达形式可分为口头授权与书面授权。就授权的传达形式而言，一般书面授权比口头授权更正规、更规范。
- 按授权主体可分为个人授权与集体授权。既可以由管理者个人决定将其所拥有的一部分权力授予下级，也可以由领导班子集体研究，将该层次拥有的一部分权力授予其下级。
- 按授权的时机可分为随机授权与计划授权。
- 按授权的期限可分为长期授权与短期授权。
- 按授权双方的关系可分为逐级授权与越级授权，这是就授权双方的关系而言的。例如，来自顶头上司的授权就属于逐级授权，而来自更高层次的领导者的授权就是越级授权。

② 授权的注意事项。在授权中，应注意以下事项：

第一，依据实现组织目标的需要进行授权，将相应类型与限度的权力授予下级，以保证其有效地开展工作。

第二，在授权中要注意职务、职责、权力与利益四者之间的对等与平衡，要真正使被授权者有职、有权、有责、有利。

第三，虽然领导进行了授权，但领导仍须承担实现组织目标的责任，而不能将责任推给下级。

第四，在授权之后，领导者需要保有必要的监督控制手段，使所授之权不失控，确保组织目标的实现。

此外，在授权时要注意适度，既要防止授权不足，又要防止授权过度。既要考虑到被授权者有足够的权力完成工作任务，又不能让权力失去控制，造成不良后果。

③ 授权的具体步骤。在授权时，如果只是简单的授权，是没有必要划分步骤的，但对规范的授权来说，需要按一定的步骤进行授权。

第一步，下达任务。授权的目的在于完成任务，实现目标。所以，授权过程始于下达任务。首先，要选择好被授权者，其要有正确行使权力的能力，并能有效完成任务；其次，要下达明确的任务，规定所要实现的目标与标准（尽可能量化），以及相应要求和完成时限。

第二步，授予权力。领导者要将完成任务、实现目标所需的相应类型和限度的权力授予下级。要做到权责对等，并使尽责与一定的利益挂钩。授权中，要特别注意需明确权力界限，切不可含糊不清，令出多门。还要注意在授权的同时，给予下级以充分的信任，全力支持，放手使用。

第三步，监控与考核。在授权过程中，即下级运用权力推进工作的过程中，要以适当的方式与手段，进行必要的监督与控制，以保证权力的正确运用与组织目标的实现。在工作任务完成后，要对授权效果、工作实绩进行考核与评价。

④ 授权对领导者的好处。授权对领导者的好处体现在多个方面：首先，通过科学的授权，

使基层拥有实现目标所必需的权力而自主运作，可以更好地促进目标的实现；其次，授权有利于领导者从日常事务中解脱出来，集中力量处理重要决策问题，"授权是领导者的分身术"，高明的领导者都会恰当地运用授权；再次，授权有利于激励下级，下级若拥有完成任务的权力，能按照自己的意图，独立自主地进行工作，就会获得一种信任感和满意感，这有利于调动其工作的积极性、主动性和创造性；最后，授权有利于培养、锻炼下级，下级在自主运用权力、独立处理问题的过程中，会不断地提高管理能力，提高综合素质。

微视频：组织授权与管理者授权

三、指挥能力

（一）管理中的指挥过程

广义上的指挥，主要包括指示、部署、指导与调节等基本手段。从实际管理过程来看，具体体现为事前准备工作的安排与组织、目标任务的部署与指派、所需资源的分配与落实、实施过程中的指导与激励、对实施过程中出现矛盾进行化解与调度等工作环节与行为。

管理中的指挥过程包括以下几个阶段。

（1）工作准备阶段。指挥过程中的准备工作主要包括：

① 要"吃透两头"。有效实施的前提是"吃透两头"，即一方面，正确把握目标任务要求，理解目标与任务的本质内涵、工作标准与完成时限，以便准确地加以落实；另一方面，要全面了解与任务相关的环境、条件等因素，因地、因时制宜，量力而行，以保证有针对性地落实。

② 分配与准备好资源。为确保工作任务的实现，必须搞好资源的分配与落实。特别是人员、资金与所需物资，要及时足量准备好。一定要检查落实情况，特别是关键性细节，确保"万无一失"。

（2）工作部署阶段。在进行工作部署时需要注意以下几点：

① 选准时机。工作目标与任务的落实，必须要抓住时机。借助某种机遇来推进目标与任务的落实，充分利用各种有利的时机、氛围、条件，为任务的落实创造尽可能好的环境因素，这是工作落实的重要环节。如属紧迫性工作，就必须抓紧部署。

② 部署任务。部署工作必须要清晰明确。首先，要进行目标与任务的层层分解，把企业的目标分解落实到部门与人员；其次，要使下级明确目标标准与完成时限，实行目标与任务的量化管理；再次，要求下级制定详尽可行的对策计划与落实措施；最后，核查资源、条件、权力等落实情况。

③ 实行严格的工作责任制。工作落实的关键是人员责任的落实。好的工作实施体系最重要的是建立科学有效的责任制。首先，要明确责任者，包括直接责任者、第一责任者；其次，要落实责任，特别要将量化的标准与完成时限落实到人；再次，实行充分授权，使责任者有职有权，以保证任务的完成；最后，要建立有效激励与严厉的责任追究措施与制度。

（3）指导与激励阶段。在工作实施的过程中，管理者负有重要的指导与激励责任。管理者要结合工作实际，及时地进行指挥与指导，并适时地进行激励，最大限度地调动员工努力工作的积极性，以促进工作的有效开展。

（二）影响指挥有效性的因素

指挥是管理者运用权威最基本的形式，而且也是管理者实施领导的首要和最基本的手段。管理者指挥的有效性主要受以下因素影响：

（1）权威。权威是指挥的基础，只有凭借权威，才能进行指挥。而且，权威越大，指挥作用就越大。权威是指挥有效性的首要决定因素。

（2）指挥内容的科学性。有效的指挥，首先应是符合客观规律和实际情况的指挥。只有指挥内容科学、正确，才可以产生好的指挥效果。

（3）指挥形式的适宜性。指挥的有效性，在相当程度上取决于指挥形式是否适当。内容正确的指挥，还要靠科学、合理、恰当的形式来实施，才能收到好效果。

（4）指挥对象。指挥若能适应指挥对象的特点与需要，就更容易为指挥对象所接受，从而使其自觉为实现组织目标而努力。否则，就容易遭到他们的抵制，导致无效指挥。

（5）管理环境。指挥的实际效果还受诸如时机、场所、群体氛围、工作性质，以及其他主客观条件的影响。

在管理实践中，管理者需要综合处理好以上诸因素，才能实现有效指挥。

（三）管理中指挥的形式

1. 载体不同的指挥形式

管理者的指挥形式，按所采用的载体不同，可划分为口头指挥、书面指挥和会议指挥三种。

（1）口头指挥。即管理者用口头语言的形式直接进行指挥。口头指挥是最经常、最基本的形式。它具有直接、简明、快速、方便等特点。运用口头指挥形式，需要注意掌握相应的技巧：第一，内容表达要清晰、准确；第二，用语简洁有力，详略得当；第三，要讲究语言艺术。

（2）书面指挥。即采用书面文字形式进行指挥。书面指挥的具体形式多种多样。以行政机关的文件形式最为规范，主要包括命令、指令，决定、决议，指示，布告、公告、通告，通知、通报，报告、请示、批复，函等。提高书面指挥的有效性，应注意加强针对性、增强规范性、提高写作质量。

（3）会议指挥。这是一种通过多人聚集，共同研究或即时布置工作的指挥形式。在实际领导工作中，会议是一种经常使用而又行之有效的形式。会议指挥具有快速下达、即时反馈等特点。

会议指挥主要把握好以下要领：第一，控制会议的议题与规模、次数；第二，必须做好充分的会前准备；第三，科学地掌握会议。

2. 强制程度不同的指挥形式

管理者的指挥行为，一般都带有一定程度的强制性。但指挥又不是单纯的强制行为，总是需要辅以一定程度的说服、教育与思想工作，这两个方面要相互配合，不可偏废。

按强制程度不同，指挥形式主要可分为以下几种。

（1）命令、决定。运用好这类指挥形式，要注意以下几点：第一，必须遵循客观规律，坚持从实际出发；第二，要简明扼要，并有很强的可操作性；第三，注意实施方式的艺术性和有效性。

（2）建议与说服。建议与说服具有引导、说理性质，不带或只有微弱的强制性。运用这类方式时应注意以下几方面：第一，要以平等的身份进行交流；第二，管理者提出的见解、意见要有较高水平；第三，加强信息反馈与控制。

（3）暗示、示范。这是一种完全不带强制性的指挥形式。暗示是指管理者通过各种语言、行为、政策及其他形式，对下级的行为进行某种隐含性的引导；示范则指管理者以自身的模范带头作用来影响、带动下级的行为，它具有隐含性、间接性和自觉自愿性等特点。

运用好这类指挥形式，应注意以下几点：第一，要有鲜明的目的性；第二，选择预期行为的恰当方式；第三，要有其他形式的有机配合。

3．指示与规范

从管理者进行指挥所使用和适用范围上划分，管理者的指挥行为又可分为指示与规范。

（1）指示。指示是指管理者针对某一管理问题所做出的一次性指令或要求。对于一些特殊的、例外性的管理问题，由管理者做出明确的指示是必要的。这种指示，针对性强，解决问题的途径明确，要求清楚，有利于下级执行，常会取得好的效果。但针对性强的一次性指示也有其明显的缺点，即对过去发生过的同类问题可能还需要重新做出指示，这样就会出现前后政令不一、管理者重复决策、负担加重、工作效率低下的问题。为此，就要求对例行工作多采用规范这种指挥形式。

（2）规范。规范是指管理者制定的用以解决某一类问题的原则、程序及办法。这样，只要这类问题再次出现，下级就会自觉地按照规范来加以处理，而不必一事一请示，领导者也不必反复就同一类问题进行决策或指示。显然，对于经常发生的例行工作和程序化问题，制定规范比下达指示更具优越性，它可以保证政策的连续性。减轻管理者的工作负担，提高管理的效率，并有利于下级依规范自主管理，从而调动他们的工作积极性与主动性。

在管理实践中，管理者应尽可能多地使用规范，而减少一次性指示，以提高指挥的有效性。

管理感悟

第一，领导职能与我们日常的理解有一些差别。日常中说到的领导更多的是指上级管理者，而在领导职能中指的是如何带领员工实现组织目标的过程。

第二，领导从本质上来说是一种影响力，这种影响力既有管理者所处的职位带来的权力与权威，又有因为管理者个人的魅力而形成的被管理者服从与追随的心理。

第三，管理者一定是领导者，因为管理者具有让下属服从或追随的职位权力。但领导者并不一定都是管理者，因为领导者即使不在职位，但由于其影响力的存在，仍能造成其他人的追随甚至是服从。

任务实训

1．在线测试：有效实施指挥。
2．举例说明领导者如何在员工中形成影响力。
3．阐述管理者如何行使好自己的指挥能力。

在线测试

任务评价

评价类目	评价内容及标准	分值（分）	自己评分	小组评分	教师评分
学习态度	✓ 全勤；(5分) ✓ 遵守课堂纪律。(5分)	10			
学习过程	➤ 能说出本次工作任务的学习目标，上课积极发言，积极回答问题；(5分) ➤ 能够说明领导影响力的来源；(5分) ➤ 能够说明领导权力的来源；(5分) ➤ 能够说明在不同环境下选择指挥的类型。(5分)	20			
学习结果	◆ 在线测试有效实施指挥；(4分×10=40分) ◆ 举例说明领导者如何在员工中形成影响力；(15分) ◆ 阐述管理者如何行使好自己的指挥能力。(15分)	70			
合　计		100			
所占比例		100%	30%	30%	40%
综合评分					

知识拓展与技能实践

知识拓展

关于领导者影响力的几种误解

第一种误解：管理者必然影响力大。其实，管理者关注的是把握既定的前进方向，维持既定的系统和流程；而领导者才能影响和带领他人，去往新的方向。要检验一个人是否具有领导力，最好的办法就是让他去营造一种积极的改变，看他是否能够成功，是否有人追随。

第二种误解：企业家必然影响力大。其实，企业家们擅长的是发现潜在的需求，通过满足这些需求来实现盈利。

第三种误解：知识渊博的人影响力大。其实，智商和受教育程度并不等于领导力。许多大学里才华横溢的科学家，并没有领导力。

第四种误解：引领潮流的人影响力大。其实，走在队伍的最前面的人，未必就是领导者。要成为领导者，一个人不仅要走在前面，还要有人愿意追随他，愿意服从他的领导，并且愿意采取行动去实现他描绘的愿景。

第五种误解：位高权重的人影响力大。其实位高权重的人由于权力的运用必然是领导者，但如果不具有与职位相一致的能力，极有可能随着其退出职位等而导致影响力的消失，自然没有了追随者。

技能实践

在我们周围经常会发现管理者虽然拥有对一些事物的处置权力但并不急于使用。例如，我们的辅导员，当他们发现有学生即将出现违反学校规章的事情发生时，更多的是及时干预，而并不是等到事情的结果已经产生而利用权力对学生进行处置。这样就会慢慢地在同学之间形成一种共识，即当老师提醒我们别做什么事的时候，同学们往往会改变当初的主意，这就形成了同学们的追随与服从。

小组成员可以收集身边两至三件类似的案例，讨论案例中的被管理者是如何形成追随与服从心理的，并将讨论过程整理成文档。

任务二　有效的员工激励

思维导图

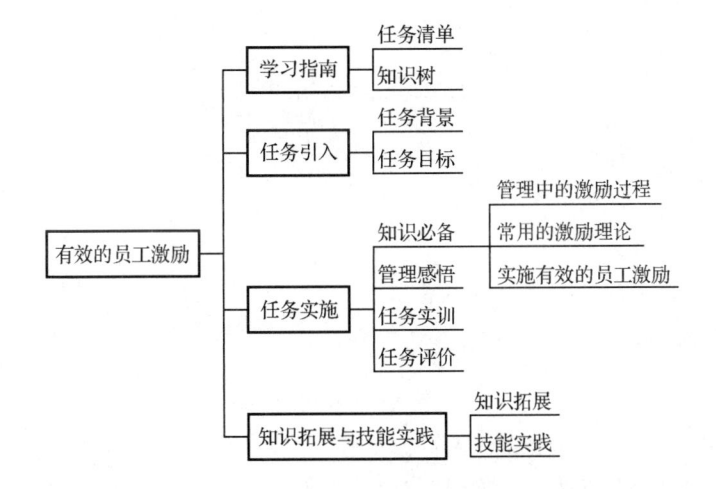

```
                        ┌─ 学习指南 ─┬─ 任务清单
                        │           └─ 知识树
                        │
                        ├─ 任务引入 ─┬─ 任务背景
                        │           └─ 任务目标
                        │
                        │           ┌─ 知识必备 ─┬─ 管理中的激励过程
有效的员工激励 ─────────┤           │           ├─ 常用的激励理论
                        │           │           └─ 实施有效的员工激励
                        ├─ 任务实施 ┼─ 管理感悟
                        │           ├─ 任务实训
                        │           └─ 任务评价
                        │
                        └─ 知识拓展与技能实践 ─┬─ 知识拓展
                                              └─ 技能实践
```

学习指南

任务清单

工作任务	有效的员工激励
建议学时	4学时
任务描述	通过本任务的学习，了解管理中的激励过程，掌握常用激励理论的基本内容，以及其在管理中给管理者带来的启示，能针对不同的员工需求实行不同的激励措施，保证高效地完成工作任务，实现组织目标。
学习目标	
知识目标	1. 了解管理中的激励过程； 2. 掌握常用的激励理论对管理工作的指导意义； 3. 掌握管理工作中有效实施激励的常用方法。
能力目标	1. 具备分析员工激励动机的能力； 2. 具备应用激励理论指导工作实践的能力； 3. 具备根据企业环境制定激励措施的能力。
素质目标	1. 具备实事求是根据企业环境分析员工需要的意识； 2. 具备不断优化管理方法与手段的意识； 3. 具备大局意识、环境意识与以人为本的意识。
思政目标	通过对激励理论及如何激励员工等相关任务的学习，培养爱国守法、公平公正的意识与观念，培养热爱工作、实事求是、勤于思考、勇于创新的思想。
关键词	激励过程；激励理论

知识树

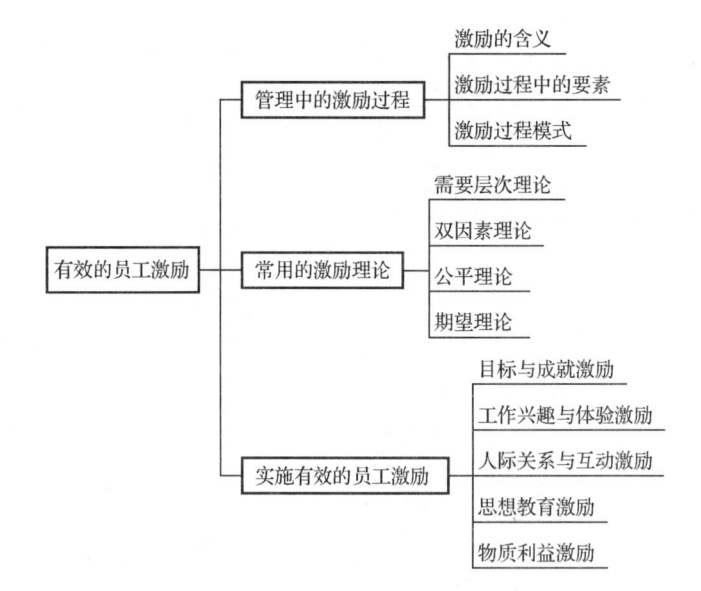

```
                          ┌── 激励的含义
           ┌─ 管理中的激励过程 ─┼── 激励过程中的要素
           │                └── 激励过程模式
           │
           │                ┌── 需要层次理论
           │                ├── 双因素理论
有效的员工激励 ─┼─ 常用的激励理论 ─┤
           │                ├── 公平理论
           │                └── 期望理论
           │
           │                ┌── 目标与成就激励
           │                ├── 工作兴趣与体验激励
           └─ 实施有效的员工激励 ┼── 人际关系与互动激励
                            ├── 思想教育激励
                            └── 物质利益激励
```

任务引入

任务背景

无处不在的激励

你是否想过小丑也是一种激励方式？你是否思考过如何激励别人？如何激励员工是管理学中一个重要的话题，长期以来众多研究者对此抱有浓厚兴趣。每一位管理者都需要做到激励员工，这首先就要求我们了解什么是动机。很多人错误地将动机视为一种人格特质。也就是说，他们认为有些人能够受到激励，而有些人不能。关于动机的知识告诉我们不能按照这种方式给每个人贴上标签，因为每个人的动机各不相同，而且每个人的整体动机也会根据不同的情境而有所变化。例如，你很可能在某些课上比其他课上更有动力学习。

任务目标

1. 激励过程是怎么实现的？
2. 管理中的激励理论有哪些？可以如何指导管理者对下属进行激励？

任务实施

知识必备

一、管理中的激励过程

（一）激励的含义

所谓激励，是指管理者运用各种管理手段，刺激被管理者的需要，激发其动机，使其朝向所期望的目标前进的心理过程。

激励在管理中的核心作用是调动人的积极性，其最显著的特点是内在驱动性和自觉自愿性。如何激发员工产生高绩效一直是组织重点关注的问题，而管理者也在一直坚持不懈地寻求答案。

（二）激励过程中的要素

在对人进行激励的过程中，构成激励的要素主要包括以下几个。

（1）动机。动机是推动人从事某种行为的心理动力。激励的核心要素就是动机，关键环节就是动机的激发。动机体现了个体为实现目标而付出努力的强度、方向和坚持性的一种过程。这一定义包含了三个关键要素：努力、方向和坚持性。

努力要素是强度、驱动力和活力的一种衡量指标，受到激励的个体会尽力并努力地工作；然而，不仅是努力的强度，努力的质量也需要考虑，高强度的努力不一定会带来优秀的工作绩效，除非这种努力朝着有利于组织的方向进行，朝着组织目标并与之一致的努力是一种我们期望从员工身上看到的努力；最后，动机还包含坚持性维度，我们希望员工能够为实现这些目标而不懈努力。

（2）需要。需要是激励的起点与基础。人的需要是人们积极性的源泉和实质，而动机则是需要的表现形式。一种未满足的需要会带来紧张，进而在躯体内部产生内驱力。这些内驱力会产生寻求行为，去寻找能满足需要的特定目标。如果目标达到，需要就会满足，进而降低紧张程度。

（3）外部刺激。这是激励的条件。它是指在激励的过程中，人们所处的外部环境中诸种影响需要的条件与因素，主要指各种管理手段及相应形成的管理环境。

（4）行为。被管理者采取有利于组织目标实现的行为，是激励的目的。

因此，激励的实质过程。是在外界刺激变量（各种管理手段与环境因素）的作用下，使内在变量（需要、动机）产生持续不断的兴奋，从而引起被管理者积极的行为反应（实现目标的努力）。

（三）激励过程模式

在激励过程中，被激励的员工处于一种紧张状态，为缓解紧张，他们会通过努力工作来满足自己的需要。在这一过程中，紧张强度越大，努力程度越高。如果这种努力成功地满足了需要，紧张感将会减轻。但是，由于我们感兴趣的是与工作有关的行为，所以这种减轻紧张程度的努力必须是指向组织目标的。因此，激励的定义中隐含着个体需要必须和组织目标一致的要求。否则，虽然个体也表现出高努力水平，但与组织利益背道而驰也是不行的。最后，我们把激励看作一个满足需要的过程。如图5-2所示。

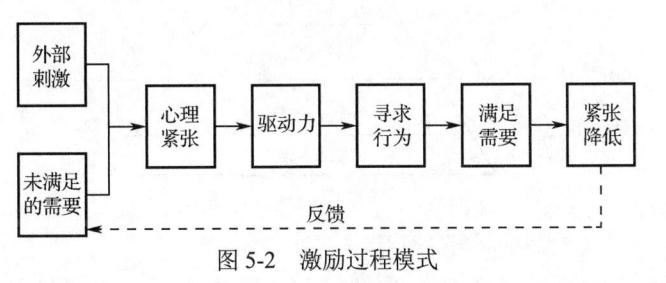

图5-2　激励过程模式

微视频：激励过程模式的运作过程

二、常用的激励理论

激励理论主要研究人的动机激发的因素、机制与途径等问题。大致可划分为三类：一是内容型激励理论；二是过程型激励理论；三是行为改造理论。接下来我们介绍几种常用的激励理论。

（一）需要层次理论

需要层次理论是美国心理学家亚伯拉罕·马斯洛于1943年提出来的，他提出每个人都有五个层次的需要。

（1）生理需要。指维持人类自身生命的基本需要，如人们对食物、水、住所、性以及其他生理方面的需要。

（2）安全需要。在生理上的需求得到保证的同时，保护自身免受生理和情感伤害的需要，如人们希望避免人身危险和不受丧失职业、财物等威胁方面的需要。

（3）社交需要。人们在爱情、归属、接纳以及友谊方面的需要等，如希望与别人交往、避免孤独，与同事和睦相处、关系融洽的欲望。

（4）尊重需要。人们追求受到尊重，包括自尊（内部尊重）与受人尊重（外部尊重）两个方面。内部尊重因素包括对自尊、自主和成就感的需要；外部尊重因素包括对地位、认可或被关注的需要。

（5）自我实现需要。这是一种最高层次的需要，指推动个人能力极限的，对自我发展、自我价值实现和自我理想实现的需要。这种需要促使人能最大限度地发挥潜能，实现自我理想和抱负的欲望。这种需要突出表现为工作胜任感、成就感和对理想的不断追求。这一层次的需要是无止境的。

马斯洛认为，每个需要层次都必须得到充分的满足，才能使下一层次的需要占据主导地位，个体的需要层次是由低向高逐层上升的，马斯洛需要层次理论如图5-3所示。此外，马斯洛还将五种需要划分为低层次需要和高层次需要。生理需要和安全需要被认为是低层次需要；社交需要、尊重需要和自我实现需要被认为是高层次需要。较低层次需要的满足主要来源于外部因素，而较高层次需要的满足则来源于内部因素。

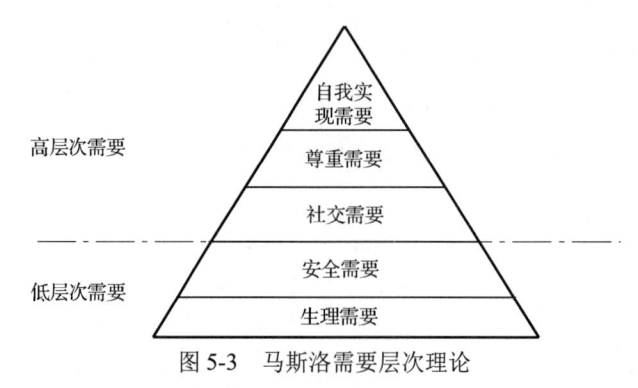

图 5-3 马斯洛需要层次理论

马斯洛需要层次理论对管理实践的启示：

（1）在不同的时代、环境及个人条件差异影响下，每位员工的优势需要各不相同，因此，需要有针对性地进行激励。不同需要层次的员工采用的激励方式应该是不同的。

（2）需要特别说明的是，马斯洛认为人的需要只有低层次得到满足之后才能追求更高层次的需要。这个观点过于片面，应该科学地分析下属的需要，才能真正做到有针对性地进行激励。

阅读材料：从需要层次理论看我国的社会主要矛盾

（二）双因素理论

双因素理论是美国心理学家赫茨伯格于20世纪50年代提出来的，双因素理论也称激励—保健理论。双因素理论认为内在因素与工作满意度相关，而外在因素与工作不满意度相关。

1. 双因素理论的基本思想

赫茨伯格总结出人们在对工作感到非常好的情况下所给出的回复与在对工作感到非常差的情况下所给出的回复显著不同。某些特定的特征总是与工作满意度相关，如成就、认可、工作本身、成长、责任、晋升等。而其他一些特征则总是与工作不满意度相关，如监督、公司政策、与上司的关系、工资、工作条件、与同事的关系、个人生活、与下属的关系、地位、工作保障等。

当人们对自己的工作感到满意时，往往会提到一些来源于工作本身的内在因素，如工作成就、认可和责任。当人们对工作感到不满意时，他们往往会提到来源于工作情境的外在因素，如公司政策与管理、监督管理、人际关系和工作条件。

此外，赫茨伯格认为研究数据还表明了满意的反面并不是传统所认为的不满意。消除了工作中的不满意特征并不一定会使个体对工作更加满意（或者受到激励）。因此，赫茨伯格提出存在一个二维连续体，即"满意"的反面是"没有满意"，而"不满意"的反面是"没有不满意"。

另外，赫茨伯格认为导致工作满意和不满意的因素是彼此分离、有所区别的。因此，管理者设法消除带来工作不满意的那些因素，能够使员工不会感到不满意，但却不一定能够对他们有所激励。导致工作不满意的外部因素，称保健因素。当这些因素得到充分满足时，人们不会感到不满意，但是也不会感到满意（或者受到激励）。为了激励员工，赫茨伯格建议应该强调激励因素，也就是增加员工满意度的内在因素。

2. 双因素理论的基本内容

双因素理论认为两大类影响人的工作积极性的因素包括保健因素与激励因素。

（1）保健因素。这属于和工作环境或条件相关的因素。当人们得不到这些方面的满足时，人们会产生不满，从而影响工作；但当人们得到这些方面满足时，只是消除了不满，却不会调动人们的工作积极性。

（2）激励因素。这属于和工作本身相关的因素，包括工作成就感、工作挑战性、工作中得到的认可与赞美、工作的发展前途、个人成才与晋升的机会等。只有当人们在激励因素方面得到满足时，才会对工作产生浓厚的兴趣，极大提高工作的积极性。

3. 双因素理论对管理实践的启示

（1）善于区分管理实践中存在的保健因素与激励因素，针对不同的因素区别采取改善措施。

（2）在双因素理论中，只有当激励因素让员工感觉满意的时候才能真正起到激励作用，或者说激励因素中的"没有满意"、保健因素中的"没有不满意"与"不满意"三种状态都不能有效激励员工。因此，管理者

微视频：双因素理论中的注意事项

应动用各种手段，使员工满意自己的工作。

（3）在不同国家、不同地区、不同时期、不同阶层、不同组织，乃至每个人，最敏感的激励因素是各不相同的，因此应灵活地加以确定。

（三）公平理论

1．公平理论的内容

公平理论是由美国心理学家约翰·斯塔希·亚当斯于1965年提出来的，该理论认为员工首先将自己从工作中得到的（所得）和付出的（投入）进行比较，然后将自己的所得/付出比与其他相关人员的所得/付出比进行比较并得出评价，不同的所得/付出带来的员工评价效果如表5-1所示。

表 5-1 不同的所得/付出带来的员工评价效果

感受到的所得与投入比比较			员工的评价
A 所得/A 付出	小于	B 所得/B 付出	不公平（报酬过低）
A 所得/A 付出	等于	B 所得/B 付出	公平
A 所得/A 付出	大于	B 所得/B 付出	不公平（报酬过高）

如果员工认为自己的付出/所得比与其他相关人员的付出/所得比相同，那就没什么问题，即认为是公平的。然而，如果这一比率不同，员工会认为自己获得的报酬过低或过高，即认为是不公平的。当员工认为自己获得的报酬过低，出现不公平的感受时，员工就会试图采取某些措施，结果则可能出现生产率的下降、产品质量的降低、缺勤率的上升或自愿离职等。

2．公平理论里的参照对象

参照对象是公平理论中十分重要的变量。为了评估公平性，个体通常会从三个参照对象来进行比较，即其他个体、系统或者自我。这三个参照对象都非常重要。"个体"参照对象包括在同一组织中从事相似工作的其他个体，但也包括朋友、邻居和同行。员工会根据他们在工作中或者在报纸、行业期刊中的所见所闻，将自身薪酬与其他薪酬进行比较；"系统"参照对象包括组织报酬的政策、程序和分配制度；"自我"参照对象指的是每个员工自身的付出/所得比。这一比率反映了个体过去的经历和交往，并且受到一些标准的影响，比如过去的工作或家庭负担等。

公平理论最开始聚焦于分配公平，即人们认为报酬数量及报酬分配的公正程度。近年来，越来越多的研究聚焦于程序公平方面的考察，即用来确定报酬分配的程序所具有的公正程度。研究表明，分配公平比程序公正更能影响员工的满意度，而程序公平往往会影响员工对组织的承诺、对上司的信任及辞职的意愿。因此，管理者应该考虑将分配决策如何制定的信息公开化，遵循稳定、公正的程序，并采取措施以提高程序公正的认同感。通过提高员工对程序公平的认同感，即使在他们对报酬、晋升或其他个人所得不满意的情况下，员工也可能会积极地看待他们的上司和组织。

阅读材料：从公平理论看我国的社会公平

3．公平理论的运用

从上面的比较可以看出，根据公平理论的原理，人的工作积极性不仅受其所得的绝对报酬的影响，更重要的是受其相对报酬的影响。这种相对报酬是指个人付出劳动与所得到的报酬的比较值。包括两种：横比，即在同一时间内以自身同其他人的付出与报酬相比较；纵比，即拿自己不同时期的付出与报酬比较。前者可称社会比较，后者可称历史比较。

当获得公平感受时，心情舒畅，努力工作；当得到不公平感受时，就会出现心理上的紧张、不安，从而使员工采取行动以消除或减轻这种心理状态。具体行为如试图改变其所得报酬或付出、有意无意曲解自己或他人的报酬或付出、竭力改变他人的报酬等。

4．公平理论对管理实践的启示

（1）随着我国经济的发展，员工的绝对报酬已经实现了较大的增长，但仍然会有不公平感，因此，在重视绝对报酬的同时，必须将相对报酬作为有效激励的方式。

（2）现实中的不公平更主要来源于相对报酬，因此，要尽可能实现相对报酬的公平性。

（3）要妥善处理报酬中的不公平现象，积极引导，不断改革以促成公平氛围。

（四）期望理论

1．期望理论的基本原理

期望理论是由美国心理学家维克托·弗鲁姆于1964年系统地提出来的，这一理论是通过人们的努力行为与预期奖酬之间的因果关系来研究激励的过程，是对员工受到激励的过程最全面的解释。

期望理论认为，个体趋于表现出某种特定行为是因为预期该行为会带来特定的结果，以及所得结果对该个体具有吸引力。该理论包含了三个变量或关系，如图5-4所示。

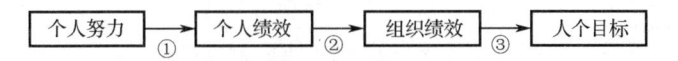

个人努力 →① 个人绩效 →② 组织绩效 →③ 个人目标

①期望值，=努力—绩效关系
②手段，=绩效—奖励关系
③效价，=奖励的吸引力

图 5-4 期望理论模型

（1）期望值，努力—绩效关系，指的是个体所认为的付出一定的努力能达到某一特定绩效水平的概率。

（2）手段，绩效—奖励关系，指的是个体所认为的某一特定绩效水平有助于获得期望结果的程度。

（3）效价，奖励的吸引力，指的是在工作中可能获得的结果或奖励对个体的重要程度。效价同时考虑了该个体的目标及需求。

2．期望理论的基本内容

从上面的分析可以看出，期望理论认为人们对某项工作积极性的高低，取决于他对这种工作能满足其需要的程度及实现可能性大小的评价。

实施期望理论的关键在于理解个体的目标，以及努力与绩效、绩效与奖励、奖励与个体目标满足的关系。它强调了报酬和奖励。因此，个体必须要相信组织所提供的奖励与个体所想要的奖励相一致，激励效果才会最好。

3．期望理论对管理实践的启示

（1）不同的激励手段对不同的员工感受到的效价是不一样的，在进行员工的激励时一定要选择员工感兴趣、评价高,即认为效价大的项目或手段。

(2)在确定激励目标时,目标实现的可能性要符合激励对象的能力,如果标准定得太高,超出了能力范围,其将迅速消化激励效果。

(3)制定激励目标一定要从员工的实际出发,对于希望达到广泛激励作用的工作项目,都应是大多数人经过努力能实现的。

三、实施有效的员工激励

有效的激励,必须通过一定的方式或手段来实现。依据前面的激励过程模式,在一定的环境下,管理者可根据员工的需要与动机,采取一定的激励方式与方法,达到实现组织绩效与个人目标的目的。

因此,在实施员工激励的时候,首先需要明白员工的需要与构成,然后根据企业员工需要与动机的实际构成施以不同的激励手段或方法。激励的实施系统模式如图 5-5 所示。从图中可以看出,激励行为通过五个子系统获得实现。

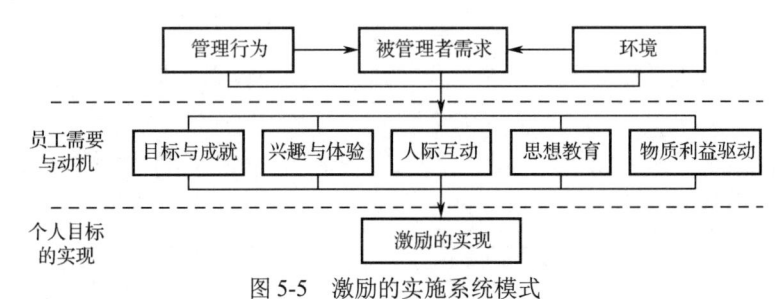

图 5-5　激励的实施系统模式

(一)目标与成就激励

1. 目标激励

目标激励是指以目标为诱因,通过设置先进合理的目标,激发动机,调动积极性的方式。在具体的管理实践中可用于激励作用的目标主要有三类:工作目标、个人成长目标和个人生活目标。

在设置目标时,需要注意以下几点:

(1)需要保证目标具有足够吸引力的效价。根据弗鲁姆的期望理论,激发力量大小取决于效价及概率。因此,管理者在设置目标时,一是要选择下级感兴趣、高度重视的内容,使所选择的目标尽可能多地满足下级的需要;二是使目标的实现与相应的奖酬或名誉、晋升挂钩,加大目标实现的效价;三是要做好说明、宣传工作,使下级能真正认识到目标的社会心理价值及其实现所带来的各种利益。

(2)设置的目标需要合理、可行。目标水平要先进合理,要具有可操作性,并要做好必要的说明解释工作,使激励对象能充分认识到实现的可能性。

2. 参与激励

参与激励即以让下级参与管理为诱因,调动下级的积极性和创造性。下级参与管理或称民主管理,主要注意以下几点:

(1)增强民主管理意识,建立参与机制。

(2)真正信任下级,使下级实实在在地参与决策和管理过程。

(3) 有效利用多种参与形式，鼓励员工参与。

3. 竞赛（竞争）激励

人们普遍存在着争强好胜的心理，这是由于人谋求实现自我价值、重视自我实现需要所决定的。在激烈竞争的现代社会，企业在内部管理中引入竞争机制是极为有效的一种激励手段。

在组织竞赛、鼓励竞争的过程中，需要注意以下几个方面：

(1) 要有明确的目标和要求，并加以正确的引导；

(2) 竞争必须是公平的；

(3) 竞赛与竞争的结果要有明确的评价和相应的奖励。

（二）工作兴趣与体验激励

按照赫茨伯格的双因素论，对人最有效的激励因素来自工作本身，即满意于自己的工作是最大的激励。因此，管理者必须善于调整和调动各种工作因素，科学地进行工作设计，千方百计地使下级满意于自己的工作。要增强员工对自己工作的兴趣与满意程度，应注意以下因素的运用：

(1) 工作适应性。即工作的性质和特点与从事工作的人员的条件与特长相吻合，引起其工作兴趣，使企业员工高度满意于工作。如员工对所从事的工作有特长，并有浓厚兴趣。

(2) 工作的意义与工作的挑战性。企业员工愿意从事重要的工作，并愿意接受挑战性的工作，这反映了人们追求实现自我价值、渴望获得别人尊重的需要。

(3) 工作的完整性。人们愿意在工作实践中承担完整的工作，从而可获得一种强烈的成就感。管理者应使每个企业员工都能承担一份较为完整的工作，为他们创造获得完整工作成果的条件与机会。

(4) 工作的自主性。人们出于自尊和自我实现的需要，期望独立自主地完成工作，不愿意在别人的指使或强制下被迫工作。明确目标与任务，然后，大胆授权，放手使用，让下级进行独立运作，使其受到巨大激励。

(5) 工作扩大化。应开展企业工作设计的研究，克服工作的单调乏味和简单重复，千方百计地增加工作的丰富性、趣味性，以吸引企业员工。在实践中应注意增加所从事工作的种类，探索实行工作延伸、工作轮换等方法。

(6) 工作丰富化。让企业员工参与一些具有较高技术或管理含量的工作，即提高其工作层次，从而使其获得一种成就感，令其尊重的需要得到满足。包括将部分管理工作交给员工、吸收员工参与决策和计划、对员工进行业务培训、让员工承担一些较高技术含量的工作等。

(7) 及时获得工作成果反馈。管理者在工作过程中，应注意及时测量并评定、公布员工的工作成果，尽可能早地使员工得到自己取得成果的反馈。及时看到他们的工作成果，这就会有效地激发其工作积极性，促其努力扩大战果。

（三）人际关系与互动激励

1. 感情激励

感情激励即以感情作为激励的诱因，调动企业员工的积极性。感情激励主要包括以下几方面：在上下级之间建立融洽和谐的关系，以增强亲和影响力；促进下级之间关系的协调与融合；营造健康、愉悦的团体氛围，满足组织成员的归属感。

2. 尊重激励

管理者应利用各种机会信任、鼓励、支持下级,努力满足员工尊重的需要,主要包括以下几个方面:

(1) 要尊重下级的人格;

(2) 要尽力满足下级的成就感;

(3) 支持下级自我管理,自我控制。

3. 榜样激励

"榜样的力量是无穷的",管理者应注意用先进典型来激发企业员工的积极性。榜样激励主要包括先进典型的榜样激励和管理者自身的模范作用激励两个方面。

(四) 思想教育激励

思想教育激励是指通过思想教育方式与手段,激发动机、调动企业员工积极性的形式,具体包括政治教育、思想工作、表扬与批评三个方面。

1. 政治教育

企业管理者要有意识地用先进的思想与观念对员工进行灌输,全面提高企业成员的思想政治素质,特别注意爱国主义、奉献精神、团队精神的教育。这种政治教育的激励,在社会主义市场经济的今天,仍具有巨大的威力。

2. 思想工作

人的行为是由思想动机决定的。因此,思想工作是企业中极为重要的激励手段,特别要注意各种谈心、沟通、说服等形式的运用。

3. 表扬与批评

表扬与批评既可以看作是指挥手段,也可以看作是激励形式。应用时主要应注意以下几点:

- 坚持以表扬为主,批评为辅;
- 必须以事实为依据;
- 要讲究表扬与批评的方式、时机、地点,注重实际效果;
- 批评要对事不对人,同时批评的次数要适度;
- 批评与表扬的适当结合。

(五) 物质利益激励

物质利益激励是指以物质利益为诱因,通过满足企业员工物质利益需要来调动员工积极性的方式与手段。

1. 奖酬激励

奖酬包括工资、奖金、各种形式的津贴及实物奖励等。要让奖酬具有激励性,需要注意以下几点:

(1) 设计奖酬机制与体系要为实现工作目标服务。关键是奖酬与贡献直接挂钩的科学化与定量化。管理者必须善于将奖酬的重点放在管理者关注的重点上。

(2) 要确定适当的刺激量。奖酬激励作用主要取决于相对刺激量。要依工作完成情况、人的贡献、总体奖酬水平,公平合理地确定奖酬的增长水平和成员之间的差别。

（3）奖酬要同思想工作有机结合。

2．关心照顾

管理者对企业员工在生活上给予关心照顾，不但使企业员工获得物质上的利益和帮助，而且能获得尊重和归属感上的满足，可以产生巨大的激励作用。

3．处罚

处罚属于一种特殊形式的激励。运用这种方式时要注意：处罚必须有可靠的事实根据和政策依据；方式与刺激量要适当；也要同深入的思想工作结合，注意疏导。

管理感悟

第一，通过激励提高员工的积极性来实现组织目标是管理工作中的常用方法，但是不同的激励措施对不同的员工会有不同的效果，因此，在进行激励措施的选取之前，需要首先弄明白员工真正的需要与动机是什么。

第二，在现实管理中，一个部门里每位员工的需要与动机都不一样。因此，在设计激励措施的时候需要尽量求得最大公约数，而这个求最大公约数的过程无疑也将成为管理者一个新的难点。

任务实训

1．在线测试：有效的员工激励。
2．举例说明激励理论对管理的启示。
3．举例说明如何针对不同员工采取不同的激励措施。

在线测试

任务评价

评价类目	评价内容及标准	分值（分）	自己评分	小组评分	教师评分
学习态度	✓ 全勤；（5分） ✓ 遵守课堂纪律。（5分）	10			
学习过程	➢ 能说出本次工作任务的学习目标，上课积极发言，积极回答问题；（5分） ➢ 能够说明基本的激励过程；（5分） ➢ 能够说明基本的激励理论要点；（5分） ➢ 能够说明激励措施在管理工作中的重要性。（5分）	20			
学习结果	◆ 在线测试有效的员工激励；（4分×10=40分） ◆ 举例说明激励理论对管理的启示；（15分） ◆ 举例说明如何针对不同员工采取不同的激励措施。（15分）	70			
合 计		100			
所占比例		100%	30%	30%	40%
综合评分					

知识拓展与技能实践

知识拓展

麦克莱兰的三种需要理论

三种需要理论是由戴维·麦克莱兰和他的助理提出的,该理论认为主要有三种后天的需要推动人们从事工作。这三种需要分别是:成就需要,即想要达到标准、追求卓越、获得成功的愿望;权力需要,即想要使他人听从自己的指示以某种特定方式行事的期望;归属需要,即想要建立友好、亲密的人际关系的愿望。在这三种需要中,针对成就需要的研究最多。因此,该理论也叫麦克莱兰的成就需要理论。

成就需要较高的个体始终致力于追求个人成就,而不是成功所带来的诱惑和奖励。他们渴望将事情做得比以前更好、更高效。他们更加偏好于这样的工作:能够独立解决问题的工作;在工作中他们能够获得及时、明确的绩效反馈以告知他们是否有所改进;在工作中,他们得以设立挑战难度适中的目标。

高成就需要者会尽量避免他们认为过于容易或者过于困难的工作任务。此外,高成就需要者不一定能够成为一位优秀的管理者,尤其是在大型组织中。因为高成就需要者重视他们自身的成就,而优秀的管理者应该重视帮助其他人实现他们的目标。麦克莱兰认为可以通过培训来激发员工的成就需要,如为他们营造个人责任、反馈和中度冒险的工作情境。

技能实践

在管理实践中,简单的、放之四海而皆准的激励准则是不存在的,那么管理者可以如何训练开发激励员工技能呢?下面的这些建议可供选择。

利用参与企业实践的机会,练习并思考以下开发激励员工技能的步骤与环节:

(1)识别个体差异。几乎所有的当代动机理论都承认员工并不是同质化的。他们有不同的需求,他们在态度、人格和其他重要的个人变量上也有所不同。

(2)匹配人员与工作。谨慎地进行人员与工作的匹配能够对员工起到激励作用。

(3)利用目标。应该确保员工拥有困难而具体的目标,并且在追求这些目标的过程中,他们能够获得有关完成情况的反馈,并可考虑让员工参与到这些目标的设置过程中。

(4)确保员工认为这些目标是可实现的。无论这些目标实际上能否实现,管理者应该确保员工自信地认为,只要不断付出努力,就能够实现绩效目标。

(5)个别化奖励。由于各个员工的需求有所不同,利用你对员工差异的认识,在你所能控制的范围内对员工进行个别化奖励。

(6)将奖励与绩效联系起来。你需要依据绩效表现来确定奖励。加薪和晋升等关键奖励只有在员工实现了某些特定目标的情况下才能给予。

(7)检查系统的公平性。让员工感觉自己的付出与所获得的奖励或成果是公平的。经验、能力、努力和其他一些明显的付出应该能够解释薪酬、职责以及其他一些明显结果的差异。

(8)不要忽视物质奖励。基于工作绩效的加薪、计件奖金、员工持股计划和其他一些薪酬激励在决定员工动机上非常重要。

在参与企业实践结束之后,对上述的环节进行总结、整理。

任务三　做好沟通管理

思维导图

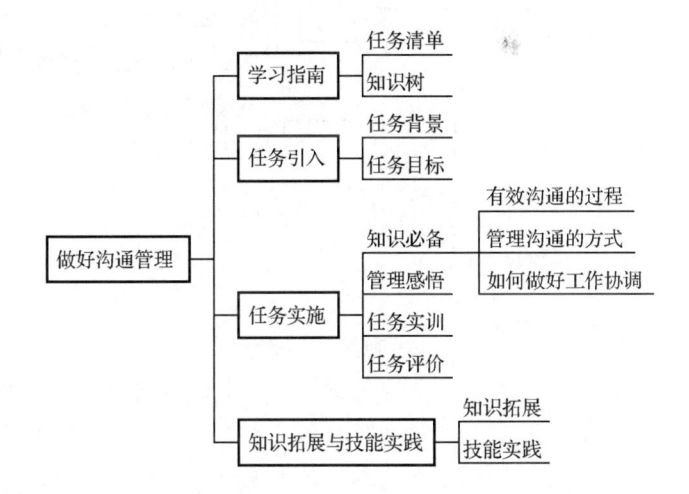

```
                         ┌─ 学习指南 ──┬─ 任务清单
                         │            └─ 知识树
                         │
                         ├─ 任务引入 ──┬─ 任务背景
                         │            └─ 任务目标
                         │                       ┌─ 有效沟通的过程
做好沟通管理 ────────────┤            ┌─ 知识必备 ┼─ 管理沟通的方式
                         │            │          └─ 如何做好工作协调
                         ├─ 任务实施 ─┼─ 管理感悟
                         │            ├─ 任务实训
                         │            └─ 任务评价
                         │
                         └─ 知识拓展与技能实践 ─┬─ 知识拓展
                                                └─ 技能实践
```

学习指南

任务清单

工作任务	做好沟通管理	
建议学时	2 学时	
任务描述	通过本任务的学习，识别影响沟通的障碍，掌握有效沟通的过程，理解人际沟通与组织沟通的设计方法，学会上下级之间工作协调的基本技能，学会处理管理工作的基本沟通方法与手段，更好地适应管理工作。	
学习目标	知识目标	1. 掌握有效沟通的过程； 2. 掌握管理沟通中的基本方式与运用方法； 3. 掌握上下级工作协调方法。
	能力目标	1. 具备识别管理沟通中的障碍与相应处理办法的能力； 2. 具备运用不同管理方式进行管理行为的能力； 3. 具备进行上下级顺利沟通与协调的能力。
	素质目标	1. 具备宽容及与人为善的意识； 2. 具备客观看待沟通中障碍、对待工作细心且耐心的意识； 3. 具备大局意识与规范言行的意识。
	思政目标	通过对有效沟通相关任务的学习，培养爱国守法、遵守规章、以身作则、与人为善的意识，培养爱岗敬业、勤于思考、待人以诚、勇于创新的思想。
关键词	人际沟通；组织沟通；工作协调	

知识树

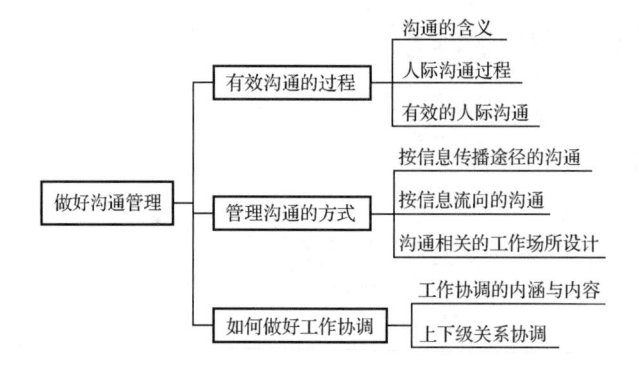

```
                                        ┌─ 沟通的含义
                    ┌─ 有效沟通的过程 ─┼─ 人际沟通过程
                    │                   └─ 有效的人际沟通
                    │
                    │                   ┌─ 按信息传播途径的沟通
做好沟通管理 ───────┼─ 管理沟通的方式 ─┼─ 按信息流向的沟通
                    │                   └─ 沟通相关的工作场所设计
                    │
                    │                   ┌─ 工作协调的内涵与内容
                    └─ 如何做好工作协调 ┴─ 上下级关系协调
```

任务引入

任务背景

没有热水的套房

在一次集体活动中，当大家风尘仆仆地赶到事先预定的旅馆时，却被告知当晚因工作失误，原来订好的套房（有单独浴室）中竟没有热水。为了此事，领队约见了旅馆经理。

领队：对不起，这么晚还把您从家里请来。但大家满身是汗，不洗洗澡怎么行呢？何况我们预定时说好供应热水的呀！这事只有请您来解决了。

经理：这事我也没有办法。锅炉工回家去了，他忘了放水，我已叫他们开了集体浴室，你们可以去洗。

领队：是的，我们大家可以到集体浴室去洗澡，不过话要讲清，套房一人248元一晚是有单独浴室的。现在到集体浴室洗澡，那就等于降低到统铺水平，我们只能照统铺标准，一人降到150元付费了。

经理：那不行，那不行的！

领队：那只有供应套房浴室热水。

经理：我没有办法。

领队：您有两个办法，一是把失职的锅炉工召回来，二是您可以给每个房间拎两桶热水。当然，我会配合您劝大家耐心等待。

这次交涉的结果是经理派人找回了锅炉工，40分钟后每间套房的浴室都有了热水。

任务目标

1. 有效沟通过程是怎样的？
2. 在管理实践中该如何做好沟通与协调工作？

任务实施

知识必备

一、有效沟通的过程

有效沟通是任何想要成为有效管理者的人必须掌握的一门技能。有效沟通对管理者的重要性，可以从一个需要着重强调的理由看出来：管理者所开展的一切工作都涉及沟通。并不是一些事情，而是所有事情！在缺乏信息的情况下，管理者无法进行决策。这些信息必须通过沟通获得。一旦制定了某项决策，沟通也必定会再次发生。如果缺乏充分沟通，就无法形成最好的创意、最具创造性的建议、最好的方案或者最有效的工作再设计。

（一）沟通的含义

沟通是意思的传递和理解，在管理中可理解为：为达到一定目的，将信息、思想和情感在个人或群体间进行传递与交流的过程。

1. 对沟通的理解

在沟通的概念里有两层意思：

第一层意思是"意思的传递"。指的是如果没有表达出信息和想法，那么沟通是不会发生的。如果没有人听讲话者讲话，或者管理者所写的东西没有人阅读，那么沟通也不会发生。

第二层意思，也是更重要的，沟通还包括意思的理解。为了使沟通能够成功，意思必须被准确地传达和理解。一封用英语写的信寄给了一位不懂英语的人，这不能认为是沟通，除非这封信被翻译成收信人可以阅读和理解的语言。因此，完美的沟通只会在接收者精确地接收和理解发送者所传达的想法和意见的情况下发生。

此外，还需要注意一个错误的观点，即把良好的沟通定义为使别人接受我们的观点。因为良好的沟通不是对信息达成一致意见，而是让对方清楚地理解这些信息。如果某人对我们的观点表示不同意，我们会错误地认为这个人并没有完全理解我们的立场。但事实上是，某人能够清晰地理解我们的意思，却不一定要同意我们的观点。

2. 人际沟通与管理沟通

沟通包括人际沟通和组织沟通。人际沟通指的是两人及两人以上的相互之间的沟通；管理沟通也叫组织沟通，组织沟通指的是通过组织中的各种沟通模式、网络和系统等的沟通。对于管理者而言，这两种类型的沟通都非常重要。

3. 沟通的职能

在很多组织中，沟通发挥着四项重要的职能：控制、激励、情绪表达和提供信息。每一项可能都非常重要。

首先，沟通通过多种方式来控制员工的行为。组织中存在着要求员工遵循的职权等级和正式的指导原则。例如，当组织要求员工如有任何工作上的不满与自己的直接上司进行沟通，遵循自身的工作说明书或者遵守公司的各项政策时，公司就是在利用沟通实施控制。非正式沟通同样也能控制行为。当某个工作群体取笑其中一位过于努力工作而无视群体规范的成员时，他们就是在通过非正式沟通对该成员的行为实施控制。

其次，沟通通过向员工清楚阐述他们应该做什么，表现得如何以及如果他们未能达到标准应该如何提高工作绩效来激励员工。在员工设定明确目标、为实现这些目标而努力工作以及获得目标实现进展反馈的过程中，都需要沟通发挥作用。

再次，对于许多员工来说，他们所在的工作群体是他们与社会进行交往的重要来源。工作群体中的沟通是员工分享挫败感和满足感的一种基本机制。因此，沟通为他们提供了情绪表达的一种释放途径，同时也满足了他们的社会需要。

最后，个体和群体都需要一些必要信息来完成组织中的工作，而沟通提供了这些信息。

（二）人际沟通过程

在沟通发生之前，必定存在某种意图，这也就是将被传递的信息。信息在发送者（信息源）与接收者之间的传递，首先被转化为符号形式（编码），然后通过某种媒介（渠道）传递给接收者，最后对发送者的信息进行再译（解码）。最终的结果是意思（转化为信息）从一个人传递给了另一个人。人际沟通过程如图5-6所示。

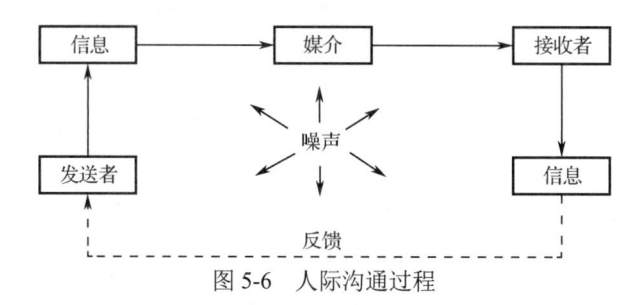

图 5-6 人际沟通过程

如图5-6所示说明了沟通过程的各项要素。但在整个过程很容易受到噪声的影响，噪声即是对信息的传送、接收或反馈造成干扰的因素。典型的噪声示例包括字迹难辨的打印材料，电话中的静电干扰，接收者注意力不集中或者是来自设备、同事的背景声音。可以理解为，对意思的理解造成干扰的任何东西都可以是噪声，并且噪声能够在沟通过程的任何一个环节导致信息的失真。

微视频：人际沟通过程

在人际沟通过程中，还存在着非语言沟通。非语言沟通主要包括肢体语言与语调。

① 肢体语言指的是传达意义的手势、面部表情和其他肢体动作。一个人皱着眉头还是微笑着"表达"某些事情时是截然不同的。手势、面部表情和其他的一些姿势都能够流露出一个人的情绪或性情，如攻击性、害怕、害羞、傲慢、愉悦和生气等。

② 语调指的是个体为了表达特定的意思而对某些词或短语的强调。因为语调的不同容易改变信息传达的意思。如一个轻柔平稳的语调表达授课老师对这个问题感兴趣，而一个生硬的语调并且将重音置于最后一个词语的方式则可能表达截然不同的意思。

在人际沟通中，管理者应该记住的是，进行沟通时，非言语成分往往会带来更大的影响。关键并不在于你说了什么，而是你应该如何说。

（三）有效的人际沟通

有时候，沟通并不能表现出它应有的有效性。其中一个原因是管理者面临着一些使人际交往过程扭曲的障碍。

1. 沟通的障碍

（1）过滤。过滤是使信息更容易被接收者认同的故意操纵。例如，当一个人只向经理汇报他想要听到的内容时，信息就被过滤了。或者如果信息在向上传递的过程中，经过组织的各个层级不断地进行浓缩加工，这也是过滤。

组织中会出现多少过滤现象，这通常是一个有关于组织纵向层级数量和组织文化的函数关系。组织纵向层级越多，过滤的机会就越多。当组织更多地采用协作和合作的工作安排时，很可能信息过滤就不再是一个问题。此外，信息技术的应用，如电子邮件等有助于减少信息过滤，因为沟通更加直接。最后，组织文化通过奖励某些行为来鼓励或抑制信息过滤。例如，组织奖励越是青睐形式和外表，管理者就越是受到激励，并按照这种风格来过滤信息。

(2) 情绪。接收者在接收某条信息时的心情如何，会影响到他如何理解这条信息。极端情绪最有可能阻碍有效沟通。在这种情况下，我们通常会忽视自身理性客观的思维过程，取而代之的是情绪性的判断。

(3) 信息超载。信息超载即信息超出人们的处理能力。特别是现在电子邮件、短信、电话、传真、会议和专业性阅读创造了大量数据。当个人拥有的信息量超出自身的处理能力时，人们往往会忽视、略过、忘记或者选择性地挑选信息。或者，他们也可能会停止沟通。无论如何，结果都是导致信息的丢失和无效的沟通。

(4) 防卫。当人们感觉受到威胁时，他们会倾向于以某些方式予以回应，这种方式往往会阻碍有效沟通，并降低彼此相互理解的能力。他们变得有所防备——在言语上攻击他人、发表尖酸刻薄的评论、过于苛刻或者质疑他人的动机。

(5) 语言。同样的词汇，对于不同的人来说意味着不同的含义。年龄、教育和文化背景是影响一个人所采用的语言风格和对词汇的定义最为明显的三个变量。在一个组织中，员工的背景和言谈举止通常各不相同。即使是在同一组织不同部门的员工通常也有不同的行话——某个群体的成员在内部沟通时使用的专业术语或技术语言。

(6) 国家或区域文化。如同在不同的语言中会出现沟通差异，在不同的国家文化中也会出现沟通差异。有的国家沟通可能比较正式，甚至管理者依赖于报告、备忘录等形式。而有的国家沟通更加鼓励面对面的沟通方式。管理者通常会先征询下属的意见，然后起草一份正式文件来概述达成的一致意见。

2. 有效克服沟通障碍

通常来说，每个人听到某一新信息的次数太少是难以理解信息发出者的全面信息的。因此，在沟通过程中容易形成沟通障碍，那么管理者应该如何做才能成为更有效的沟通者呢？

阅读材料：管理者应该如何看待"小道消息"

(1) 利用反馈。很多沟通上的问题都直接源于误解和不准确。如果管理者能够在沟通过程中获得反馈，包括言语的和非言语的反馈，出现这些问题的可能性则会有所降低。

针对所传递的信息，管理者可以通过询问一些问题以确定信息是否如预期那样得到正确的理解和接收。或者管理者也可以要求接收者用自己的话复述这一信息。如果管理者能够听到预期的结果，那么理解和准确性则有所保证。

反馈可以提供一些更为微妙的信息，因为接收者的总体评论能够使管理者了解到其对所传递信息的反应。反馈并不一定非得是言语上的反馈，管理者可以通过寻找一些非言语线索来辨别某人是否已经获得了正确信息。

(2) 简化语言。由于语言也可能是一种障碍，因此管理者应该考虑那些直接接收信息的听众，并通过调整自身的言语措辞以满足他们的需求。只有在信息被接收和理解的情况下，才能实现有效沟通。此外，以清晰易懂的言辞进行沟通，并且根据不同的员工群体有针对性地调整自己的言语措辞以达到更好的沟通效果。例如，行话的使用只有在该群体了解其具体意思时才能促进理解，如果在该群体之外使用则可能会产生各种问题。

(3) 积极倾听。我们经常听别人说话，但我们通常没有在认真倾听。倾听是一种积极获取信息的方式，而单纯的听只是一种被动的行为。在倾听过程中，接收者通常需要努力地参与沟通。

实际上，倾听往往要比说话更让人感到疲劳。与单纯的听有所不同，积极倾听要求全身心集中注意力，聆听说话者的完整意思而不做出先入为主的判断或解读。

二、管理沟通的方式

组织沟通的方式有几个重要方面，包括按信息传播途径的正式沟通与非正式沟通，按信息流向的下行沟通、上行沟通、横向沟通及斜向沟通，以及由于工作场所设计对沟通带来的影响等。

（一）按信息传播途径的沟通

按组织内信息传播的途径，沟通可分为正式沟通和非正式沟通。

正式沟通指的是在规定的指挥链或组织安排内发生的沟通。例如，当一位管理者要求员工完成一项工作任务时，这就是正式沟通。关于正式沟通的另一个示例是员工向自己的上司汇报某个问题。

非正式沟通是不受限于组织层级结构的组织沟通。当员工在午餐室、走廊，或者下班后在公司提供的健身房里彼此交谈时，他们就是在进行非正式沟通。员工会因此产生友谊，并实现彼此之间的沟通。这种非正式沟通系统满足了组织的两个目的：

（1）使得员工能够满足自身的社交需求；

（2）通过提供各种非正式但往往更快速、更有效的可替代沟通渠道，能有效改善一个组织的绩效。

（二）按信息流向的沟通

基于组织沟通的几种流动方向，沟通可分为下行沟通、上行沟通、横向沟通及斜向沟通。

（1）下行沟通指的是从管理者流向下属员工的沟通。下行沟通通常用于通知、指挥、协调和评估员工。例如，当管理者为其下属员工分配工作任务或目标时，他们就是在使用下行沟通。当管理者在为员工提供工作说明书、告知员工有关组织的政策和程序、指出员工需要注意的一些问题，或者进行员工绩效评估时，他们也是在使用下行沟通。

（2）上行沟通是指从下属员工流向上级管理者的沟通，管理者依赖他们的下属员工获取信息。上行沟通使管理者得以了解员工大体上如何看待他们的工作、同事和组织。例如，管理者在员工提交的报告中，获得了目标实现的进展情况或任何问题。管理者同样也依赖上行沟通来收集关于如何改进工作的想法。在管理实践中，也包括由员工提交的绩效报告、建议信箱、员工态度调查、申诉程序、管理者—员工讨论会，以及非正式的群体会议，这种会议使得员工有机会与其管理者或高层管理者代表讨论问题。

上行沟通的使用程度取决于组织的文化。如果管理者营造了一种彼此信任、相互尊重的氛围，并且采用了参与式的决策制定方式或员工授权，那么由于员工参与了决策制定的过程，使用上行沟通的程度就会相当高。

（3）横向沟通是指在组织同一层级的员工之间发生的沟通。在当今的动态环境下，为了节省时间和促进协调，组织越来越需要进行横向沟通。例如，跨职能团队就对这种形式的沟通互动非常依赖。

（4）斜向沟通是指横跨不同工作领域和组织层级的沟通。当属于不同的部门以及不同的组织层级的人员进行沟通时，就属于斜向沟通。这种沟通方式高效快速，对于组织而言大有裨益。如电子邮件等信息手段的普及促进了斜向沟通的应用。在很多组织中，任何一位员工都可以通过电子邮件与其他任何一位员工进行沟通，无论是处于组织中的什么工作领域或组织层级，甚至是可以与更高层级的管理者进行沟通。

（三）沟通相关的工作场所设计

除了沟通的流动方向和组织的沟通网络，工作场所设计也会影响组织沟通。尽管组织已经应用了很多信息技术以及与之相关的员工信息流动性手段，但是一个组织中大部分的沟通仍然是在工作场所中进行的。

工作场所的设计应当对员工的四种类型的工作起到支持作用：聚焦工作、协作、学习和社会化。聚焦工作是指员工需要聚焦于某项工作任务的完成；在协作中，员工需要共同合作以完成某项工作任务；学习是指员工参与培训，或者开展一些新的工作，其中可能也包括聚焦工作和协作；而当员工以一种非正式的方式聚集在一起闲聊或者交流一些想法时，就发生了社会化。由于在每一种环境中，沟通无处不在，因此工作场所的设计需要适应组织内部和人与人之间各种方向和各种类型的沟通，以实现最有效的沟通。

当管理者设计现实中的工作环境时，通常有两项设计因素会对沟通产生最显著的影响。

第一项是工作场所中使用的隔墙和屏障。如果员工之间的沟通和协作非常重要，管理者需要考虑到工作场所设计的可视性和密度。在所有的开放式工作场所中，还需要考虑的另一件事情是：确保存在一些区域以供进行一些敏感性讨论时使用。

第二项工作场所设计需要考虑可调节性工作安排、设备或办公家具的可得性。当组织越来越倾向于非传统式的工作安排时，可调节的、员工定制化的工作场所变得越来越重要，并对组织的沟通产生了显著的影响。例如，可调节的隔墙通常会使员工认为具备更强的私密性，也与更有效的沟通相关。

三、如何做好工作协调

（一）工作协调的内涵与内容

1．工作协调的含义

工作协调是指通过各种管理与沟通手段，解决组织运行中的各种矛盾，使经营管理活动平衡、有效运行和稳定发展的管理行为。

2．工作协调的类型

工作协调主要包括横向协调与纵向协调两种基本类型。工作的纵向协调是指在组织纵向结构各管理层次之间的协调。工作的纵向协调由于存在领导隶属关系，可以靠领导权威与权力进行干预，因此，协调较为容易。横向协调是指在组织横向结构的同一管理层次之间的协调。由于都是平级关系，无法靠权威加以干预，因此，横向协调较为困难。

3．工作纵向协调的原则

在管理实践中，影响工作纵向协调问题的因素很多，因此应认真分析，有效调节。纵向协调应坚持以下原则：

（1）统一指挥原则。下级服从上级，整个组织服从最高层管理者的统一指挥。

（2）相互尊重职权。下级要尊重上级的职权，上级也要尊重下级的职权。

（3）加强信息沟通。下级要多请示、多汇报；上级也要对下级多征求、多通报。

（4）建立清晰的等级链，并明确划定各自的职责权限。

4．工作横向协调的基本方式

进行工作横向协调的方式主要有三类：制度方式、组织方式、人际关系方式。

（1）制度方式。制度方式，即通过建立科学有效的组织与管理制度，健全与完善组织体系来保证组织的协调。协调工作的制度方式主要有以下几种：

① 对经常性业务与工作制定标准、程序、规范，实现管理工作标准化，从制度规范体系上保证协调，这是制度协调最基本的方法。

② 对于需要各部门根据变化随机处理的问题，要通过例会制度进行协调。

③ 建立有联系横向部门之间的信息沟通制度，遇有例外性问题，可进行跨部门直接沟通。

④ 涉及多个部门的例外性问题，可采用联合办公和现场调度的形式进行协调。

（2）组织方式。组织方式，即在组织结构出现缺陷时，通过建立协调组织来进行协调的方式。协调工作的组织方式主要有：

① 对于需要多个部门长期协调的，可建常设委员会或任务小组。借助委员会的协调，可保证该项重点工作的有效实施。

② 对于多个部门共同参与完成的临时性任务，可依需要设立临时性的委员会或任务小组。在委员会或任务小组的协调下，突击完成该项任务，任务完成了，委员会解散。

③ 对于职权相关的几个部门，可由一名上级领导来分管，以有利于这几个部门的协调。

④ 对于需要经常适用于各部门工作协调的，可设置专职的协调部门，专司协调工作。

（3）人际关系方式。人际关系方式是指通过协调人际关系来协调组织的方式，这是中基层管理者经常应用的协调手段。在采用人际关系方式进行工作横向协调时，需要注意以下几点：

① 培养健康融合的组织文化；

② 对于需要密切配合的部门，应使其合署办公；

③ 建立基层管理运营组织；

④ 直接沟通方式。

（二）上下级关系协调

1．与上级关系的协调

（1）协调好与其上级的关系是非常重要的。首先，对于组织中的中基层管理者，协调上级关系是获取上级信任与支持的关键因素；其次，与上级关系不好，会造成很大的心理压力，没有和谐的工作关系；最后，不能得到上级的信任与支持，就不利于个人的成长，包括提拔与重用。

（2）协调上级关系的方法与艺术。协调好与上级的关系，既包括努力工作的方面，又包括协调的方法与艺术。具体而言，有以下几个方面：

第一，在协调与上级的关系时首先是要出色地做好本职工作，并具备很强的工作能力。具有公心的上级，会把下级是否很好地完成本职工作看成决定上下级关系最首要的因素。这一点反映了上下级关系的本质联系。

第二，要摆正位置，尊重职权。尊重领导的职权，不但是对领导者个人的尊重，更重要的是对组织及管理工作秩序的尊重与服从。下级不尊重上级的职权，是引发上下级关系最敏感的因素。因此，管理者要努力做到：尊重与敬畏上级权威，服从与积极落实上级指示、命令、要求，不越位干预上级职权范围内的工作，遵从必要的上下级礼仪规范。

第三，与上级主动沟通。重要的工作要请示，重大的问题要汇报，并注意保持必要的经常性联系。

第四，与上级保持适度的距离。当然，每个下级都愿意与其上级保持亲密的关系，但这种亲密的关系也要适度，理想的状态应是一种默契的工作关系加亲密的同志友谊，过分密切的关系也是不正常的。

(3) 与上级冲突的处理。在共事的过程中，由于工作或个性等原因也会出现上下级之间的矛盾与冲突。解决冲突的原则：其一，以事实为根据，分清是非与责任，并以适当的方式做出必要的说明；其二，下级服从上级，要以尊重的态度，认真查找自己的责任与原因；其三，主动与上级沟通，修好关系。

2. 与下级关系的协调

(1) 协调下级关系的重要性。管理者协调与下级的关系，是中基层管理者实施管理的立足之本。这是因为：其一，协调下级关系是管理者极为重要的经常性职责，不能协调搞好下级关系，就等于没做好最基本的管理工作；其二，协调下级关系是提高工作效率的根本性举措，组织工作效率的提高，是通过下级的努力实现的；其三，协调下级关系是建立与发展和谐战斗团队的重要保障，只有上下级关系协调，才能形成团结、和谐、战斗力强的团队；其四，亲和的下级关系，是管理者权威的重要来源，提高管理者的亲和权，从而使管理更有权威和更有效地进行管理。

(2) 协调下级关系的方法与艺术。

第一，坚持"以人为本"的现代理念，尊重、关怀下级。领导者对待下级的理念是协调与下级关系的思想基础，这将起决定性作用。管理者必须坚持以自己的下级为本，尊重他们的人格、地位与自主意识。

第二，要充分信任，放手使用。上级的信任是对下级的巨大激励。对下级充分信任，授予实权，让下级放开手脚工作，下级就会积极主动，敢于负责，会显著地提高组织的绩效。

第三，多沟通，多联络。管理者做决策，下指示，尽可能让下级参与。下级参与决策，不但可以提高决策的可行性，还能使下级受到领导信任的激励，特别是作为决策参与者，他们会在实施中加倍努力。例如，开展合理化建议活动，虚心征求下级的意见，重大事件及时向下级通报，与下级保持经常性联系，都会对激励下级，联络感情，满足下级的社会心理需要起着积极的作用。

第四，管理者切忌在下级之间区分远近亲疏。这样不利于对其教育管理，极不利于组织的团结与稳定。

第五，在尊重、关爱下级的同时，也必须从严要求，维护组织权威与秩序。同时，奖惩分明，强化奖惩效应。

(3) 与下级冲突的处理。当与下级出现矛盾或冲突时，管理者应高姿态处理。在解决与下级的冲突时，可遵照以下原则：

其一，最重要的是应以宽容之心对待下级。当下级与管理者发生冲突时，管理者可以主动找下级沟通，通常可使冲突得到有效解决。

其二，以平等的毫无偏见的态度对下级的错误提出批评，当然也要指明自身可能存在的问题，并共同总结经验教训，共同提高。

其三，要和好如初，照样信任。要在工作实践中彻底消除隔阂，这样正确处理会与下级建立更稳固的合作关系。

管理感悟

第一,在本"任务背景"的案例中,需要注意处理方法。案例中采用善意的威胁使对方产生恐惧感,从而达到说服目的的技巧。威胁能够增强说服力,但是,在具体运用时要注意以下几点:首先,态度要友善;其次,讲清后果,说明道理;最后,威胁程度不能过分,否则反会弄巧成拙。

第二,在上下级沟通的过程中,需要就事论事,而不宜将话题扩大,注意沟通的目标是为了妥善处理冲突,从而更好地完成工作。

第三,沟通是为了更完整地表达并让对方明白自己的"意思",但表达意思并不一定是要说服对方,或改变对方的立场。即使对方迫于权力或权威口头承诺改变了立场,但并不一定代表是从内心里认可自己的"意思",在管理实践中需要注意处理这两者之间的区别。

任务实训

1. 在线测试:做好沟通管理。
2. 举例说明工作协调的类别及特点。
3. 阐述上下级进行工作协调的要点。

在线测试

任务评价

评价类目	评价内容及标准	分值(分)	自己评分	小组评分	教师评分
学习态度	✓ 全勤;(5分) ✓ 遵守课堂纪律。(5分)	10			
学习过程	➤ 能说出本次工作任务的学习目标,上课积极发言,积极回答问题;(5分) ➤ 能够说明人际有效沟通的过程;(5分) ➤ 能够说明沟通过程中的障碍及消除方式;(5分) ➤ 能够列举管理沟通的相关方式。(5分)	20			
学习结果	◆ 在线测试做好沟通管理;(4分×10=40分) ◆ 举例说明工作协调的类别及特点;(15分) ◆ 阐述上下级进行工作协调的要点。(15分)	70			
合 计		100			
所占比例		100%	30%	30%	40%
综合评分					

知识拓展与技能实践

知识拓展

如何开发你积极倾听的技能

积极倾听要求你集中精力倾听对方所说的话。这不仅是要倾听对方的言语,还包括努力理解并解读说话者所表达的意思。

练习技能的步骤:

(1)进行眼神交流。在对方说话时正视对方,与说话者进行眼神交流有助于集中你的注意力，降低你分心的可能性，并鼓励说话者继续说下去。

（2）表示肯定的点头和恰当的面部表情。积极倾听者通过非言语信号表现出对所说内容感兴趣。点头和恰当的面部表情，再加上适当的眼神交流，向说话者表明你正在倾听。

（3）避免令人注意力分散或者表示无聊的动作或手势。当你在倾听时，不要总是看手表、翻弄纸张、把玩铅笔或是做出一些类似的举动。这些举动会让说话者认为你感到无聊或不感兴趣，或者说明你并没有全神贯注地倾听。

（4）提出问题。有判断力的听众会分析他所听到的内容并提出问题。这种行为有助于弄清楚所说的内容，确保正确地理解，并表明你正在倾听。

（5）复述所说的内容。有效倾听者通常会使用这些语句，如"我听见你说……""你的意思是……"等。复述可用于检查你是否在认真倾听以及核实你听到的是否准确。

（6）不要随意打断说话者。在你试图对说话者的言论进行回应之前，让说话者完整地表达他的想法。不要试图去猜测说话者将要谈论什么问题。当说话者说完之后，你就会知道了。

（7）不断鼓励自己专心倾听。我们当中大多数人都更青睐表现自己的想法，而不是倾听其他人。说话可能会更加有趣，但是，你无法在说话的同时进行倾听。优秀的倾听者能够认识到这一事实，并且不会过多地讲话。

（8）在说话者和倾听者这两种角色之间进行顺利转换。有效的倾听者能够从说话者向倾听者顺利地转换，之后又顺利转换为说话者的角色。从倾听者的角度而言，这意味着全神贯注地倾听说话者所表达的内容，并且一旦有机会说话时，即可不假思索地进行表达。

技能实践

结合以上关于倾听的训练步骤，完成以下任务：

请一位朋友向你讲述他这一天的经历，在倾听时不要打断他。当你的朋友讲述完了，如果你需要获得更加清楚、更加细节化的信息，你可以提出两到三个问题。仔细倾听他的回答。然后，用不超过五个句子的篇幅概述你朋友一天的经历。

你完成的情况如何？让你的朋友评估你这篇概述的准确程度（并且试着不要打断对方）。

任务四　有效的领导能力

思维导图

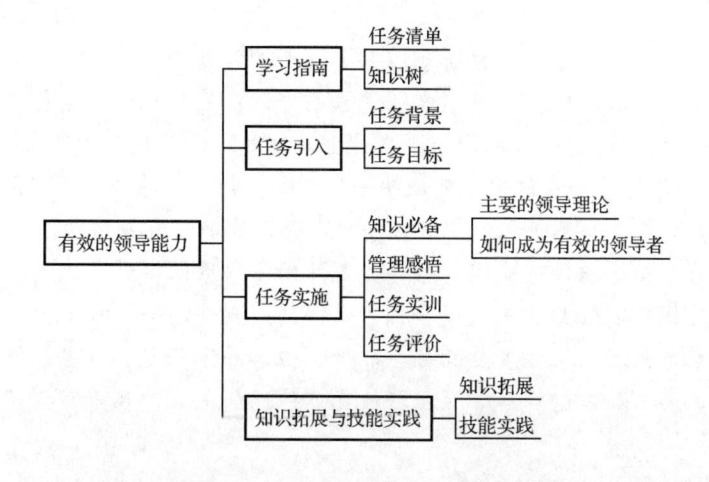

有效的领导能力
- 学习指南
  - 任务清单
  - 知识树
- 任务引入
  - 任务背景
  - 任务目标
- 任务实施
  - 知识必备
    - 主要的领导理论
    - 如何成为有效的领导者
  - 管理感悟
  - 任务实训
  - 任务评价
- 知识拓展与技能实践
  - 知识拓展
  - 技能实践

学习指南

任务清单

工作任务	有效的领导能力
建议学时	2 学时
任务描述	通过本任务的学习，了解主要的领导理论，理解不同领导风格的领导者对任务或关系的不同处理手段所产生的不同绩效结果。能根据不同的任务选择不同的领导风格，同时，在学习与工作中关注相应的能力培养。
学习目标 知识目标	1. 了解主要的领导理论的内容与要点； 2. 理解不同领导者风格对绩效的影响； 3. 理解如何成为有效领导者的基本方法。
学习目标 能力目标	1. 具备根据任务绩效分析领导风格的能力； 2. 具备分析任务导向或人际导向对领导者要求的能力； 3. 具备自我培养与提高领导素质的能力。
学习目标 素质目标	1. 具备在学习或工作中自我能力培养的意识； 2. 具备不断优化知识结构的意识； 3. 具备大局意识与行为的自我修养的意识。
学习目标 思政目标	通过对领导理论及领导能力相关任务的学习，培养爱国守法、自我修养、终身学习的意识，培养爱岗敬业、勤于思考、不断进取、勇于突破的思想。
关键词	领导理论；领导能力

知识树

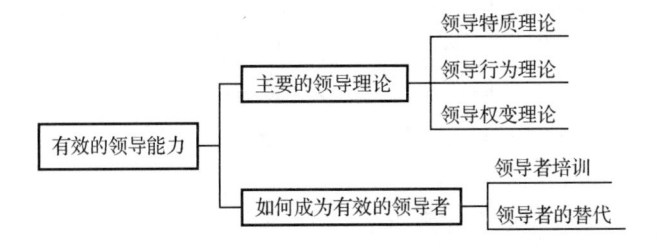

```
                    ┌─ 领导特质理论
         ┌─主要的领导理论─┼─ 领导行为理论
有效的领导能力─┤              └─ 领导权变理论
         │                ┌─ 领导者培训
         └─如何成为有效的领导者─┤
                          └─ 领导者的替代
```

任务引入

任务背景

领导职位并不等于领导能力

在一个企业高管的培训班上，培训老师讲领导力，在座的几十位学员都是所在企业的一把手或二把手。一位学员说："我们能够坐在这里，就是我们有领导力的证明。"

培训老师说："你能够坐在这里，只证明一件事——你有领导职位。实际上，坐在这里的人，只有这一个共同点，即不是你们都有领导力，而是你们都有领导职位。"

培训老师认为，领导职位可能因为领导力之外的多种原因得到。比如，不管是一个国家还是一家企业，其领导职位都可能通过各种方式得到。或者，一个技术天才可以凭借自己的技术发明创立一家企业，并担任重要的领导职位，但其并不一定具有领导能力；或者，主要凭借资历升到了高层，如果这样，那么担任最高职位的那个人，只是获得了一个领导职位而已，并不一定具有领导能力。

任务目标

1. 为什么说获得了领导职位不等于拥有领导能力？
2. 领导能力可以怎么获得？

任务实施

知识必备

一、主要的领导理论

人们从最开始聚合成团队共同完成目标时就开始关注领导，但直到20世纪初，研究者们才真正开始研究领导。这些早期的领导理论重点研究领导者（领导特质理论）以及他们如何与组织成员互动（领导行为理论）。

（一）领导特质理论

20世纪20年代和30年代的领导研究集中在提炼领导者区别于非领导者的特质，或者说领导者的特点。这些研究包括生理状况、外貌、社会阶层、情绪稳定性、语言流利程度和社交能力等。尽管研究者们付出了极大的努力，然而并不能找到总能用于区分领导者和非领导者的一系列特征。

或许认为一些相同且独特的特质可以应用到所有高效领导者身上的想法有点过于乐观。然而，研究者们之后将特质与领导者在工作中的领导过程联系起来的努力却较为成功，并总结了与有效领导相关的八种主要特质，如表5-2所示。

表5-2 与领导相关的八种主要特质

	领导特质	说明
1	驱动力	领导者表现出较高的努力程度，他们具有较强的成功欲望，积极进取，精力充沛，对自己从事的工作坚持不懈，而且表现出较强的主观能动性
2	领导欲	领导者有很强的欲望影响和领导他人，他们乐于承担责任
3	诚实与正直	领导者通过诚实可靠和言行一致来与下属建立信任关系
4	自信	下属认为领导者不应该自我怀疑，因此，领导者需要表现出自信来说服下属他们的目标和决策是正确的
5	智慧	领导者需要足够的智慧来收集整合以及解读大量的信息，而且他们还要能够创造愿景，解决问题，做出正确的决策
6	与工作相关的知识	有效领导者对企业、行业、技术问题等都有着较高的知识水平，渊博的知识可以让领导者做出明智的决策，并且理解这些决策的意义
7	外向性	领导者是精力充沛、充满活力的人，他们善于交际、坚定果断，很少沉默寡言或孤僻离群
8	自我内疚倾向	内疚倾向之所以对领导效果有积极影响，是因为它会产生一种强烈的对他人负责的感觉

不过，研究者们最终发现单靠特质没办法充分识别有效领导者，因为单纯依靠特质的解释忽略了领导者与团队成员的互动以及情境因素。拥有合适的特质仅仅说明一个人更有可能成为一名有效的领导者。因此，从20世纪40年代后期到60年代中期的领导研究聚焦在领导

者示范出来的偏好的行为方式。研究者们想知道有效领导者们是否做了什么特有的事，换句话说，是他们的行为起到了关键的作用。

（二）领导行为理论

领导行为理论的基本观点认为：行为理论主要研究领导者应该做什么和怎样做才能使工作更有效。行为理论的研究集中在两个方面：一是领导者关注的重点是什么，是工作的任务绩效，还是群体维系；二是领导者的决策方式，即下属的参与程度。对领导行为理论研究的典型是管理方格理论。

管理方格理论是由布莱克和穆顿在1964年提出的。他们认为，领导者在对生产（工作）关心与对人关心之间存在着多种复杂的领导方式，因此，可用两维坐标图来加以表示。以横坐标代表领导者对生产的关心；以纵坐标代表领导者对人的关心。两个维度上各划分九个格，反映关心的程度。这样形成了81种组合，代表各种各样的领导方式。管理方格理论示意图如图5-7所示。

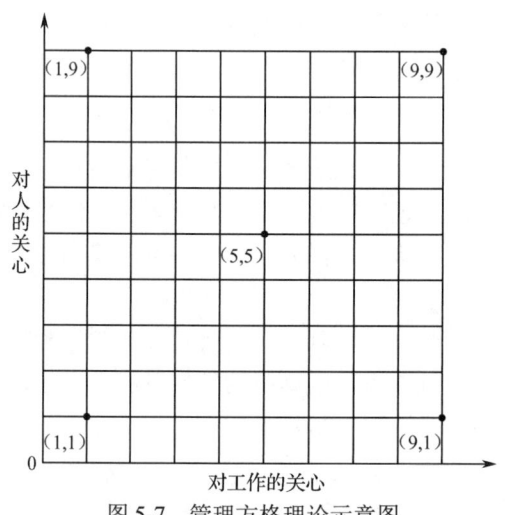

图5-7　管理方格理论示意图

从管理方格中可看出来，在其中有五种典型的领导方式：

（1）贫乏型管理，即图中的（1，1）。在这种管理方式中，领导者既不关心生产，也不关心人。

（2）任务型管理，即图中的（9，1）。领导者高度关心生产任务，而不关心员工。这种方式有利于短期内生产任务的完成，但容易引起员工的反感，对长期管理不利。

（3）俱乐部型管理，即图中的（1，9）。领导者不关心生产任务，而只关心人，热衷于融洽的人际关系。这不利于生产任务的完成。

（4）团队型管理，即图中的（9，9）。领导者既关心生产，又关心人，是一种最理想的管理状态。但是，在现实中是很难做到的。

（5）中庸型管理，即图中的（5，5）。领导者对生产的关心与对人的关心都处于一个中等的水平上，在现实中相当一部分领导者都属于这一类。

一个领导者较为理性的选择是：在不低于（5，5）的水平上，根据生产任务与环境等情况，在一定时期内，在关心生产与关心人之间做适当的倾斜，实行一种动态的平衡，并努力向（9，9）靠拢。

微视频：管理方格理论的含义

(三)领导权变理论

在各种领导权变理论中,每种理论都尝试界定领导风格和情境,试图说明其中的权变关系,即如果在一定的情境和背景下,采用哪种特定的领导风格最好。但最早提出综合性领导权变模型的是弗雷德·费德勒。

费德勒权变模型认为,有效的团队绩效依赖领导风格与情境中控制力、影响力的合理匹配。该模型基于不同领导风格适用于不同情境这一前提,提出了关键在于两点:

(1) 界定领导风格和不同的情境种类;
(2) 识别出领导风格和情境的匹配组合。

费德勒提出,个人的基本领导风格是成功领导的关键要素之一。这一基本风格可以是任务导向型或者关系导向型。如果一个领导者很注重与同事保持好的个人关系,其领导风格就被称为关系导向型;相反,如果该领导者注重生产率和把工作做好,那么这种领导风格被称为任务导向型。费德勒指出有小部分人处于这两种极端风格的中间,没有明确的领导风格。

费德勒还假设个人的领导风格是固定不变的,不会随着情境的变化而变化。换言之,如果你是关系导向型领导者,在任何情境下你都是关系导向型的;如果你是任务导向型领导者,在任何情境下你都是任务导向型的。

在确定了个人领导风格之后,应该评估情境以便对领导风格和情境进行匹配。费德勒的实验揭示了三大权变维度,用以界定领导者效力的关键情境因素。

(1) 领导者—成员关系:员工对其领导者的信心、信任和尊重程度,用好或差来衡量。
(2) 任务结构:工作任务正式化和结构化的程度,用高或低来衡量。
(3) 职位权力:领导者对某些工作活动的影响力程度,例如雇佣、解聘、惩处、晋升、加薪,用强或弱来衡量。

任何领导情境都是用这三个权变情境变量来评估的,它们结合起来构成了对领导者有利或不利的八类可能的情境。费德勒权变理论模型及解释如图 5-8 所示。图中纵轴代表绩效,横轴代表情境状况。情境Ⅰ、Ⅱ和Ⅲ被划分为对领导者高度有利,情境Ⅳ、Ⅴ和Ⅵ被划分为对领导者适度有利,情境Ⅶ、Ⅷ被划分为对领导者高度不利。

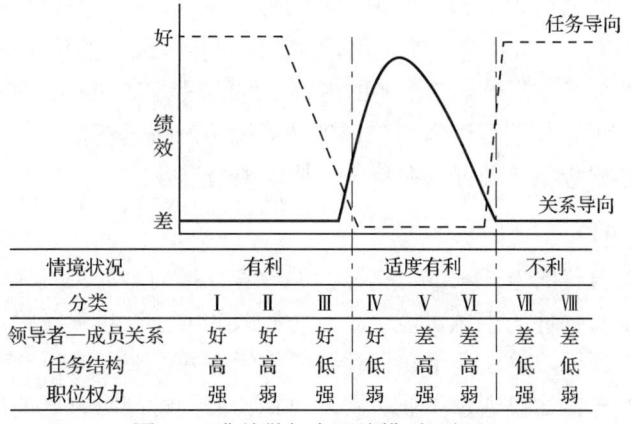

情境状况	有利			适度有利			不利	
分类	Ⅰ	Ⅱ	Ⅲ	Ⅳ	Ⅴ	Ⅵ	Ⅶ	Ⅷ
领导者—成员关系	好	好	好	好	差	差	差	差
任务结构	高	高	低	低	高	高	低	低
职位权力	强	弱	强	弱	强	弱	强	弱

图 5-8 费德勒权变理论模型及解释

在确定了领导风格变量和情境变量之后,费德勒开始界定领导效率的一些特定情况。他研究了 1200 个团队,在八类情境中对关系导向型领导风格和任务导向型领导风格进行了对比,发现任务导向型的领导者在非常有利和非常不利的情境中有较好的表现。而关系导向型的领导者在适度有利的情境中表现较好。

由于费德勒认为个人领导风格是固定不变的，所以仅有两个途径可以提升领导效率。第一，找到一个能与情境更好地匹配的新领导者。例如，如果一个团队的工作情境是非常有利的，但却由关系导向型的领导者所统领，可将其替换成一个任务导向型的领导者，整个团队的绩效就能有所提升。第二，改变情境使之与领导者匹配。这可以通过多种方式来实现，如对任务进行重构，提高或降低领导者对加薪、晋升、惩处等活动的影响力，改善领导者与成员间的关系。

对费德勒模型的整体有效性进行检测的实验表明有强有力的证据支持该模型。但是，他的理论并非没有批评意见，最大的一个质疑是认为假设个人不能改变其领导风格来适应情境是不切实际的，高效领导者可以而且正在改变他们的领导风格。另一个质疑是其问卷不是很有实践性。此外，情境变量很难评估。但是，尽管存在一定的不足，费德勒模型表明高效领导风格应该与情境要素进行紧密联系。

阅读材料：领导权变理论与其代表人物

二、如何成为有效的领导者

组织需要有效的领导者来保证组织目标成功地实现，与成为有效领导者紧密相关的两大事项，一是领导者培训，二是采用领导者替代的方式。

（一）领导者培训

从全球范围来看，不同的组织在领导者培训和开发上投入巨大，这对如何将管理者培训成有效的领导者起到了积极的作用。虽然在领导者培训上投入的效果难以准确衡量，但管理者可以通过采取一些措施在这些培训中达到最好的效果已经是一个明显的事实。

在管理实践中发现，并不是每一位管理者都具备成为领导者的品质，因此，需要组织发现具备成为领导者潜力的人员进行开发，对领导者进行培训。例如，研究表明，自我监控程度高的人比自我监控程度低的人更有可能在领导者培训中获得成功。自我监控程度高的人可以根据不同的情境要求灵活地改变他们的行为。此外，组织发现具备更高水平的领导动机的个体更善于抓住领导开发的机会。

个人可以学习哪些与成为更有效的领导者相关的内容，这需要组织在进行领导者培训中仔细考虑。例如，传授"愿景创建"难度比较大，但对执行能力的传授却要可靠得多。因此，可以通过培训形成"对有效愿景至关重要的内容主题的理解"。又如，可以传授一些信任构建和员工辅导的技能。领导者还可以学习怎样评估环境，怎么改变情境使之与自己的风格更加契合，以及怎样确定哪些领导者行为在特定的情境中最有效。

（二）领导者的替代

通过采用领导者替代的方式来成为有效的领导者，指的是如果下属完成任务目标的主动性突出，领导者减少对任务的干预可能会是一种有效的方法。也就是说，在有些情况下成为有效领导者意味着不领导，也就是用一种领导者替代的方式来行使领导职能。

要实现有效的领导，如果通过下属去实现目标，而同时减少领导的干预，这自然是一种更理想的状态。虽然有观点认为某种领导风格在任何情境下都是有效的，但在有些情境中，领导者展现出的任何行为都是无关紧要的。换句话说，特定的个体、工作和组织变量可以充当"领导者的替代"，消除领导者的影响。

领导者替代的方式使领导职能更有效通常存在于以下几种情况中：

（1）下属的经验、培训、专业取向或对独立性的需求等特征会抵消领导的影响。这些特性可以替代员工对领导支持或领导创建结构、降低任务不确定性能力的需求。例如，有些研究部门，研究人员的素质高，对任务具有明确而独特的专业性，部门领导往往并不需要干预研究人员的工作，相反，更多是从事一些协助工作。

（2）明确而又属例行公事的工作，或者是本身就能给员工带来满足感的工作，对领导的要求会更低。下属通过例行公事便能完成组织目标，领导可以将更多的精力用于考虑组织未来的发展等。

（3）明确的目标、严格的规章制度或团结的工作群体等组织特性也可以替代对正式领导的需求。

可见，领导者替代方式要能成为有效的领导者的途径，对组织目标、规章制度、工作群体以及员工素质等方面都提出了很高的要求。

阅读材料：华为的领导者

管理感悟

第一，不同的领导者有不同的领导风格，至于哪一种领导风格更合适企业的发展并没有定论。但一般而言，对经营活动相对固定的生产企业，任务型领导风格占优，而对服务型企业，可能关系型领导风格占优。

第二，具有领导特质的人虽然并不一定意味着一定就是领导者，但具有领导特质的人往往更容易成功。因此，管理者可根据自身的条件，培养有助于成功的特质是非常有必要的。

第三，成功的领导技能是可以通过培训获得的，注重终身学习对管理者来说仍然非常重要。

任务实训

1. 在线测试：有效的领导能力。
2. 举例说明领导特质对领导风格的影响。
3. 举例说明领导者培训从哪些方面培养领导风格。

在线测试

任务评价

评价类目	评价内容及标准	分值（分）	自己评分	小组评分	教师评分
学习态度	✓ 全勤；（5分） ✓ 遵守课堂纪律。（5分）	10			
学习过程	➤ 能说出本次工作任务的学习目标，上课积极发言，积极回答问题；（5分） ➤ 能够说明不同领导特质的领导风格；（5分） ➤ 能够说明管理方格理论中的领导风格；（5分） ➤ 能够列举出领导权变理论的三个维度。（5分）	20			
学习结果	◆ 在线测试有效的领导能力；（4分×10=40分） ◆ 举例说明领导特质对领导风格的影响；（15分） ◆ 举例说明领导者培训从哪些方面培养领导风格。（15分）	70			
合计		100			
所占比例		100%	30%	30%	40%
综合评分					

知识拓展与技能实践

知识拓展

关于领导者—成员交换理论的当代领导观

你是否参与过这样一个团队——领导者有他偏爱的下属,这些人形成了他的小圈子?如果有,这就是领导者—成员交换理论背后的前提。领导者—成员交换理论认为领导者会区分圈内人和圈外人,那些在小圈子里的员工会有更高的绩效排名、较低的离职率和更高的工作满意度。

领导者—成员交换理论认为,在领导者和下属的早期关系中,领导者会下意识地将下属划分为圈内人和圈外人。这样的关系在相当长的时间内都保持稳定。领导者还会通过奖励他想与之建立联系的员工以及惩罚他不想亲近的员工来强化领导者—员工交换关系。然而,为了保持领导者—员工交换关系的完整性,领导者和下属都必须"投资"该项关系。

有关领导者—员工交换的研究结果一般支持该理论。事实表明,领导者确实会区分下属员工,这些区分不是随机的;处于圈内的下属具有更高的绩效水平,在工作中提供更多的帮助或者表现出更多的"公民"行为,对上司也更为满意。一项有关领导者—员工交换的研究发现,通过提供情绪以及其他方式的支持来与关键下属建立支持性关系的领导,可以让部分关键员工产生组织承诺,从而有助于提升员工绩效,因为领导者会将时间和其他资源投到他认为最出色的那些下属身上。

技能实践

有效领导者善于帮助自己所领导的团队在不同的发展阶段获得成功。但是,现实中并没有哪种领导风格是一直有效的。因此,在选择有效领导风格时必须考虑情境因素,包括下属的特点。决定领导有效性的风格也受到关键情境因素的影响。当你练习如何选择一种有效的领导风格时,该怎么做呢?

实践任务 1:回想你曾经或者当前所在的某个群体或团队,讨论以下问题。

(1)该群体的领导者展现出什么类型的领导风格?举例说明其采用的领导风格。

(2)评估这种领导风格。该领导风格是否适合这个群体?为什么?

(3)假如你是领导者,你会采取哪些不同的方式?为什么?

实践任务 2:观察你认为非常成功的一支运动团队和不成功的一支运动团队(大学校队或职业队),讨论以下问题。

(1)在这些团队情境中领导者采用了什么样的领导风格?

(2)举例说明你观察到的领导风格。你会怎么评价这种领导风格?它是否适合运动团队?为什么?

(3)你认为领导风格多大程度上会影响团队成绩?

知识复习与巩固

一、填空题

1. 影响权力的因素:(1)_____;(2)_____;(3)_____;(4)其他因素。

2. 影响组织授权的主要因素有：（1）_____；（2）管理者占据的_____；（3）组织授予的_____。

3. 管理者权力构成，主要来源于_____权力与_____权力两大类，具体包括九种影响力：（1）_____权；（2）_____权；（3）_____权；（4）_____权；（5）_____权；（6）_____权；（7）_____权；（8）_____权；（9）_____权。

4. 授权的优越性：（1）授权有利于_____的实现；（2）授权有利于领导者从_____，集中力量处理重要决策问题；（3）授权有利于_____；（4）授权有利于_____下级。

5. 影响指挥有效性的因素：（1）_____；（2）指挥_____的科学性；（3）指挥_____的适宜性；（4）指挥_____；（5）_____。

6. 管理者的指挥形式，按所采用的载体不同，可划分为_____、_____和_____三种。

7. 指示是指管理者针对某一管理问题所做出的_____指令或要求；规范是指管理者制定的用以解决某一类问题的_____。应尽可能多地使用_____。

8. 激励过程模式：激励过程就是在外界刺激变量（各种管理手段与环境因素）的作用下，使内在变量（_____、_____）产生持续不断的兴奋，从而引起主体（被管理者）积极的行为反应（为动机所驱使的、_____的努力）。

9. 马斯洛提出人的需要可分为五个层次，即_____需要、_____需要、_____需要、_____需要和_____需要。

10. 双因素论提出两大类影响人的工作积极性的因素：（1）_____因素，这属于和工作环境或条件相关的因素；（2）_____因素，这属于和工作本身相关的因素。对_____满意是最有效的激励因素。

11. 期望理论公式是：激发力量=_____×_____。

12. 公平理论认为，人的工作积极性主要受_____的影响。这种报酬包括：（1）_____；（2）_____。

13. 物质利益激励方式与手段主要包括：（1）_____激励。（2）_____。（3）_____。

14. 工作激励方式与手段主要包括：（1）工作_____性；（2）工作的意义与工作的_____性；（3）工作的_____性；（4）工作的_____性；（5）工作_____化；（6）工作_____化；（7）及时获得工作_____反馈。

15. 在沟通的概念里有两层意思：一是_____；第二层意思，更重要的是沟通还包括_____。

16. 在很多组织中，沟通发挥着四项重要的职能：_____、_____、_____和_____。

17. 造成沟通的障碍的原因有：①_____；②_____；③_____；④_____；⑤_____；⑥_____。

18. 组织沟通的方式有几个重要方面，包括_____与_____、_____、_____、_____以及_____，以及_____对沟通的影响等。

19. 工作纵向协调的原则：（1）维护_____原则；（2）相互_____；（3）加强_____沟通；（4）建立清晰的_____，并明确划定各自的职责权限。

20. 进行工作横向协调的方式主要有三类，包括_____、_____、_____。

21. 协调上级关系的方法与艺术：（1）最根本的是要出色地做好_____工作，并反映出有很强的工作能力。（2）摆正位置，尊重_____。（3）与上级主动_____。（4）与上级保持_____的距离。

22．领导方式的行为理论主要研究的问题：一是领导者关注的重点是什么，是_____，还是_____？进而分为_____型领导方式与_____型领导方式。二是领导者的_____，即下属的_____。

23．在管理方格理论模型中，以横坐标代表领导者对_____的关心；以纵坐标代表领导者对_____的关心。各划分九个格，形成81种组合，代表各种各样的_____。

24．从管理方格中可看出来，在其中有五种典型的领导方式：(1)_____；(2)_____；(3)_____；(4)_____；(5)_____。

25．如果一个领导者很注重与同事保持好的个人关系，其领导风格就被称为_____。相反，如果该领导者注重生产效率和把工作做好，那么这种领导风格被称为_____。

26．费德勒权变模型中的三大权变维度为：①_____；②_____；③_____。

二、多选题

1．领导作为一种影响力，其施加作用的方式或手段主要有（　　）。
   A．协调　　　　　　　B．指挥　　　　　　　C．激励
   D．沟通　　　　　　　E．控制

2．管理者权力的形成及其大小，主要受以下因素影响：（　　）。
   A．任务特性　　　　　B．组织　　　　　　　C．环境
   D．管理者　　　　　　E．被管理者

3．影响组织授权的主要因素有（　　）。
   A．管理者个性　　　　B．管理体制　　　　　C．职位
   D．组织授予的实际决定能力　E．下属的能力

4．在授权中，应遵循的原则有（　　）。
   A．依目标需要授权原则　B．适度授权原则　　　C．职、责、权、利相当原则
   D．职责绝对性原则　　E．有效监控原则

5．工作纵向协调应遵循以下原则（　　）。
   A．掌握适当的管理幅度　　　　　　　B．坚持维护统一指挥原则
   C．相互尊重职权　　　　　　　　　　D．加强信息沟通
   E．建立清晰的等级链

6．工作横向协调的基本方式主要有（　　）。
   A．制度方式　　　　　B．激励方式　　　　　C．组织方式
   D．行政方式　　　　　E．人际关系方式

7．管理者指挥的有效性主要受以下因素影响：（　　）。
   A．权威　　　　　　　B．指挥内容的科学性　C．指挥形式的适宜性
   D．指挥对象　　　　　E．环境

8．按强制程度不同，指挥形式主要可分为（　　）。
   A．指示　　　　　　　B．命令、决定　　　　C．建议与说服
   D．规范　　　　　　　E．暗示、示范

9．构成激励的要素主要包括（　　）。
   A．动机　　　　　　　B．强化　　　　　　　C．需要

D. 外部刺激　　　　　　E. 行为

10. 激励理论大致可划分为（　　）。
   A. 强化理论　　　　B. 内容型激励理论　　　C. 过程型激励理论
   D. 复杂激励理论　　E. 行为改造理论

11. 马斯洛提出人的需要可分为五个层次，即（　　）。
   A. 生理需要　　　　B. 安全需要　　　　　　C. 社交需要
   D. 尊重需要　　　　E. 自我实现需要

12. 物质利益激励主要形式包括（　　）。
   A. 社会心理激励　　B. 奖酬激励　　　　　　C. 工作激励
   D. 关心照顾　　　　E. 经济处罚

13. 按信息流向划分，可以将沟通分为（　　）。
   A. 正式沟通　　　　B. 上行沟通　　　　　　C. 下行沟通
   D. 平行沟通　　　　E. 斜向沟通

14. 工作纵向协调的原则主要有（　　）。
   A. 维护统一指挥　　B. 相互尊重职权　　　　C. 目标一致
   D. 加强信息沟通　　E. 建立清晰的等级链

15. 进行横向协调的主要方式主要有（　　）。
   A. 协商方式　　　　B. 制度方式　　　　　　C. 命令方式
   D. 组织方式　　　　E. 人际关系方式

三、简答题

1. 简述领导的典型特质。
2. 简述管理方格理论。
3. 简述影响权力的因素。
4. 简述被管理者服从与追随心理原因有哪些。
5. 简述授权的优越性与授权的原则有哪些。
6. 试述影响指挥有效性的因素。
7. 简述马斯洛的需要层次理论的主要观点。
8. 简述双因素理论的主要观点。
9. 简述期望理论的主要观点。
10. 简述公平理论的主要观点。
11. 简述沟通的障碍有哪些。
12. 工作纵向协调的原则有哪些？
13. 工作横向协调的制度方式、组织方式、人际关系方式各有哪些？
14. 简述协调上级关系的方法与艺术。
15. 简述协调下级关系的方法与艺术。

四、情境应用题

1. 时近年底，为赶上春节销售旺季，公司开始加班加点增加产量，于是号召全体员工大干100天，创产量新高，要求员工加班加点。对出勤提出更严厉的要求，无论事病假缺1天扣50元。有的员工有病也不敢请假，很有意见。但经理说，这是一年之中销售黄金季节，不管多有意见，处罚绝不手软。

（1）请你根据管理方格理论，在管理方格中标出这位经理的领导方式（用圆圈标出大致位置即可），并按管理方格理论说明其领导方式的特点。

（2）你能向这位经理提出好的建议吗？

2．某研究所设备先进，人才济济，但却一直没有高水平的科研成果，这让赵所长有些困惑。赵所长曾长期在工厂当厂长，有着丰富的管理经验，为了更好地管理研究人员，他制定了严格的考勤制度：迟到 3 分钟要罚款 200 元。为此，员工有时为准时到达，不惜打出租车上班。该所员工的出勤率一直保持较高水平。在高水平的科研成果方面，他在研究之后，采用"重金悬赏"的方法。他坚信"重赏之下必有勇夫"，但收效却甚微。这让赵所长着急起来，毕竟研究所要出高水平研究成果才能更好地发展。

请你按照权变理论的公式，分析说明上述现象，并向赵所长提出你的建议。

3．某部门的一些工作人员在原岗位已工作多年，部门负责人明显感觉到不少员工开始对工作没什么兴趣。于是该部门负责人为调动积极性，通过多方融资为这些员工解决了"住房"这一老大难问题。大家搬进了新居，然而，工作积极性一点也没有提高。

请运用激励的双因素理论分析并回答下列问题：

（1）创立双因素理论的学者是谁？

（2）"双因素"分别是什么？并指出本情景中的"双因素"。

（3）你认为调动这个部门员工积极性的关键因素是什么？

（4）你能为这位负责人提供哪些有益建议？

4．小唐调到公司营销部担任经理已近半年，可业绩一直不理想，特别是与一些重要的客户的关系似有松动，于是他打算好好地规划一下与客户的沟通交流。为了能实现突破，他要好好筹划一番，确保每次能实现有效沟通，建立稳固的长期合作关系。

请你根据本课程所讲的有效沟通的原则，为小唐经理提供一些有效沟通的建议。

模块六

实施控制职能

在管理过程中，事情并不总是按照计划发展的，这就是控制如此重要的原因。控制是管理过程的最后一步。管理者必须监控事先设定的、作为计划过程一部分的目标被有效地加以计划并高效完成。这是他们在控制时要做的事。合理的控制可以帮助管理者寻找具体的绩效缺口和需要改进的方面。

控制是监控、比较和纠正工作绩效的过程，所有的管理者都需要控制，即便他们所在部门的表现完全符合计划。因为除非管理者已经评估哪些行为得到了实施并且将实际的绩效和预期标准进行了比较，否则他们很难真正知道绩效结果。有效的控制可以确保所有的行动都是按照实现目标的方式完成的。因此，控制是否有效取决于它们如何帮助员工和管理者实现他们的目标。

任务一 运用控制能力

思维导图

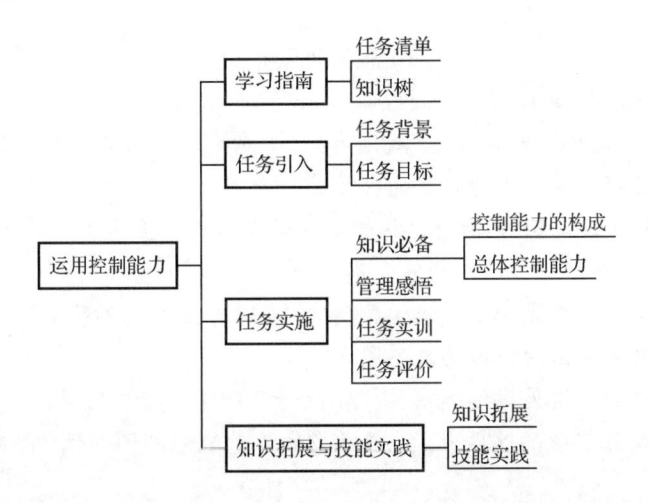

```
                    ┌── 学习指南 ──┬── 任务清单
                    │              └── 知识树
                    │
                    ├── 任务引入 ──┬── 任务背景
                    │              └── 任务目标
                    │
运用控制能力 ───────┤              ┌── 知识必备 ──┬── 控制能力的构成
                    │              │              └── 总体控制能力
                    ├── 任务实施 ──┼── 管理感悟
                    │              ├── 任务实训
                    │              └── 任务评价
                    │
                    └── 知识拓展与技能实践 ──┬── 知识拓展
                                             └── 技能实践
```

学习指南

任务清单

工作任务	运用控制能力
建议学时	2学时
任务描述	本任务要求通过对控制案例的分析，展现控制职能的正确实现或在实现过程中的不足，正确理解与领会控制职能三种类型与工作过程。
学习目标	知识目标：1. 掌握控制职能的基本内涵与作用；2. 熟悉控制职能的分类；3. 掌握控制职能的要领。
	能力目标：1. 具备区分控制基本类型的能力；2. 具备正确运用控制职能的基本程序的能力。
	素质目标：1. 具备规范履行管理工作中控制职能程序的意识；2. 具备自我管理与及时修正工作误差的意识；3. 具备大局意识、树立底线思维。
	思政目标：通过对案例分析以及对控制职能的学习，使学生形成坚持标准、遵循规律、执行规范的观念。
关键词	控制能力；控制类型；控制过程

知识树

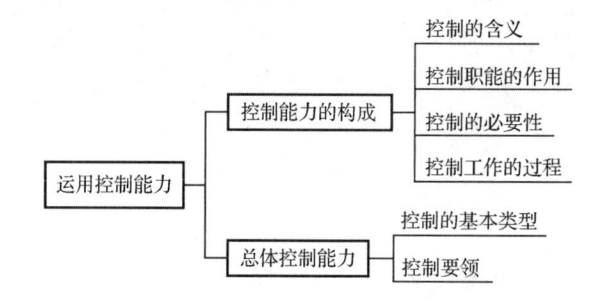

```
                    ┌─ 控制的含义
                    ├─ 控制职能的作用
        控制能力的构成 ─┤
                    ├─ 控制的必要性
运用控制能力 ─┤       └─ 控制工作的过程
                    
        总体控制能力 ─┬─ 控制的基本类型
                    └─ 控制要领
```

任务引入

任务背景

扁鹊见蔡桓公

扁鹊进见蔡桓公（桓侯），在桓侯面前站着看了一会儿，扁鹊说："您有小病在皮肤的纹理中，不医治恐怕要加重。"桓侯说："我没有病。"扁鹊退出以后，桓侯说："医生喜欢给没有病的人治病，把治好'病'作为自己的功劳！"

过了十天，扁鹊又进见桓侯，说："您的病在肌肉和皮肤里面了，不及时医治将要更加严重。"桓侯又不理睬。扁鹊退出后，桓侯又不高兴。

又过了十天，扁鹊又进见桓侯，说："您的病在肠胃里了，不及时治疗将要更加严重。"桓侯又没有理睬。扁鹊退出后，桓侯又不高兴。

又过了十天，扁鹊在进见时远远看见桓侯就转身跑了。桓侯特意派人问扁鹊为什么转身就跑，扁鹊说："小病在皮肤的纹理中，是用汤熨的力量能达到的部位；病在肌肉和皮肤里面，是用针灸的力量能达到的部位；病在肠胃里，是用火剂汤的力量能达到的部位；病在骨髓里，那是司命管辖的部位，医药已经没有办法了。现在病在骨髓里面，我因此不问了。"

又过了五天，桓侯身体疼痛，派人寻找扁鹊，扁鹊已经逃到秦国了，桓侯就病死了。

任务目标

1. 你认为蔡桓公三次拒绝治疗的选择正确吗？
2. 如果你是蔡桓公，面对自身病情，你会选择何时请扁鹊进行治疗，为什么？

任务实施

知识必备

一、控制能力的构成

（一）控制的含义

控制是管理的一种重要职能。管理中的控制职能是指管理者为保证计划目标的实现而采取的监督、检查、发现偏差和纠正偏差的活动或措施，使组织活动符合既定要求的管理过程。在这个管理过程中，控制是一个适时、动态的信息反馈过程。

在广义上，控制与计划相对应，控制是指除计划以外的所有保证计划实现的管理行为，包括组织、领导、监督、测量和调节等一系列环节，主要指的是在计划执行过程中纠正原计划有偏差的部分，或者是在必要的时刻把原计划根据现实情况做适当调整。

在狭义上，控制是继计划、组织、领导之后，主要指纠正计划执行过程中的偏差，以确保计划目标实现的一系列活动。

（二）控制职能的作用

控制职能的作用如下：

（1）控制能保证计划目标的实现，这是控制最根本的作用；

（2）控制可以使复杂的组织活动能够协调一致、有序地运作，以增强组织活动的有效性；

（3）控制可以补充与完善期初拟定的计划与目标，以有效减轻环境的不确定性对组织活动的影响；

（4）控制可以进行实时纠正，避免和减少管理失误造成的损失。

（三）控制职能的必要性

（1）企业环境的变化。在社会主义市场经济条件下，市场需求不断地发生变化，市场竞争日益激烈，竞争手段日趋多样，同类型的企业不断地涌现，同时也有一部分同类型的企业逐步被淘汰。因此，企业必须根据市场需求的变化，适时地调整自身的经营行为和经营业内外环境的变化，必然要求企业在计划的执行过程中，运用控制这一管理手段，不断调整企业的生产经营活动，以满足内外环境变化的需要，实现企业经营的目标。

（2）管理权力的分散。现代企业生产经营活动都具有相当的规模，企业管理者不可能直接、面对面地组织和指挥全体员工的劳动。时间与精力的限制要求管理者委托一些助手们有效地完成受托的部分管理事务，高一级的主管必然授予他们相应的权力。因此，任何企业的管理权限都制度化或非制度化地分散在各个管理部门和层次。

企业分权程度越高,控制就越有必要。每个层次的主管都必须定期或非定期地检查直接下属的工作,以保证授予他们的权力得到正确的利用,保证这些权力组织的业务活动符合计划与企业目的要求。如果没有控制,没有为此而建立的相应控制系统,管理人员就不能检查下级的工作情况,即使出现权力不负责任的滥用或活动不符合计划要求等其他情况,管理人员也无法发现,更无法采取及时纠正措施。

(3) 工作能力的差异。即使企业制订了全面完善的计划,经营环境在一定时期内也相对稳定,对经营活动的控制也仍然是必需的。这是由不同组织成员的认识能力和工作能力的差异所造成的。

全面完善计划的实现,要求每个部门的工作严格按计划的要求协调地进行。然而,由于组织成员是在不同的时空进行工作的,他们的认识能力不同,对计划要求的理解可能发生差异;即使每个员工都能完全正确地理解计划的要求,但由于工作能力的差异,他们的实际工作结果也可能在质和量上与计划要求不符。某个环节可能产生的这种偏离计划的现象,会对整个企业活动的进行造成冲击。因此,加强对这些成员的工作控制是非常必要的。

(四) 控制工作的过程

控制工作的过程是一个测量实际绩效、比较实际绩效和标准,以及采取管理行动来纠正偏差和调整不合理标准的过程。控制过程通常会参考计划过程中设立的具体目标作为衡量标准,以保证计划实施过程中不偏离组织目标。在具体的管理实践中,控制的过程主要包括三项基本工作:确立标准、衡量工作成效、分析与纠偏。

(1) 确立标准。标准是一种作为规范而建立起来的测量单位或具体尺度,制定标准是测定绩效的基础,纠正偏差的依据。在确定控制标准时,应该遵循简明性、适用性、一致性、可行性、可操作性、相对稳定性及前瞻性的特点。

(2) 衡量工作成效。企业经营活动中的偏差如果能尽早发现,则可指导企业管理者了解和掌握现实中组织的工作运行状况及成效。

阅读材料:不同管理情境中的控制标准

管理者在衡量工作成效中应注意以下几点:

① 通过衡量工作成效,检验标准的客观性和有效性,辨别并剔除不能为有效控制提供必要信息、容易产生误导作用的不适宜标准。

② 确定适宜的衡量频次。控制过多或不足都会影响控制的有效性。这种"过多"或"不足",不仅体现在控制对象和标准数目的选择上,而且表现在对同一标准的衡量频次上。

③ 建立信息管理系统。及时掌握反映实际工作与预期工作成效之间偏差的信息,有利于迅速采取有效的纠正措施。

(3) 分析与纠偏。在实际执行计划的过程中,可能会出现偏差,而纠正偏差则需要分析偏差产生的原因,并制定实施必要的纠正措施。

① 分析偏差产生的原因。纠正措施的制定是以对偏差原因的分析为依据的。通过评估反映偏差的信息,分析影响因素,透过表面现象找出造成偏差的深层原因,在众多的深层原因中找出最主要者,为纠偏措施的制定指明方向。

② 选择恰当的纠偏措施。在实际选择和实施纠正措施时,应当注意以下几个方面:

➤ 修正标准。如果导致偏差的原因是由于不现实的标准造成的,那么说明在计划制订时不切实际或盲目乐观,则应当按照实际情况调整或修正原有计划中的标准。

- 标准制定准备充分、科学，但由于执行者的自身原因导致偏差发生，则需采取有效措施加以纠正。如由于员工工作不认真、没有责任心或者能力不够，则应当改进领导工作与组织工作、改进生产技术以及加强管理与监督等。
- 环境形势发生重大改变，导致计划不能按预定程序完成则需重新调整计划。如发生国际政治风云突变、国家政策法规发生变化、自然灾害或者主要客户、供应商破产等情况，应当启用备用计划或制订新计划。

阅读材料：谨慎看待修改控制标准

微视频：控制职能过程

二、总体控制能力

（一）控制的基本类型

按照不同的标志，控制可以划分为多种类型。在管理实践中，最基本的控制主要有三种类型，即前馈控制、同步控制和反馈控制。

1. 前馈控制

前馈控制也称预先控制或事前控制，是在不变性原理的基础上发展而成的，是指管理层在经济业务活动发生之前所进行的管理上的努力或实施的各种控制措施。

前馈控制主要是对资源投入的限制和对最终产出的确定。它属于一种防护性控制，即事先分析预测出可能发生的错弊及其概率，并预先设计出防备措施。其重点是防止企业所使用的资源在质和量上产生偏差。因此，前馈控制的基本目的是保证各项业务活动均有明确的绩效目标，保证各种资源要素的合理投放。

在企业管理中，前馈控制常采取的方法是预算。

（1）预算的含义。预算是根据计划目标和实施方案，运用财务数据等形式为企业的目标进行数据计划，合理分配各项资源的一种控制过程。预算控制是根据计划的收支标准来检查和监督各个部门的经营，是最高层次的决策范畴，也是目标的行为起点。预算既是计划的工具，又是控制的工具。

（2）预算编制方法。常用的预算编制方法主要有固定预算法、弹性预算法、零基预算法、增量预算法等。同一预算项目，可因地制宜地选用不同方法保证预算方案最优化。

① 固定预算法。固定预算法是预算编制最基本的方法，又称静态预算法，是指在编制预算时，只根据预算期内正常、可实现的某一固定的业务量水平作为唯一基础来编制预算的方法。显然，固定预算法适用于经营业务稳定、生产产品产销量稳定、能准确预测产品需求及产品成本的企业。

采用固定预算法编制预算，优点是只依据某一经营活动水平确定相关数据，不考虑业务量水平的变化，编制过程简单易行，工作量少。但其缺点也同样明显：一是适应性差，因为编制预算的业务量基础是事先假定的某个业务量，所以在这种方法下，不论预算期内业务量水平实际可能发生哪些变动，都只能以事先确定的某一个业务量水平为编制预算的基础；二是可比性差，企业内部的生产经营活动经常在预算期内发生调整和变动，当出现较大差异时，有关预算指标的实际数与预算数就会因业务量基础不同而失去可比性，降低甚至失去了预算控制与考核的作用，误导了企业预算的考核与评价。

② 弹性预算法。弹性预算法又称变动预算法，是在按照成本习性分类的基础上，根据量本利之间的依存关系，考虑到计划期间业务量可能发生的变动，编制出一套适应多种业务量的费用预算，以便分别反映在各种业务量的情况下所应支出的费用水平。在编制预算时，变动成本随业务量的变动而予以增减，固定成本则在相关的业务量范围内稳定不变。根据弹性预算的概念，我们可以看出弹性预算扩大了预算的适用范围，能按一系列可能达到的预计业务量水平编制适应企业在预算期内任何生产经营水平的预算，所以具有较强的可比性与实用性。但相对固定预算法，该预算必须考虑到所有的业务量情况，所以编制工作量较大。

③ 零基预算法。零基预算开始于"零基础"，需要分析企业中每个部门的需求和成本。无论这种预算比以前的预算高还是低，都应当在每一个新的期间根据未来的需求编制预算。

零基预算通过在企业中的特定部门的试行而在预算过程中实施高层次的战略性目标，避免了不合理资源分配的延续，使预算更符合实际，更能适应情况的变化。但是，由于在每一个新的期间必须重新判断所有的费用，所以它是一个复杂的耗费时间的过程，工作量巨大并且费用也高。

零基预算的主要做法是把每一项支援性活动描述为一个决策的组件，每个组件都包含目标、行动及所需资源，并对每一个组件或活动用成本效益的分析方法进行评价与排序，最后在此基础上，对拥有的资源按照每种职能对于实现组织目标所做的贡献大小来进行分配。

④ 增量预算法。增量预算是指以基期成本费用水平为基础，结合预算业务量水平及有关降低成本的措施，通过调整原有费用项目而编制预算的方法。

增量预算方法比较简单，计算过程相对零基预算法简单，但它是以过去的水平为基础，实际上就是承认过去是合理的，无须改进，这不利于发现以往期间存在的问题。因为不加分析地保留或接受原有的成本项目，可能使原来不合理的费用继续开支而得不到控制，导致不必要的开支合理化，造成预算上的浪费。

2．同步控制

同步控制，也称现场控制或事中控制。是指控制作用发生在行动之中，即与工作过程同时进行。其特点是在行动过程中能及时发现偏差、纠正偏差，起到立竿见影的效果，将损失降低到最低的程度。其目的就是要保证本次活动尽可能地少发生偏差，改进本次而不是下一次活动的质量。

企业管理中生产现场管理活动主要内容就是事中控制，由基层管理者执行。这种控制通常包括两项职能：一是技术性指导，包括指示适当的工作方法和工作过程；二是监督下属的工作，发现偏差时立即纠正，确保下属正确完成任务。现场控制由于要求管理者及时完成包括比较、分析、纠正偏差等完整的控制的各方面的工作，所以控制工作的效果更多地依赖于现场管理者的个人素质、作风、指导方式以及其下属对这些指导内容的理解程度等因素。因此，同步控制对管理者的要求较高。

同步控制的内容与受控对象的特点密切相关。像生产现场这种相对的简单劳动或是标准化程度很高的工作，严格的现场控制、监督可能会收到较好的效果；但对于高级的创造性活动，管理者则应该更侧重于营造出一种良好的工作环境和氛围，这样才有利于工作的顺利进行和目标实现。

除了现场检查，数据统计与报告也是同步控制常用的方法。数据统计是指管理者借助各种数据资料，掌握受控系统运行情况进行控制的方法，数据统计过程中的真实性、完整性与相关性尤为重要,因为这能为控制系统运行监测偏差,并为及时采取纠正行动提供有力的依据;数据报告是指管理者搜集与阅读关于受控系统运行信息的各种报告,了解情况,以控制系统运行的方法,报告应较为详尽地提供有关信息并进行偏差分析,为纠正偏差的行动提供依据和指南,有时也可以采用口头汇报形式,以及时了解情况。

3. 反馈控制

反馈控制也称事后控制,是一种最常用的控制方法。所谓反馈控制,就是从一个时期的生产经营活动结果中获得反馈信息,并依据这些反馈信息来监控和纠正今后的活动。值得关注的是,反馈控制是在计划执行后进行的,其目的不是对既成事实的纠正,而是为即将开始的下一生产过程提供控制的依据。

反馈控制主要包括财务分析、经营分析和质量控制报告等内容。

(1) 财务分析是以会计核算和报表资料及其他相关资料为依据,采用一系列专门的分析技术和方法,对企业等经济组织过去和现在有关的活动与经营状况等进行分析与评价的经济管理活动。财务报表分析是财务分析中最常见的手段,是对企业财务报表所提供的数据进行加工、分析、比较、评价和解释,其目的在于判断企业的财务状况和诊察企业经营管理的得失。

财务报表分析的方法,主要有趋势分析法和比率分析法两种。趋势分析法是指根据连续几期的财务报表,比较各个项目前后期的增减方向和倾度,从而揭示财务和经营上的变化和趋向;比率分析法则用来分析财务结构,控制财务状况,并通过这种资金形式集中对整个系统进行控制。

(2) 经营分析是利用会计核算业务、统计核算业务以及其他方面提供的数据信息,采用一定分析方法,依靠计算技术来分析经济活动的过程及其结果,从而加强对企业运行情况的把握,监控运行过程的问题,以便合理安排生产经营活动,提高经济效益的一门经营管理科学和活动。经营比率分析有助于直接控制企业的经营活动。常见的经营比率比如市场占有率——反映企业占领与开拓市场的情况;投入产出比率——对投入利用效能的直接测量。

(3) 质量控制报告是企业为保证和提高产品质量,对经营管理和生产技术工作运行水平控制所形成的报告。质量控制报告全面地对设计、工艺准备、外购原材料、加工、储存、销售各环节实现信息共享,对存在的问题进行分析,并形成今后管控的依据。

(二)控制要领

1. 实行例外控制

有效的管理者要把控制力量集中在例外情况上,即只有实际工作脱离计划的重大偏差,才应由领导者处理,而一些不重要的问题应采用已经制定的有关管理规范去解决。

2. 在战略要点上控制

所谓战略要点,是指与各种工作因素相互联系,并能综合、集中反映与统领制约这些工作因素的关键性环节,其中利润是必须控制的战略要点。

一个高层管理者面临着一个庞大系统,对这一系统所有方面、所有问题全部进行集中的个人控制是不可能的,这就需要解决控制什么和在什么地方控制的问题。解决这些问题的方法就是在战略要点上控制,即根据战略要点出现的偏差去控制一般的工作因素。

3. 控制关键因素

要使控制有效率,就必须抓住关键因素加以控制。关键因素主要有三种类型:

（1）出现偏差的可能性大的因素。

（2）直接决定工作成效的重点因素。

（3）能使控制最有效又最经济的因素。

4．有计划地控制

有效的控制不是在行动当时随机产生的，而是预先安排、按计划行事的。由于控制中的信息反馈存在着时滞问题，管理者要特别重视预先控制。即使在同步控制和反馈控制中，也要充分注意预见性问题，要尽可能早地获得信息，发现偏差，并尽快纠正。

管理感悟

第一，管理者实施控制职能的基本阶段要明确：第一步是订立明确、科学的标准，以便确定控制的目标和依据；第二步是管理者对照标准，对受控系统的实际情况进行监测；第三步是根据偏差分析结果进行决策，制定纠正偏差措施并付诸实施，以保证实际与目标一致。

第二，控制中最基本的三种类型是根据控制时点的不同进行分类的，即前馈控制、同步控制和反馈控制。从控制效果上来说，反馈控制不如同步控制，同步控制不如前馈控制，所以管理者应该尽可能地做好充分准备、防范于未然。

第三，预算一般用来帮助企业管理可量化的行为，对于非量化的活动，如企业文化、企业形象等的改善则没有参考性，因此在运用预算方法时应注意其使用的对象与范围。

任务实训

1．在线测试：设计控制职能。
2．阐述控制过程的三个基本工作及内容。
3．区分控制的三种类型。

在线测试

任务评价

评价类目	评价内容及标准	分值（分）	自己评分	小组评分	教师评分
学习态度	✓ 全勤；（5分） ✓ 遵守课堂纪律。（5分）	10			
学习过程	➢ 能说出本次工作任务的学习目标，上课积极发言，积极回答问题；（5分） ➢ 能够简述控制工作的作用与必要性；（5分） ➢ 能够区分四种预算方法的优缺点；（5分） ➢ 能够概括四种控制要领。（5分）	20			
学习结果	◆ 在线测试设计控制职能；（4分×10=40分） ◆ 阐述控制过程的三个基本工作及内容；（15分） ◆ 区分控制的三种类型。（15分）	70			
合计		100			
所占比例		100%	30%	30%	40%
综合评分					

知识拓展与技能实践

知识拓展

控制与计划、组织、领导等三大职能的关系

一、控制与计划的关系

控制工作意指按计划、标准来衡量所取得的成果并纠正所发生的偏差，以保证计划目标的实现。如果说管理的计划工作是谋求一致、完整而又彼此衔接的计划方案，那么，管理的控制工作则是保证一切管理活动都能按计划进行。

计划和控制是一个问题的两个方面。计划是基础，它是用来评定行动及效果是否符合需要的标准。计划越明确、全面和完整，控制的效果也就越好。在多数情况下，控制工作既是一个管理过程的终结，又是一个新的管理过程的开始，它使计划的执行结果与预定的计划相符合，并为计划提供信息。

二、控制与组织的关系

组织职能是通过建立一种组织结构框架，为组织成员提供一种适合默契配合的工作环境。因此，组织职能的发挥不但为组织计划的贯彻执行提供了合适的组织结构框架，为控制职能的发挥提供了人员配备和组织机构，而且组织结构的确定实际上也就规定了组织中信息联系的渠道，为组织的控制提供了信息系统。如果目标的偏差产生于组织上的问题，则控制的措施就要涉及组织结构的调整、组织中的权责关系和工作关系的重新确定等方面。

三、控制与领导的关系

领导职能是通过领导者的影响力来引导组织成员为实现组织的目标而做出积极的努力。这意味着领导职能的发挥影响组织控制系统的建立和控制工作的质量，反过来，控制职能的发挥又有利于改进领导者的领导工作，提高领导者的工作效率。

总而言之，控制工作中的纠偏措施可能涉及管理的各个方面，要把那些不符合要求的管理活动引回到正常的轨道上来。

技能实践

在组织制定了目标之后，控制职能是进行比较和纠正工作绩效的过程，从而保证组织的活动不偏离组织目标。以小组为单位收集组织（可以是学校的，也可以是企业的）采用的控制手段，讨论组织的控制职能是怎么实现这一过程的，并回答以下问题：

（1）收集到的控制手段是属于事前的、事中的还是事后的控制手段？

（2）关键控制点有哪些？组织是如何实现对关键控制点的控制的？

（3）除了关键控制点，还采用了哪些标准进行监控？为什么采用这些标准？执行情况如何？

任务二 提高组织绩效

思维导图

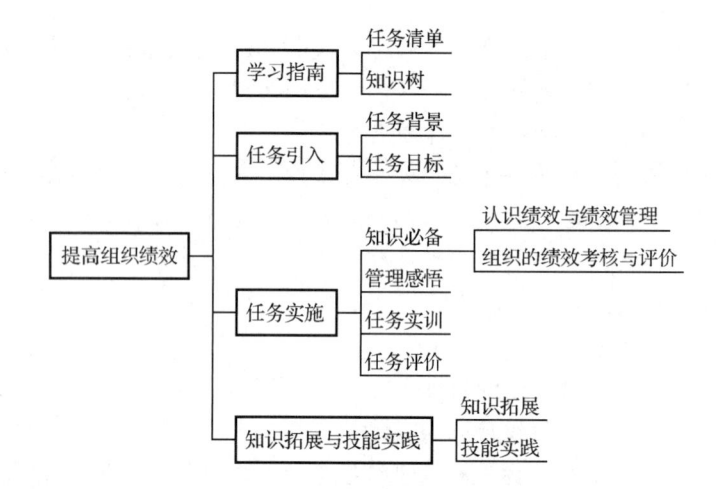

```
                          ┌─ 学习指南 ──┬─ 任务清单
                          │           └─ 知识树
                          │
                          ├─ 任务引入 ──┬─ 任务背景
                          │           └─ 任务目标
                          │
                          │           ┌─ 知识必备 ──┬─ 认识绩效与绩效管理
                          │           │          └─ 组织的绩效考核与评价
  提高组织绩效 ──────┤           ├─ 管理感悟
                          ├─ 任务实施 ─┤
                          │           ├─ 任务实训
                          │           └─ 任务评价
                          │
                          └─ 知识拓展与技能实践 ─┬─ 知识拓展
                                              └─ 技能实践
```

学习指南

任务清单

工作任务		提高组织绩效
建议学时		2 学时
任务描述		本次学习任务主要是学习组织绩效的管理方法，学会如何评价组织的工作成果与计划目标是否相一致，学会相应的评价方法；并通过组织绩效的评价学会考察组织的目标是否实现，能根据绩效考核结果为组织提供相应的管理建议。
学习目标	知识目标	1．了解绩效与绩效管理的概念及特点； 2．掌握组织绩效评价的基本工具应用场景。
	能力目标	1．具备进行组织绩效管理与评价的基本能力； 2．具备根据组织绩效分析提出管理建议的能力。
	素质目标	1．具备客观评价组织及员工绩效的意识； 2．具备自我管理与不断改进工作的意识； 3．具备大局意识与团队意识。
	思政目标	通过对绩效管理及相关评价内容的学习，培养遵守职业规范与按章作业的意识，具备整体意识与战略意识，培养爱岗敬业、勤于思考、勇于创新的思想。
关键词		绩效管理；组织绩效；考核评价

模块六　实施控制职能

知识树

```
                                    ┌─ 绩效的含义
                                    ├─ 绩效管理及其影响
                    ┌─ 认识绩效与绩效管理 ─┤
                    │               ├─ 绩效管理过程及关键点
                    │               └─ 绩效管理的作用与意义
    提高组织绩效 ─┤
                    │               ┌─ 组织绩效的测量内容
                    └─ 组织的绩效考核与评价 ─┤
                                    └─ 测量组织绩效的工具
```

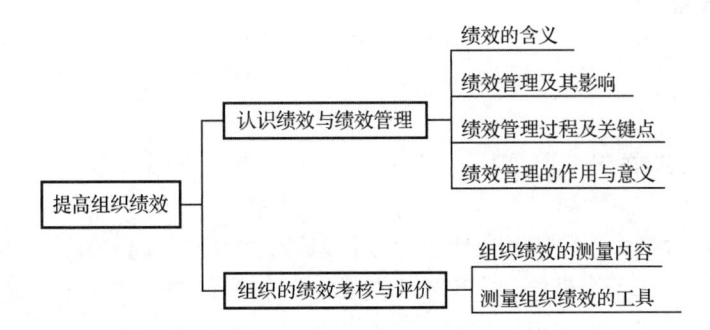

任务引入

任务背景

面临考验的组织绩效

　　T 公司是一家以制造港口起重自动化设备为主的研发、生产、销售一体化的民营企业，现有员工 500 余人。随着产品产量的加大与销售业务的扩展，张总对公司现在的发展越来越有信心。但这时人力资源部门告诉他，该公司在员工薪酬管理方面遇到不少困难和问题。比如，生产部门原有的固定工资制不能反映车间员工劳动强度的差别，员工怨声四起；技术部门和销售部门高薪聘请的高学历新员工与老员工的工资不平衡，导致其间冲突日益严重。整个薪酬体系的内部公平受到破坏，内部不和谐的因素逐渐增加。该公司的一次员工薪酬调查结果显示：大多数员工对自己的薪酬感到不满意（82.4%）；超过三分之二的员工认为工资没能体现其所在岗位的责任轻重和难易程度（67.8%）；四成员工认为工资无法体现个人的能力强弱和努力程度（42.1%）；绝大部分员工认为工资不能反映个人及公司的业绩好坏（94.1%）……员工对现行工资制度意见很大。

　　这些数据让公司的张总心里越来越不安，他知道这几年公司发展迅速与新聘请的高学历员工有很大的关系，技术升级与市场扩大能够超预期实现，很大程度上都是受他们的影响。但生产这些传统工作确实与老员工的努力分不开。

　　张总心里明白如果再这样继续下去，各部门的组织绩效必将受影响，甚至会严重制约公司的发展目标。几经权衡，张总决定从公司的绩效管理入手来解决这一棘手问题。

任务目标

1. 张总希望通过绩效管理达到解决公司发展与员工的薪酬问题，他的依据是什么？
2. 员工绩效与组织绩效有什么关系？
3. 绩效管理是如何改善组织的经营与提高员工水平的？

任务实施

知识必备

一、认识绩效与绩效管理

任何企业无论规模大小，无论处于哪个发展阶段，管理者都会关注企业的发展目标是否达到，员工的工作状态是否最佳，产出效率是否达到最佳状态……因此，企业通常也会对这些行为进行奖励或惩罚。事实上，这时就已经产生了绩效管理和绩效考核，这些绩效管理的任务便是为了保证实现组织的目标与实现员工的满意。那么，什么是绩效与绩效管理呢？

（一）绩效的含义

绩效是指团队或个人在一定期间内投入产出的效率与效果，其中，投入指的是人、财、物、时间、信息等资源，产出指的是工作任务和工作目标在数量与质量等方面的完成情况。

绩效包括组织绩效、部门绩效和个人绩效三个层面，这三个层面之间是支撑与制约的关系。

（1）组织绩效指的是整个组织在实施组织战略目标过程中所表现出来的业绩。

（2）部门绩效指的是在完成工作目标与任务的过程中所体现出的公司内各组织或团队的业绩。

（3）个人绩效指的是在完成工作目标与任务的过程中所体现出的个人业绩。

在这三个层面中，首先，个人的绩效水平支撑着部门的绩效水平，部门的绩效水平支撑着组织的绩效水平；反过来，组织的绩效水平制约着部门的绩效水平，部门的绩效水平制约着个人的绩效水平。其次，部门之间的绩效水平、岗位之间的绩效水平也是相互支撑与制约的。举例来说，生产部门与销售部门绩效水平是相互支撑的，只有良好的产品品质、交货的及时性以及适当的产品价格才能支撑销售取得更好的业绩；同样地，只有良好的销售增长才能支撑生产部门生产更多的产品，生产成本自然会降低。生产部门与销售部门绩效的水平也是相互制约的，销售部门工作不力会导致订单不足，订单不足会制约生产部门的产量；生产部门产品质量出现问题，会导致销售下滑，制约销售部门的工作。

微视频：组织绩效、部门绩效与个人绩效

（二）绩效管理及其影响

1. 关于绩效管理

绩效管理是通过管理者与员工之间达成关于目标、标准和所需能力的协议，在双方相互了解的基础上使组织、群体和个人取得较好工作结果的一种过程。

绩效管理是防止员工绩效不佳和提高工作绩效的有力工具。绩效管理是一个过程，这一过程包含若干基本环节。在绩效管理过程中，开放沟通的行为将持续贯穿绩效管理的全过程。

2. 绩效管理对管理工作的影响

无论企业处于哪个发展阶段，绩效管理对于提升企业的竞争力都具有巨大的促进作用，进行绩效管理都是非常必要的。本质上，绩效管理解决的是企业战略落实和业绩提升问题。

对管理者来说，绩效管理是非常重要的管理手段。首先，绩效管理牵引与传递着组织目标，管理者通过绩效管理进行组织目标的分解与责任承担；其次，通过绩效管理有利于管理者与下级的沟通与授权，传达对员工的工作期望、各项工作的衡量标准以及工作权责；最后，管理者通过绩效管理及时了解信息，把握员工的工作计划和项目执行情况、员工状况，有利于有效监控，及时发现问题并纠正绩效偏差。

对员工来说，绩效管理也是非常重要的。第一，绩效管理让员工明确自己的绩效责任与目标，明白做什么、为什么做、结果是什么；第二，通过绩效管理有利于参与目标、计划的制订，明确组织的要求以及目标必须达成的理由；第三，有利于员工寻求上司的支持与所需资源，如责权、费用、工具、渠道等；第四，及时获取评价、指导与认同，了解工作做得好不好、是否满意以及如何改进偏离的目标；第五，有利于员工获取解释的机会，消除上级的误解等。

（三）绩效管理过程及关键点

1. 绩效管理过程

绩效管理是一个过程，即首先明确企业要做什么（目标和计划），然后找到衡量工作做得好坏的指标与标准并进行监测（构建指标与标准体系并进行监测），通过管理者与被管理者的互动沟通，将目标责任层层传递（辅导、沟通），发现做得好的（绩效考核）进行奖励（激励机制），使其继续保持或者做得更好，能够完成更高的目标。更为重要的是，发现不好的地方（经营检讨），通过分析找到问题所在并进行改正（绩效改进），使工作做得更好。这个过程就是绩效管理过程。

2. 绩效管理过程的关键点

在绩效管理过程中，需要注意以下关键点。

（1）目标与计划的确定：依据组织战略目标要求，拟定目标与计划，明确大家要做什么以及把事情做好的标准。一般会以考核表等形式出现。

（2）辅导与沟通：管理者与员工双方就目标及如何实现目标而达成共识，并协助员工成功达成目标的管理方法。绩效管理是一个持续不断的交流过程，该过程是由员工和他的直接主管之间达成的协议来保证完成的，一般会以绩效承诺与沟通书的形式出现。

（3）绩效评估（或称绩效考核）：根据事先的指标约定，对大家的工作做一个客观的评判。如进行绩效打分、确定绩效级别等。

（4）绩效检讨：一起去分析问题的原因，制定工作改进措施。

（5）激励和其他人力资源管理手段的应用。根据绩效考核的结果进行正向或者负向的激励，在内部形成一个公平的氛围和环境，从而凝聚员工。如根据绩效考核结果进行薪酬与奖金调整，进行员工的培训、调岗、解聘等。

（四）绩效管理的作用与意义

绩效管理不仅能促进组织和个人绩效的提升，还能促进管理流程和业务流程优化以及企业基础管理水平的提高，从而最终保证组织战略目标的具体落实。

1. 绩效管理促进组织和个人绩效的提升

绩效管理通过设定科学、合理的组织目标、部门目标和个人目标，为企业员工指明了工作方向。管理者通过绩效辅导沟通及时发现下属工作中存在的问题，给下属提供必要的工作指导和资源支持；下属通过工作态度以及工作方法的改进，保证绩效目标的实现。

另一方面，通过绩效管理对员工进行甄选与区分，保证优秀人才脱颖而出，同时淘汰不适合人员。绩效管理能使内部优秀人才得到成长，同时吸引外部优秀人才，使人力资源能满足组织发展的需要，促进组织绩效和个人绩效的提升。

2. 绩效管理促进管理流程和业务流程优化以及基础管理水平提高

企业管理涉及对人、对事的管理。对人的管理主要是激励约束问题，对事的管理就是流程问题。所谓流程，就是一件事情或者一项业务如何运作，涉及因何而做、由谁来做、如何去做、做完了传递给谁等几个方面的问题。在绩效管理过程中，各级管理者都应从企业整体利益以及工作效率出发，尽量提高业务处理效率，应该在上述四个方面不断进行调整优化，使组织运行效率逐渐提高。在提升组织运行效率的同时，也逐步优化了企业管理流程和业务流程。

绩效管理能发现企业基础管理中存在的问题，对基础管理提出更高的要求，促进企业基础管理水平的提升。

3. 绩效管理保证组织战略目标的实现

在制定企业年度经营目标之后，企业管理者将企业的经营目标向各个部门分解，就成为部门的业绩目标；各个部门目标向每个岗位分解，成为每个岗位的关键业绩指标。

对于绩效管理而言，企业经营目标的制定与分解是比较重要的环节，这个环节的工作质量对于绩效管理能否取得实效是非常关键的。绩效管理能促进和协调各个部门以及员工按照企业预定目标努力，形成合力，最终能将企业经营目标分解落实，促进企业经营目标的完成，从而保证企业近期发展目标以及远期发展愿景的实现。

4. 绩效管理在人力资源管理中处于核心地位

绩效管理在人力资源管理中处于核心地位，这主要体现在以下几个方面：

（1）组织的绩效目标是由企业的发展战略决定的，绩效目标要体现企业发展战略导向，组织结构和管理控制是部门绩效管理的基础，工作分析和岗位评价是个人绩效管理的基础。

（2）绩效考核结果在人员配置、培训开发、薪酬管理等方面都有非常重要的作用。

（3）绩效管理与招聘选拔工作以及员工关系管理工作也有密切联系。

个人的能力素质对绩效影响很大，人员招聘选拔要根据岗位对任职者能力素质的要求来进行；通过薪酬激励激发组织和个人的主动积极性，通过培训开发提高组织和个人的技能水平，这些措施能带来组织和个人绩效的提升，进而促进企业发展目标的实现。

组织和个人绩效水平，将直接影响着组织的整体运作效率和价值创造，因此，衡量和提高组织、部门以及员工个人的绩效水平，是企业经营管理者的一项重要常规工作，而构建和完善绩效管理系统是人力资源管理部门的一项战略性任务。

二、组织的绩效考核与评价

（一）组织绩效的测量内容

组织绩效是管理者关注的重点。组织绩效是所有组织活动结果的累积。这是一个多层面的概念，但管理者需要理解对组织绩效有影响的因素。毕竟，他们并不想（或不愿意）自己的管理只能实现平庸的绩效。他们想要自己的组织、工作单元或工作群体实现高水平的绩效。

作为一名管理者,制定决策最重要的组织绩效测量内容及指标如下。

(1) 组织生产率。生产率是产品或服务的总产出除以产生这些产出的总投入。组织和单个工作部门都希望自己是高产的。它们希望以最少数量的投入生产出最多的产品或服务。产出用产品卖出时组织收到的销售收入(售价销量)来衡量。投入以为了产出而购买和加工资源的成本来衡量。

管理者的工作是提升该比率。当然,最简单的方法是提高产出的价格。但在今天的竞争环境中,这也许是不可行的。唯一的可行途径就是降低投入。也就是说,要通过更有效率的工作来降低组织费用。

(2) 组织效力。组织效力是对组织目标的合适程度及实现程度的测量。这是管理者的底线,也是在制定战略、工作活动以及协调员工工作时对管理决策的指导。

阅读材料:组织是如何帮助员工改善绩效的

(二) 测量组织绩效的工具

在控制过程中可采用事前、事中、事后的相关控制方法进行控制。除此之外,对于组织绩效的测量还有以下几种主要的方法。

1. 财务控制

每一笔业务都想获得利润。为了实现这个目标,管理者需要运用财务控制。例如,他们可能会分析季度财务报表来弄清超支费用;他们可能会计算财务比率来确保有足够的现金偿还当期费用,确保债务水平没有过高。

管理者可以采用传统的财务测量指标如比率分析和预算分析。如表 6-1 所示归纳了一些常用的财务比率。流动性比率测量组织偿还短期债务的能力;杠杆率考察组织对债务杠杆的利用以及是否有能力偿还债务利息;活动性比率评估一家公司的资产有效利用程度;利润率测量了公司如何高效利用自己的资产创造利润。这些比率可以用组织的两大基本财务报表(资产负债表和利润表)的相关信息计算得到。通常来说,管理者常将这些比率作为内部控制工具。

表 6-1 常用的财务比率

目 标	比 率	计 算 公 式	含 义
流动性	流动比率	流动资产÷流动负债	测量组织偿还短期债务的能力
	速动比率	不包括库存在内的流动资产÷流动负债	在库存周转缓慢或不易销售时更精确地计算流动性
杠杆	资产负债率	总负债÷总资产	该比率越高,组织的杠杆率越高
	已获得利息倍数	息税前利润÷总利息	测量组织能够偿还其利息费用的倍数
活动性	库存周转率	销售÷库存	该比率越高,库存资产的利用率越高
	总资产周转率	销售÷总资产	实现特定销售所用的资产越少,管理过程对组织总资产的利用率越高
利润	销售利润率	税后净利润÷总销售	确定组织获得的利润
	投资回报率	税后净利润÷总资产	测量组织资产创造利润的效率

在上一任务中学习的预算控制既是一种计划工具,也是一种控制工具。当编制预算时,它就是一个计划工具,因为它明确了哪些工作活动是重要的以及什么资源要分配到这些活动

中，如何分配等。但预算也为管理者提供了量化标准，用来衡量和比较资源的消耗情况。如果偏差足够显著，则需要采取行动，这样管理者会检查发生了什么，并努力找到原因。根据这些信息，可以采取必要的行动。例如，如果你用财务预算来监督和控制每月花费，那么你可能会发现某个月内你的各项花费都超过了预算。此时，你可能会缩减在别的方面的花费或者加班赚取更多收入。

2. 管理信息控制

管理者有两种方式处理信息控制：一是将其作为工具来帮助控制其他组织活动；二是将其作为他们需要加以控制的组织领域。管理者需要在恰当的时候获得合适数量的正确信息来监督和测量组织活动和绩效。

在测量实际绩效时，为了对实际绩效和标准进行比较，管理者需要有关职责范围内所发生情况的信息和有关标准的信息。他们还要依赖信息帮助他们判断偏差是否在可接受范围内。最后，他们依赖信息帮助他们制定恰当的行动方案。在当今的管理工作中，管理者运用的大多数信息工具来自组织的管理信息系统。

阅读材料：管理信息系统在控制中的应用

3. 平衡计分卡

平衡计分卡即 BSC（Balanced Score Card），是从财务、客户、内部运营、学习与成长四个角度，将组织的战略落实为可操作的衡量指标和目标值的一种新型绩效管理体系，它也是一种不仅仅从财务的角度来评估组织绩效的方法。根据这一方法，管理者应该在四大领域的每一个方面设立目标，然后测量目标是否实现。

平衡计分卡中的目标和评估指标来源于组织战略，它把组织的使命和战略转化为有形的目标和衡量指标。在客户方面，管理者确认了组织将要参与竞争的客户和市场部分，并将目标转换成一组指标，如市场份额、客户留存率、客户获得率、顾客满意度、顾客获利水平等；在内部经营过程方面，为吸引和留住目标市场上的客户，满足股东对财务回报的要求，管理者需关注对客户满意度和实现组织财务目标影响最大的那些内部过程，并为此设立衡量指标；在学习和成长方面，确认了组织为了实现长期的业绩而必须进行的对未来的投资，包括对雇员的能力、组织的信息系统等方面的衡量；在财务方面，列出了组织的财务目标，并衡量战略的实施和执行是否为最终的经营成果的改善做出贡献。

平衡计分卡反映了财务与非财务衡量方法之间的平衡、长期目标与短期目标之间的平衡、外部和内部的平衡、结果和过程的平衡、管理业绩和经营业绩的平衡等多个方面，所以能反映组织综合经营状况，使业绩评价趋于平衡和完善，利于组织长期发展。

4. 标杆管理

标杆管理是指从竞争对手或其他组织中寻找让其获得卓越绩效的最佳实践。标杆管理应该识别不同的标杆，即用来测量和比较的卓越标准。从根本上来说，标杆管理是向他人学习。作为监督和测量组织绩效的一种工具，标杆管理可以用于识别具体的绩效差距和潜在的可提升领域。

标杆管理作为环境评估技术的一种典型工具，我们将在下一学习任务中继续介绍。

管理感悟

第一，很多企业投入了较多的精力进行绩效管理的尝试，许多管理者认为公平客观地评价员工的贡献，为员工薪酬发放提供基础依据，激励业绩优秀的员工，督促业绩低下的员工，是进行绩效管理的主要目的。当然上述观点并没有错误，但如果将绩效考核与绩效管理等同起来，认为绩效考核就是绩效管理，绩效考核的作用就是为薪酬发放提供依据，那么这种认识也是片面的。

第二，有关绩效管理需要强调的三点：首先，绩效管理是管理；其次，绩效管理是一个持续不断的交流过程；最后，绩效管理不仅强调工作结果，而且重视达成目标的过程。因此，绩效管理的本质是保证组织目标实现的一个过程。

任务实训

1. 在线测试：提高组织绩效。
2. 举例说明组织绩效与员工绩效的区别与联系。
3. 阐述怎么改善组织绩效或提高员工的绩效。

在线测试

任务评价

评价类目	评价内容及标准	分值（分）	自己评分	小组评分	教师评分
学习态度	✓ 全勤；（5分） ✓ 遵守课堂纪律。（5分）	10			
学习过程	➢ 能说出本次工作任务的学习目标，上课积极发言，积极回答问题；（5分） ➢ 能够区分绩效管理与绩效考核；（5分） ➢ 能够回答绩效管理的关键要点；（5分） ➢ 能够解释绩效管理与组织目标的关系。（5分）	20			
学习结果	◆ 在线测试提高组织绩效；（4分×10=40分） ◆ 举例说明组织绩效与员工绩效的区别与联系；（15分） ◆ 阐述怎么改善组织绩效或提高员工的绩效。（15分）	70			
合 计		100			
所占比例		100%	30%	30%	40%
综合评分					

知识拓展与技能实践

知识拓展

360度考核的运作要领

360度考核是一种在企业中普遍采用的员工绩效考核方法，对于企业确定员工的培养与发展人选起着重要的作用，其具体运作过程中需要注意以下几点：

（1）考核主体应是与考核对象有着多方面接触的知情的相关者。主要包括上级、平级、下级、相关部门、外部顾客、专家及本人等。

（2）科学地设计问卷。360度反馈评价一般采用问卷法。问卷的内容是与被考核者的工作情景密切相关的行为以及比较共性的行为。问卷的形式分为两种：一种是封闭式模式，给考核者提供等级量表，由考核者分出等级；另一种是开放式模式，由考核者直接写出考核意见。

（3）合理地确定权重。在360度考核中，对各类参与考核主体的权重设计极为重要，将直接关系到考核结果的准确性与可靠性。一般其直接主管领导的意见应占较大的权重，而本人的意见占的权重会较小。

（4）计算评分，完成综合评价。所有考核者进行评估之后，要将其按照一定的权重，综合成一个综合评价结果，即为最后的考核结论。

技能实践

如果你们小组有人参与了学校里的各种协会或其他组织部门，部门在每年年底的评优评先里都会有一个考核依据，了解一下他们对组织成员的绩效考核方法或手段，然后以小组为单位完成以下任务。

（1）讨论部门的考核方法有什么问题？这些问题造成了什么不好的后果？

（2）根据"知识拓展"中的360度考核要领，为部门设计一个考核方案。

将讨论结果整理汇总，并将设计的考核方案推荐给部门参考。

任务三　当代控制应用实务

思维导图

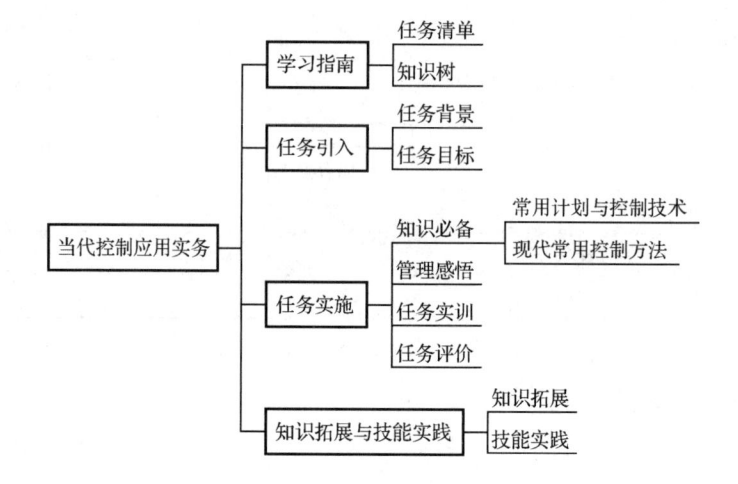

学习指南

任务清单

工作任务	当代控制应用实务
建议学时	2学时
任务描述	本次学习任务主要学习当前常用的一些控制方法的应用，包括运用管理工具与技术的计划与控制技术，如标杆管理、甘特图、PERT网、项目管理等，以及运用企业运营管理相关的控制方法，如全面质量管理、社群控制等，通过学习提高学生的控制应用能力。

续表

学习目标	知识目标	1. 掌握典型的管理工具与技术在控制过程中的运用要点； 2. 熟悉典型的企业运营管理中的控制方法。
	能力目标	1. 具备运用管理工具与技术的能力； 2. 具备质量控制的基本能力； 3. 具备根据企业实践进行控制管理优化或改善的能力。
	素质目标	1. 具备自我控制的意识； 2. 具备根据企业实际情况不断优化企业管理的意识； 3. 具备大局意识与创新意识。
	思政目标	通过对现代控制应用等相关任务的学习，培养爱国守法、遵守规章、爱岗敬业的意识，培养热爱工作、勤于思考、勇于创新的精神。
关键词		计划与控制技术；控制方法

知识树

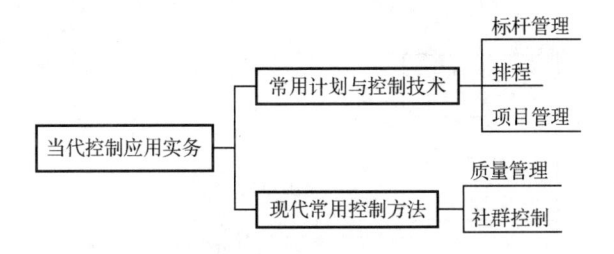

当代控制应用实务
- 常用计划与控制技术
  - 标杆管理
  - 排程
  - 项目管理
- 现代常用控制方法
  - 质量管理
  - 社群控制

任务引入

任务背景

随处可见的控制图

在工地，我们经常可看到挂在墙上的各种各样的进度图表；在工厂生产车间，我们也可看到挂在墙上的各种控制曲线；甚至在管理者的办公室里，我们依然能看到电脑显示的各种生产数据随时反映着生产情况……如果我们仔细观察这些图表、数字，会发现它们几乎无一例外地都在反映当前的生产情况与计划目标的完成情况，指导着管理者的日常管理活动。

任务目标

1. 工作场所反映生产情况的各式图表是怎么实现控制职能的？
2. 除了工作场所能见到的各类图表，还有哪些常用的控制方法或手段？

任务实施

知识必备

一、常用计划与控制技术

在管理实践中，管理者可以通过对管理工具和技术的合理运用，以提高组织的工作效率和效果。目前常用的有三种基本的管理工具和技术，包括环境评估技术、资源配置技术和当代计划技术。

（一）标杆管理

前面我们已经介绍过标杆管理作为测量组织绩效的一种工具，接下来我们进一步介绍使用标杆管理的基本步骤。标杆管理是环境评估技术中通过对组织所处环境进行评估之后而采用的一种方法，即从竞争对手和其他组织中寻找让其获得卓越绩效的最佳实践。

标杆管理的基本思想是：管理者可以通过分析并且复制各个领域领先者所采用的方法来提升绩效。标杆管理的效果如何？调查显示，标杆管理可以帮助组织将增长速度提升69%，以及将产出提高45%。

标杆管理的基本步骤如图 6-1 所示，图中显示了标杆管理中典型的四个步骤。

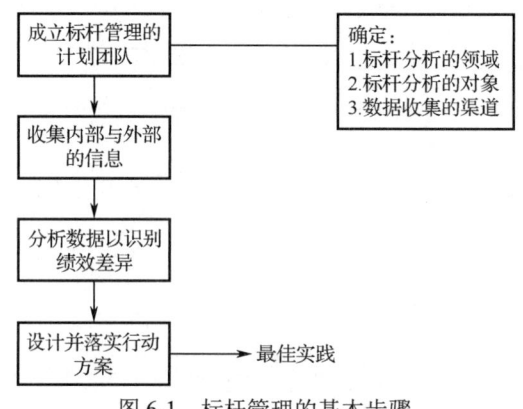

图 6-1　标杆管理的基本步骤

事实上，在进行标杆管理时，最佳实践并不仅仅能从外部获得。有不少公司都选择了比较独特的参照对象。比如，有时候那些作为标杆的最佳实践可以从组织内部找到，管理者仅仅需要对其进行分享。一个能发掘好的绩效提升建议的手段是员工建议箱。研究表明，最佳实践往往已经存在于组织内部，但通常没有被发现和引起关注，在当今的环境中，追求高绩效水平的组织不能忽视如此有价值的潜在信息。

（二）排程

排程是控制工作中利用资源配置技术进行控制活动的一种方法。组织在明确了其目标之后，下一个重要环节是确定实现目标的方法。

在管理者进行组织和领导工作以实现目标之前，他们手中必须先拥有相应的资源，即组织的各种资产——金融资产、有形资产、人力资本和无形资产。管理者应该如何高效率、高产出地分配这些资源，以保证组织目标的顺利实现？虽然有许多资源配置的方法与技术可供管理者挑选，如前面已经提到过的盈亏平衡分析和预算控制等。但在这里我们学习一种在生产过程中应用非常广泛的方法——排程。

如果你连续几天观察一些主管或部门经理的工作，你就会发现他们做的事情很相似，即根据需要完成的工作活动分配资源，确定活动的顺序、分工安排和截止日期。其实这些管理者就是在进行排程。常用的排程工具包括甘特图、负荷图和PERT（项目评审技术）网络分析等。

1. 甘特图

甘特图是在20世纪初由管理学家泰勒的助手亨利·甘特发明的。甘特图的原理很简单：它本质上是一个条形图，横轴和纵轴分别代表执行时间和活动内容。条形框代表了工作结果，包括预计结果和实际结果。甘特图可以直观地展现任务的预期完成时间,并将实际进度与预期进度相对比。它是一个简单而重要的工具,可以帮助管理者便捷准确地了解距离工作或项目结束还有哪些任务待完成,以及评估一项活动是否已经超前、落后于进度还是符合预期进度。甘特图应用举例如图 6-2 所示。

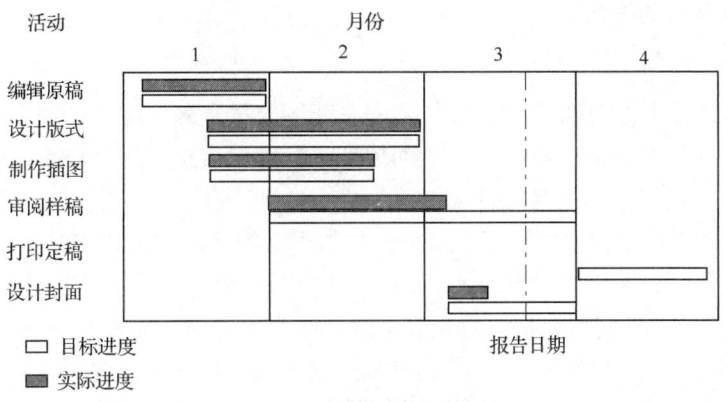

图 6-2 甘特图应用举例

如图 6-2 所示描绘了一位出版公司经理制作的一个简单的甘特图,它反映的是图书的生产情况。在图表的上侧,是以月为单位的时间。主要的工作事项被自上而下罗列在图表的左侧。管理者所要做的计划工作,包括确定这些事项的完成日期、执行顺序和所需时间。每个条形框所坐落的时间区域,就代表执行相应活动的时间进程。其中,条形中的阴影部分代表实际的进度。这张图之所以可以用作控制工具,是因为管理者可以从中看到实际进度与目标进度之间的偏差。在这个例子中,设计封面与审阅样稿这两项工作均落后于目标进度。设计封面落后大概 1 周(需要注意的是,截至报告日期,因为实际进度是用浅灰色的条形表示的),而审阅样稿落后大概 2 周(应注意,截至报告日期,浅灰色条形所表示的实际进度已经进行了 5 周,距离预计的 7 周完工时间还差 2 周)。基于这些信息,管理者应该采取相应的行动,比如补上 2 周的进度,或者确保将来的进度不再延误。在当前情况下,如果不采取任何行动,管理者可以预计,这本书将会比原定计划至少延迟 2 周出版。

2. 负荷图

负荷图是一种改进的甘特图。与甘特图在左侧罗列各种活动不同,负荷图在左侧列出了各个独立部门或者具体资源。这种设计可以帮助管理者计划和控制对产能的利用。换言之,负荷图是根据工作领域分配产能。负荷图应用举例如图 6-3 所示。

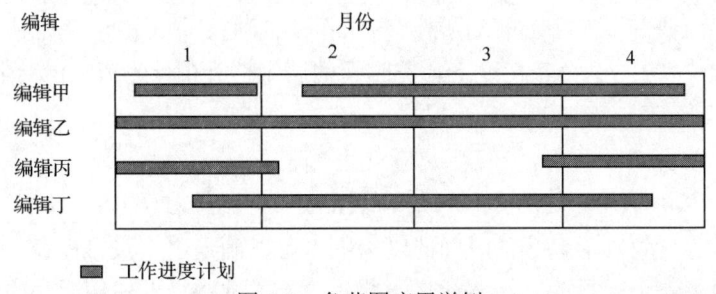

图 6-3 负荷图应用举例

如图 6-3 所示中展示了一张用于管理同一家出版社内四名编辑的工作的负荷图。每名编辑都负责制作和设计几本不同的书籍。通过观察这张负荷图，负责监督这四名编辑的执行编辑可以看到哪些人有空闲时间来负责一本新书。如果每个人的日程都已经排满，这位执行编辑将不再接受新的出版任务，或者延迟其他书籍的出版以接受新的项目，或者让编辑们加班工作，抑或雇用更多的编辑。如果其他编辑还有一些空余时间，因而有可能承担新的任务或者协助那些进度落后的编辑。

3. PERT 网络分析

当任务数量较少且相互独立时，甘特图和负荷图会很有效。然而，如果管理者需要为一些大的项目制订计划时该怎么办？这些大的项目包括部门重组、进行成本削减，或者开发一款需要由市场部、生产部和产品设计部门协同投入的新产品。这类项目往往需要协调成百上千项活动，其中，有些需要同时进行，而另一些却需要等前面的活动完成后才能开始。例如，你要建造一栋楼房，你显然要等地基打好之后才能开始砌墙。管理者应该如何为如此复杂的项目进行排程呢？PERT 网络分析法就是非常适合此类项目的一种方法。

PERT 网络是一种流程图状的图表，用来描述某个项目所必需的各项活动的先后顺序以及与每项活动有关的时间或成本。在使用 PERT 网络时，管理者必须思考清楚有哪些要做的任务，任务之间有怎样的依赖关系，并且识别潜在的问题节点。PERT 网络更便于比较不同备选方案对进度和成本的影响。因此，PERT 网络分析使得管理者能够监控一个项目的进度、识别潜在的瓶颈，并且在必要的时候调配资源以保证项目的进程。

为了理解如何制定一个 PERT 网络，我们需要先了解四个术语：
- 事件，代表主要活动完成的一个节点；
- 活动，是指从一个事件发展到另一个事件所需的时间或资源；
- 松弛时间，是指在不耽搁整个项目的情况下，单个活动可以推迟完成的时间量；
- 关键路径，指的是 PERT 网络中最长或最耗时的事件和活动顺序。处于关键路径上的事件的任何延迟，都会拖慢整个项目的进度。换言之，位于关键路径上的活动不具有松弛时间。

想要制作一个 PERT 网络，管理者需要先确定所有完成项目所需的关键活动，然后按照发生顺序进行排序，并且估计每个事项所需的时间。这个过程包含以下步骤：
- 确定一个项目中所有待完成的活动，每项活动的完成都会导致一系列的事件和成果；
- 确定事件完成的先后顺序；
- 画出活动从起点到终点的流程，确定每个活动以及它们之间的相互关系，用圆圈表示事件、用箭头表示活动，从而我们能够画出一张流程图，即 PERT 网络；
- 计算出完成每项活动所需要的时间，计算方式是对三项数值进行加权平均，这三项数值包括理想情况下对每项活动所耗费时间的乐观估计值（t_0）、正常情况下耗费时间的最大可能值（t_m）、最糟情况下耗费时间的悲观估计值（t_p），计算预计时间（t_e）的公式为：

$$t_e = \frac{t_0 + 4t_m + t_p}{6}$$

- 根据这张包含每项活动预估时间的网络图，可以确定出一张日程表，这张日程表含有每项活动及整个项目的开始与截止日期。位于关键路径上任何活动的延迟都要格外注意，因为这将拖慢整个项目的进度。

多数 PERT 项目都十分复杂，包含大量的活动。这种复杂的计算可以借助定制的 PERT 软件来实现。

为了说明 PERT 网络的原理，我们举一个简单的例子来说明。假如你们公司准备建设一座新的办公楼，你被安排去监督一个办公楼建筑项目。为了尽快使办公楼投入使用，你必须确定这栋建筑完工所需的时间。通过与建筑公司商议之后，你已经确定了具体的活动和事件。如表 6-2 所示，表中列出了这个项目中的主要事件，以及你预估的每个事件所耗费的时间。

表 6-2 办公楼建设过程中的事件与活动

事件	描述	预期时间（周）	先导事件
A	批准设计与获取开工许可	4	无
B	挖掘地下车库	3	A
C	搭建脚手架与外墙板	14	B
D	浇筑地面	3	C
E	安装窗户	1	C
F	吊装屋顶	2	C
G	内部布线	3	D, E, F
H	安装电梯	2	G
I	铺设地板	2	D
J	装门和内部装修	2	H, I
K	与物业办理移交手续	1	J

如图 6-4 所示展示了基于表 6-2 中的信息所制作的 PERT 网络，而且你已经计算出了每条活动路径所耗费的时间总长如下：

A-B-C-D-I-J-K（29 周）
A-B-C-D-G-H-J-K（32 周）
A-B-C-E-G-H-J-K（30 周）
A-B-C-F-G-H-J-K（31 周）

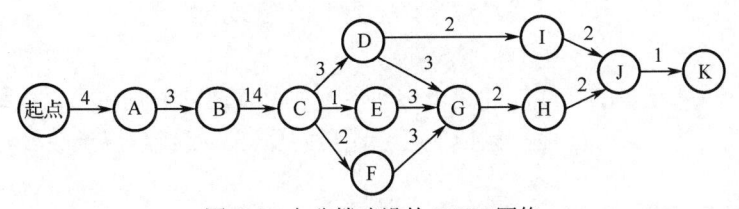

图 6-4 办公楼建设的 PERT 网络

从所制定的 PERT 网络中可以看出，如果一切进展顺利，整个项目的完工时间将会是 32 周。这是通过沿着关键路径（时间最长的活动路径）A-B-C-D-G-H-J-K，将所有活动时间加总得出的。如果任何在此路径上的事件延迟，整个项目的进度就会被拖慢。

需要说明的是，如果用于铺设地板（事件 I）的时间是 4 周而非 2 周，这并不会对项目完工时间产生影响。为什么？因为这件事并不处于关键路径上。然而，如果用于挖掘地下车库（事件 B）的时间从 3 周延长到 5 周，这将会推迟整个项目的进度。

因此，如果管理者希望保持原定进度，或者快于原定进度，他们必须关注关键路径上的有望更快完成的活动。管理者如何才能做到这一点呢？他们应该详细考察，在非关键路径上具有松弛时间的活动拥有哪些空闲资源，并将这些闲置的资源投入到关键路径上的活动中去。

（三）项目管理

项目管理的任务是在预算范围内使某个项目的活动按照有关规定准时完成。现在越来越多的组织开始进行项目管理，因为这种方式可以满足企业对灵活性的要求，并且帮助企业快速捕捉市场机会。

组织有时需要执行一些特殊的项目，这些项目有着明确的截止日期，包含着错综复杂的、对技能有着特殊要求的任务，而且本质上是临时性的，这类项目往往不适合采用那些用以指导组织日常工作的、标准化的计划流程。取而代之的便是项目管理技术，管理者借助这些技术更有效率且更有成效地完成项目目标。

在典型的项目中，工作由一个项目团队来实施，团队成员从不同的工作领域被分配到这个团队中，他们向一名项目经理报告。这名项目经理协调该项目团队与不同部门之间的活动。当项目团队完成了目标之后就会解散，团队成员进入另一个项目团队或者回到原来所在的部门。如图6-5所示展示了项目管理的流程。

定义目标 → 确定所需的活动和资源 → 确定各项活动的顺序 → 估计活动所需的时间 → 确定项目的完成日期 → 与目标进行对照 → 确定额外的资源需求

图6-5 项目管理的流程

项目管理的流程始于对项目目标的清晰定义。这一步必不可少，因为项目经理和组员需要了解组织对于这个团队的期望是什么。第二步是明确项目中的所有活动以及完成这些活动所需的资源，完成这个项目需要哪些原材料和多少劳动力？这一步复杂且耗费时间，尤其是当项目经理没有任何历史项目或者经验可供借鉴的时候。

当所有活动被明确之后，接下来就需要确定这些活动的顺序。有哪些活动需要在另一些开始之前完成？有哪些活动可以同时进行？这一步骤常常会用到流程图，如甘特图、负荷图或PERT网络。

接下来需要对这些项目活动进行排程。估算每项活动所需时间，进而建立整个项目的日程表和确定结项时间。然后将实际进展与预期目标相比较，并查看是否有必要进行一些调整。如果项目完工所需时间太长，项目经理最好把更多的资源分配到关键活动上，以保证能够更快地完成活动。

现在，随着越来越多的在线软件包可供使用，项目管理的流程也可以在线进行。这些软件包覆盖了项目管理的方方面面，包括项目会计和估算、项目排程以及故障与缺陷追踪等。

二、现代常用控制方法

上述介绍的控制方式，都是管理者通过合理运用管理工具和技术来实现的。这一部分要介绍的是几种通过企业的运营管理来实现的控制方法。下面主要介绍质量控制与社群控制两种控制方法。

（一）质量管理

质量指的是产品或服务可靠地达到预期要求并满足顾客期望的能力。如何提高质量是一个管理者必须解决的问题。从运营管理的角度来寻找质量提升措施，一个有效的方法就是基于管理职能来进行考察。其中，影响力比较大的是全面质量管理与六西格玛管理。

1．全面质量管理

（1）全面质量管理的含义。全面质量管理是20世纪60年代初美国的菲根鲍姆首先提出来的。这是一种对产品或服务乃至工作质量实行全面管理与控制的科学管理方法。全面质量管理是指一个组织以质量为中心，以全员参与为基础，目的在于通过顾客满意和本组织所有成员及社会受益而达到长期成功的管理途径。在全面质量管理中，质量这个概念和企业管理目标的实现有关。全面质量管理是运用系统的观点和方法，把企业各部门、各环节的质量管理活动纳入统一的质量管理系统，形成一个完整的质量管理体系。

（2）全面质量管理的基本观点。

① 以顾客为中心，为用户服务的观点。在企业内部，凡接收上道工序的产品进行再生产的下道工序，就是上道工序的用户，"为用户服务"和"下道工序就是用户"是全面质量管理的一个基本观点。通过对每道工序的质量控制，达到提高最终产品质量的目的。

② 全面管理的观点。所谓全面管理，就是进行全过程的管理、全企业的管理和全员的管理。全过程的管理是指全面质量管理要求对产品生产过程进行全面控制。全企业的管理是全面管理的一个重要特点，是强调质量管理工作不局限于质量管理部门，要求企业所属各单位、各部门都要参与质量管理工作，共同对产品质量负责。也就是说，管理对象是全面的。全员的管理是指全面质量管理要求把质量控制工作落实到每一名员工，让每一名员工都关心产品质量。

③ 以预防为主的观点。以预防为主，就是对产品质量进行事前控制，把事故消灭在发生之前，使每一道工序都处于控制状态。

④ 用数据说话的观点。科学的质量管理，必须依据正确的数据资料进行加工、分析和处理找出规律，再结合专业技术和实际情况，对存在的问题做出正确判断并采取正确措施。

（3）全面质量管理中的质量控制。全面质量管理包含的内容非常丰富，在管理实践中用于质量控制的方法是PDCA循环管理。PDCA循环管理是美国统计学家戴明发明的，因此也称戴明循环。其基本工作程序包括四个阶段，即计划（Plan）—执行（Do）—检查（Check）—处理（Action）。这四个阶段大体可分为八个步骤，如图6-6所示。

第一阶段：这个阶段的主要内容是通过市场调查、用户访问、国家计划指示等，摸清用户对产品质量的要求，确定质量政策、质量目标和质量计划等。这个阶段可分为四个步骤：分析现状并找出存在的问题（步骤一）；找出存在问题的原因（步骤二）；找出各种原因中最关键的原因（步骤三）；确定计划和措施（步骤四）。

第二阶段：执行计划和措施（步骤五）。

第三阶段：实施结果与目标对比（步骤六）。

第四阶段：对实施结果进行总结分析，把效果好的措施标准化，对失败的措施提出防止再发生失败的意见（步骤七）；未决问题转入下一循环解决（步骤八）。

（4）PDCA循环管理法的特点。首先，PDCA循环工作程序的四个阶段按顺序进行，组成一个大圈；其次，每个部门、小组都有自己的PDCA循环，并都成为企业大循环中的小循环，大循环套小循环，互相促进，整体效率得到提高；最后，呈现阶梯式上升，循环前进。PDCA循环阶梯式上升示意图如图6-7所示，每经过一次循环，质量便上一个台阶。

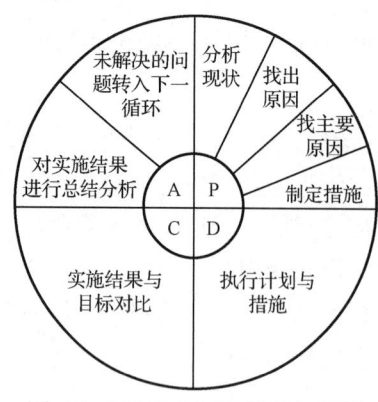

图 6-6 PDCA 循环的阶段与步骤

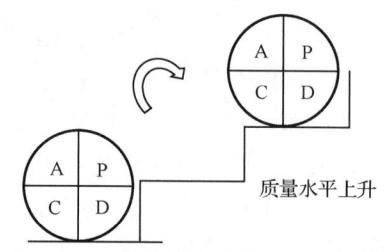

图 6-7 PDCA 循环阶梯式上升示意图

需要说明的是，企业的质量管理循环是连续进行的，但每个 PDCA 循环都不是在原地的简单重复，而是每次都有新的提高。

微视频：PDCA 循环的应用

2. 六西格玛管理

六西格玛是一种被设计用来减少缺陷率以帮助降低成本、节省时间和提高顾客满意度的质量项目。它基于一套统计标准，这套标准设立了每 100 万个产品或者程序中有不超过 3.4 个残次品的目标。

西格玛（σ）是希腊字母，统计学家用它来定义标准差。西格玛的数值越高，说明偏差越小——也就意味着残次率越低。如果达到了 1 个西格玛标准，说明有大约 2/3 的测量对象是合格的；达到 2 个西格玛，说明有大约 95% 的合格率；如果达到 6 个西格玛，那么你就几乎实现了零瑕疵。尽管这是一个非常高的标准，但是有很多质量驱动的企业都在采用它，并且从中受益。

尽管对于管理者而言，需要认识到达到六西格玛标准或者获得 ISO 9000 认证所带来的诸多好处，但最核心的收获还是来源于质量改进的过程本身。换句话说，质量认证的目标需要是建立一套有效的工作流程和运营体系，以保证组织能够满足客户的需求，以及使员工能够持续高效地开展工作。

（二）社群控制

1. 社群控制的含义

社群控制是指以一定文化为基础，一定的群体依靠共同价值和群体规范导向、规范与约束其成员的一种社会控制力。这是一种注重文化、人本式、柔性化的现代控制方式，反映了现代控制理念的一种新动向。

2. 社群控制的特点

组织文化是社群控制的基础。组织文化是组织全体成员共同创造并共同信奉的信念与价值观。组织文化对组织及其成员具有巨大的导向与规范作用。而且，这种导向与规范作用是内在的，远比传统控制的外在作用的力度要大得多，持续的时间也要长得多。这就使得建立在组织文化基础上的社群控制具有其他控制所不具备的优势。不同组织的文化有强有弱，进而对组织的控制产生不同的影响。

社群控制具有以下特点：

（1）授权赋能是社群控制的必要条件。实行社群控制，就必须充分信任员工，对员工进行授权赋能，给予员工必要的决策权，相信他们会从组织的利益出发处理问题。在价值指导的框架中，激励员工培养和运用判断能力，自主地、负责地、灵活地处理工作。

（2）建立自我指导型团队。在社群控制的体系下，对传统控制手段，如监督、检查、干预，取而代之的则是自我指导型的团队。即在组织内，重建激励机制，强化责任感和团队精神，实行建立在相互尊重、高度自觉基础上的自我控制。

（3）实行实时控制。实行社群控制，由于是一种充分授权与高度自觉的控制，每个成员都能独立自主地、随时随地地处理各类问题，因此，完全可以实行真正的实时控制，而不必再进行事后控制。社群控制对于解决紧急而复杂的经营管理问题，具有得天独厚的优势。

阅读材料：市场控制

管理感悟

第一，一些常用的管理工具与技术如甘特图、PERT 网络等，虽然经历了很长的时间，但由于其在控制过程中操作简单、有效，在现代管理中仍然广泛使用。而且，这些管理工具与技术在管理实践中又被现代科技所赋能。

第二，全面质量管理是一种管理思想，强调管理过程中"人"的参与。PDCA 循环是全面质量管理中进行质量控制的重要工作程序，因此，全面质量管理与 PDCA 循环有着密不可分的关系，但不能将二者等同起来。

第三，社群控制强调群体对文化的认同。认同相同的文化、共同的价值观念与群体规范，社群控制才能得到充分的发挥。在所有控制方法中，社群控制是成本最小的一种。综合来看，培养良好的组织文化有可能大大降低组织的控制成本。

任务实训

1. 在线测试：当代控制应用实务。
2. 举例说明社群控制对组织进行控制管理的好处。
3. 举例说明 PDCA 的四个阶段八个步骤。

在线测试

任务评价

评价类目	评价内容及标准	分值（分）	自己评分	小组评分	教师评分
学习态度	✓ 全勤；（5分） ✓ 遵守课堂纪律。（5分）	10			
学习过程	➢ 能说出本次工作任务的学习目标，上课积极发言，积极回答问题；（5分） ➢ 能够说明标杆管理的基本思想；（5分） ➢ 能够说明排程在项目管理中如何应用；（5分） ➢ 能够说明全面质量管理的基本思想。（5分）	20			
学习结果	◆ 在线测试当代控制应用实务；（4分×10=40分） ◆ 举例说明社群控制对组织进行控制管理的好处；（15分） ◆ 举例说明 PDCA 的四个阶段八个步骤。（15分）	70			
合计		100			
所占比例		100%	30%	30%	40%
综合评分					

知识拓展与技能实践

知识拓展

ISO 9000 与全面质量管理的对比

在质量管理实践中,很容易把 ISO 9000 与全面质量管理(Total Quality Management,TQM)弄混淆。由于两者都是用于质量控制的方法,因此两者之间既有相同点,又有不同点。

1. ISO 9000 与 TQM 的相同点

首先,两者的管理理论和统计理论基础一致。两者均认为产品质量形成于产品全过程,都要求质量体系贯穿于质量形成的全过程;在实现方法上,两者都使用了 PDCA 质量环运行模式。

其次,两者都要求对质量实施系统化的管理,都强调"一把手"对质量的管理。

最后,两者的最终目的一致,都是为了提高产品质量,满足顾客的需要,都强调任何一个过程都是可以不断改进、不断完善的。

2. ISO 9000 与 TQM 的不同点

首先,期间目标不一致。TQM 质量计划管理活动的目标是改变现状,其作业只限于一次,目标实现后,管理活动也就结束了,下一次计划管理活动虽然是在上一次计划管理活动的结果的基础上进行的,但绝不是重复与上次相同的作业;而 ISO 9000 质量管理活动的目标是维持标准现状,其目标值为定值,其管理活动是重复相同的方法和作业,使实际工作结果与标准值的偏差量尽量减少。

其次,工作中心不同。TQM 是以人为中心;ISO 9000 是以标准为中心。

最后,两者执行标准及检查方式不同。实施 TQM 的企业所制定的标准是企业结合其自身特点制定的自我约束的管理体制,其检查方主要是企业内部人员,检查方法是考核和评价(方针目标讲评、QC 小组成果发布等);ISO 9000 系列标准是国际公认的质量管理体系标准,它是供世界各国共同遵守的准则,贯彻该标准强调的是由公正的第三方对质量体系进行认证,并接受认证机构的监督和检查。

技能实践

学校里要组织一次活动(比如说迎新或组织一次节目),请你们小组为这次活动设计一个进度控制方案,建议如下:

(1)讨论选用一种控制工具(如采用甘特图)进行进度的表示。

(2)讨论并进行人员的安排以及时间节点的安排。

(3)在设计好控制方案之后,组织小组成员进行演练,看还存在什么问题需要改进。

将设计过程以及完善过程记录下来,并制作最终的进度控制方案。

知识复习与巩固

一、填空题

1. 控制的过程主要包括三个基本工作:_____,_____,_____。

2. 管理中最基本的控制有三种类型，即_____、_____和_____。
3. 常用的预算编制方法主要有_____、_____、_____、_____。
4. 同步控制常用的方法包括_____、_____与_____。
5. 反馈控制主要包括_____、_____和_____等内容。
6. 控制的要领包括：(1) 实行_____控制；(2) 在_____上控制；(3) 控制_____；(4) _____。
7. 绩效包括_____、_____和_____三个层面，这三个层面之间是支撑与制约的关系。
8. 绩效管理是一个_____，与绩效评价是有区别的。
9. 绩效管理不仅能促进_____和_____绩效的提升，还能促进_____流程和_____流程优化以及企业基础管理水平的提高，从而最终保证组织战略目标的具体落实。
10. 制定决策最重要的组织绩效测量内容及指标包括：(1) _____；(2) _____。
11. 在控制过程中可采用事前、事中、事后进行控制。此外，对于组织绩效的测量还有以下几种主要的方法：(1) _____；(2) _____；(3) _____；(4) _____。
12. 平衡计分卡是从_____、_____、_____、_____四个角度，将组织的战略落实为可操作的衡量指标和目标值的一种新型绩效管理体系。
13. 对员工进行考核，主要涉及____、____、____、____和____五个方面。
14. 标杆管理的基本思想是：管理者可以通过分析并且复制各个领域_____所采用的方法来_____。
15. 标杆管理包括四个步骤：成立标杆管理的_____、收集_____、分析数据以识别_____、设计并落实_____。
16. 常用的排程工具包括_____、_____和_____。
17. 项目管理的任务是在_____范围内使某个项目的活动按照有关规定_____完成。
18. 所谓全面管理，就是进行_____的管理、_____的管理和_____的管理。
19. PDCA 管理循环是全面质量管理中质量控制的最基本的工作程序。即_____——_____——_____——_____。
20. 社群控制是指以一定_____为基础，一定的群体依靠_____和_____导向、规范与约束其成员的一种社会控制力。

二、多选题

1. 传统的控制方法有哪些？（   ）
 A．预算　　　　　　B．统计资料　　　　　C．专题报告　　　　　D．经营审核
2. 在确定控制标准时，应该遵循的特点有（   ）。
 A．简明性　　　　　B．适用性　　　　　　C．一致性　　　　　　D．可操作性
3. 以下属于弹性预算法的优点的有（   ）。
 A．工作量较小
 B．能适应企业在预算期内各种生产经营水平的预算
 C．可比性较强
 D．实用性较强
4. 下列属于排程的有（   ）。
 A．甘特图　　　　　B．负荷图　　　　　　C．质量控制

D．项目管理　　　　　　　E．PERT 网络

5．在管理控制中，通常根据控制活动的重点把控制分成（　　）。

A．预先控制　　　　B．直接控制　　　　C．同步控制
D．反馈控制　　　　E．间接控制

6．控制要领主要包括（　　）。

A．实行例外控制　　B．及时控制　　　　C．在战略要点上控制
D．控制关键因素　　E．有计划地控制

7．为使控制有效率，需要重点控制的关键因素主要有（　　）。

A．影响管理目标的直接因素　　　　B．出现偏差的可能性大的因素
C．直接决定工作成效的重点因素　　D．控制的方法
E．能使控制最有效又最经济的因素

8．管理者实施控制的过程主要包括以下各阶段（　　）。

A．明确方法　　　　B．制定标准　　　　C．反馈信息
D．衡量绩效　　　　E．纠正偏差

9．要实施有效控制，就必须具备以下条件（　　）。

A．控制标准　　　　B．纠正偏差　　　　C．受控系统的相关信息
D．必要的权力　　　E．制定标准

10．控制标准的表示形式主要有（　　）。

A．用实物量表示标准　　B．用价值量表示标准　　C．用效益值表示标准
D．使用时间表示标准　　E．用定性指标表示标准

11．要使实际与标准相一致，可供选择的纠正行动有（　　）。

A．调整控制方法　　　　　　　　　B．调整行动，使行动与计划相符
C．重新调配控制人员　　　　　　　D．调整计划，使计划与行动相符
E．既调整计划又调整行动，使二者重新取得一致

12．预算的形式多种多样，企业的预算一般有（　　）。

A．收入与支出预算　　　　　　　　B．时间、空间、材料及产品预算
C．资金预算　　　　　　　　　　　D．现金预算
E．投资预算

13．管理者用来进行控制的非预算方法大致分为（　　）。

A．微观控制　　　　B．宏观控制　　　　C．行政控制
D．经济分析　　　　E．其他特殊控制技术

14．对实际系统进行经济分析常用的方法有（　　）。

A．现金控制　　　　B．比率分析　　　　C．投资预算
D．盈亏平衡点分析　E．变动预算

15．全面质量管理是一种预先控制和全面控制制度，它的主要特点体现在（　　）。

A．实施自我管理　　　　　　　　　B．管理的对象是全面的
C．管理的范围是全面的　　　　　　D．参加管理的人员是全面的
E．注重成果评价

三、简答题

1. 简述企业控制工作的必要性。
2. 何为预算控制？预算控制的方法有哪些？
3. 简述绩效管理的作用与意义。
4. 简述绩效评价与考核的基本程序。
5. 简述现场检查评价方法的要领。
6. 简述绩效改进的基本程序。
7. 简述标杆管理的基本步骤。
8. 简述项目管理流程。
9. 如何理解全面质量管理的特点？
10. 试述 PDCA 循环管理基本工作程序。
11. 简述市场控制分级控制体系的构成。
12. 简述社群控制的含义与构成。

四、情境应用题

1. 许总经理长期管理一家大公司，有着丰富的经验和较高的管理水平，公司的业绩也一直不错。但是，最近的全球的经济不确定性已经开始波及该公司，经营业绩大幅度下滑，公司面临前所未有的困境。许总认识到，企业必须通过根本性的改革，通过体制创新来提升市场竞争力。在管理专家的建议下，他们决定把过去的行政控制转为体现现代管理思想的市场控制。

请你根据市场控制理论，结合该企业实际（可设定），提出关于实行市场控制的建议。

2. 一直在总厂总调度室工作的林斌，刚刚被调任第一分公司的总经理。这个分公司规模大，又是多元化经营，但是林经理并不熟悉该公司的业务。因此，刚一上任各种管理问题频发，甚至有点失控，这让林经理很是苦恼，不知该如何下手整改。他知道这可能是多方面原因造成的，但却理不出一个头绪。

请你根据本课程所讲的关于控制要领的内容，结合林经理可能遇到的问题（可做必要设定），提出实施有效控制的建议。

参 考 文 献

[1]〔美〕斯蒂芬·P. 罗宾斯,〔美〕玛丽·库尔特. 管理学[M]. 13版. 刘刚,程熙镕,梁晗,等译. 北京:中国人民大学出版社,2017.

[2]〔美〕斯蒂芬·P. 罗宾斯. 组织行为学[M]. 10版. 孙建敏,李原,译. 北京:中国人民大学出版社,2005.

[3] 单凤儒. 管理学基础[M]. 6版. 北京:高等教育出版社,2017.

[4] 郑成文. 管理咨询:制度建设与本土化[M]. 北京:中国经济出版社,2007.

[5] 史璞. 管理咨询:理论、方法与实务[M]. 北京:机械工业出版社,2004.

[6]〔美〕迈克尔·波特. 竞争战略[M]. 陈小悦,译. 北京:华夏出版社,1997.

[7]〔美〕迈克尔·波特. 国家竞争优势[M]. 李明轩,邱如美,译. 北京:华夏出版社,2002.

[8] 张锐昕,李鹏. 项目管理[M]. 北京:清华大学出版社,2013.

[9]〔美〕加里·德斯勒,曾湘泉. 人力资源管理[M]. 10版. 北京:中国人民大学出版社,2007.

[10] 王光伟. 质量管理工作细化执行与模板[M]. 北京:人民邮电出版社,2008.

[11] 郝倩,王志伟,程继. 管理学基础[M]. 南京:南京大学出版社,2021.

[12] 冯拾松. 管理学原理[M]. 北京:机械工业出版社,2015.

反侵权盗版声明

电子工业出版社依法对本作品享有专有出版权。任何未经权利人书面许可，复制、销售或通过信息网络传播本作品的行为，歪曲、篡改、剽窃本作品的行为，均违反《中华人民共和国著作权法》，其行为人应承担相应的民事责任和行政责任，构成犯罪的，将被依法追究刑事责任。

为了维护市场秩序，保护权利人的合法权益，我社将依法查处和打击侵权盗版的单位和个人。欢迎社会各界人士积极举报侵权盗版行为，本社将奖励举报有功人员，并保证举报人的信息不被泄露。

举报电话：（010）88254396；（010）88258888
传　　真：（010）88254397
E-mail：　dbqq@phei.com.cn
通信地址：北京市海淀区万寿路173信箱
　　　　　电子工业出版社总编办公室
邮　　编：100036